本书获二〇二一年贵州省出版传媒事业发展专项资金资助
本书获贵州省孔学堂发展基金会资助

【阳明文库】学术专著系列

心学何为？

——阳明学与中国当代文化建设

【陆永胜 著】

孔學堂書局

本书获2021年贵州省出版传媒事业发展专项资金资助
本书获贵州省孔学堂发展基金会资助

图书在版编目（CIP）数据

心学何为？：阳明学与中国当代文化建设 / 陆永胜著. — 贵阳：孔学堂书局, 2022.10
（阳明文库. 学术专著系列）
ISBN 978-7-80770-358-7

Ⅰ. ①心… Ⅱ. ①陆… Ⅲ. ①王守仁（1472-1528）－心学－研究②文化－研究－中国－现代 Ⅳ. ①B248.25②G122

中国版本图书馆CIP数据核字(2022)第147672号

阳明文库（学术专著系列）
心学何为？——阳明学与中国当代文化建设 陆永胜 著
XINXUE HEWEI? ——YANGMINGXUE YU ZHONGGUO DANGDAI WENHUA JIANSHE

项目执行：苏　桦
责任编辑：张发贤　杨翌琳
责任校对：孟　红　禹晓妍
书籍设计：曹琼德
责任印制：张　莹

出　　品：贵州日报当代融媒体集团
出版发行：孔学堂书局
地　　址：贵阳市乌当区大坡路26号
印　　刷：雅昌文化（集团）有限公司
开　　本：889mm × 1194mm　1/24
字　　数：224千字
印　　张：9.5
版　　次：2022年10月第1版
印　　次：2022年10月第1次
书　　号：ISBN 978−7−80770−358−7
定　　价：78.00元

阳明文库·学术专著系列

目录

前言

“心学何为？”是一个永恒的“当代性”话题。在新时代，我们提出这个话题，就具有现实的当下性，即我们基于新时代的语境对这一时代之问的重新思考和反思。因此，这里涉及文化语境和文化生成的问题，抑或可以用具有鲜明时代特征的语言表述为：中华优秀传统文化如何在二十一世纪的中国走进新时代的“典型语境”中实现创造性转化和创新性发展。毋庸置疑，这是一个伟大的时代课题，需要伟大的实践来论证。本课题仅从文化向度对“阳明学与中国当代文化建设”这一论题进行思考，以期对中国传统文化推陈出新和中国当代文化自信建设有所裨益。

“心学何为？”其预设的认知前提是“何为心学？”。王阳明是明代心学的集大成者，也是中国心学史上的高峰。王阳明的心学思想在历史上有诸多称谓，如“阳明学”“王学”“心学”“姚江学”等，分别对应了“朱子学”“朱学”“理学”“闽学”等。心学与理学的对举，自宋代朱陆之辩而有之，阳明心学与程朱理学的对举，自明代阳明之后而风行。究其原因，阳明心学以程朱理学为生成语境，这是中国学术思想史上不争的事实。同时，阳明心学又以船山学为反思语境，而船山学朱王杂糅的思想和以朱批王的形式引起了后世学者对朱学与王学关系的更多探究与反思。朱子学的生成语境和船山学的反思语境给阳明学以宋明理学史上的精准定位。从中国学术思想史的脉络看，阳明心学上承孔子、颜回、孟子、程颢、陆九渊一系的心学道统，下启黔中、楚中、南中、北方、江右、闽粤、浙中、泰州八个王学流派，乃至对现当代的“新心学”有着重要的思想启示。因此，阳明学这一范畴的内涵和外延要比王阳明个人的思想要大得多，它是中国传统心性学资源、王阳明的心学思想、阳明后学的思想衍化成果的和合之物。从此意义上讲，阳明学自始至终是时代语境的产物，是每一个时代的政治、文化、思想、学术等要素的和合体。因此可以说，作为思想形态存在的阳明学具有三个显著特征：第一，阳明学思想是动态的。阳明学是历时语境中发展、演化的产物，它不是如其产生时那样一成不变，而是与其所处的时代思想发生交流、碰撞，乃至文化要素间的互渗与转换。第二，阳明学是语境的产物。不同地域的个性文化语境与时代普遍语境所形成的双重语境使产生、发展于其中的阳明学在保持基本属性的同时也具有了不同的地域个性。阳明学是时代思想的一部分，也必然和时代思想发生影响与互动。第三，阳明学可以超越政治文化。伴随着当代政治、文化的多元化发展，政治与文化的疏离趋势也日渐明显，在不同于传统社会政治与文化密切结合的当代语境中，阳明学得到了更为多样性的发展和多重性的价值体现。阳明学在学术研究与思想交流的层面先于政治而达到了广泛的认可、普及与发展。阳明学的这三个特征使其具有了变动不居、变化莫测的特性，但不可否认的是，阳明学具有自身的“自性”，上述特征不过是阳明学的“适应性”罢了。阳明学的“适应性”即呈现为“典型环境”中的“典型阳明学”——是“适应性”和“自性”的合一。它一方面体现了阳明学的阶段（文化思想、时间与空间的复合语境）发展，另一方面体现了阳明学对其之为阳明学的基本原则的持守。[①]中国阳明学、韩国阳明学、日本阳明学，乃至欧美阳明学都不例外。阳明学的“自性”“适应性”和“超越性”特征正是我们能够在新时代探讨阳明学与时代文化融合的学理根据、理论前提和可能性、可行性的保证。

阳明学的核心命题有四：“心即理”“知行合一”“致良知”“万物一体”。四者之间紧密相连：“心即理”确立了阳明学的本体论，展开为“心外无理”“心外无物”两个向度，为“知行合一”提供了内在理论的规定性；“知行合一”在阳明学的视域内有自身的理论效力和实践能力，不仅仅是方法论，更是境界论，是贯穿整个阳明思想的内在维度；“致良知”即本体即功夫，即知即行，展开为向内致极良知的成己和向外发用良知的成物，最终走向“心理合一”“心物合一”的成圣境界，即“万物一体”，因此，“万物一体”是阳明“心

---

① 参见陆永胜：《阳明学诠释理论建构的问题与思考》，《贵阳学院学报（社会科学版）》2019年第4期。

即理”“知行合一”“致良知”的内在理路发展的归宿和展开向度的价值诉求，也是阳明学的终极人文关怀和价值关怀。所以，在成熟的阳明学研究中，言其一而兼有其三。我们对阳明学的认知是“一”而不是“多”，其最核心范畴是“良知”，言“良知”则统摄着阳明学的四个核心命题。因此，在新时代的文化语境中，良知在不同文化层面呈现出的图式是我们探讨“阳明学与中国当代文化建设”的具体理论基础。

良知是中国心性话语体系中一个经典而传统的范畴，是一个既与天理相连，又落实于气（个体）的范畴，因此，具有普遍性和个体性的双重品格。前者注重形上层面的根本义理，后者注重时代语境中的语义变化；前者制约后者，后者对前者也有一定的影响。在二者的相互影响中，良知范畴得到了不断的演化，呈现出政治、学术、生活三个领域各有偏重的内涵。就落实于个体而言，良知既可以指理性层面的本心，也可以指情感层面的良心，二者的逻辑前提——“理”是一样的。但在一般的话语语境中，良知往往呈现出多义性。这种多义性正是我们理解和建构当下多重语境中多元文化的理论根据。随着时代话语语境的改变，良知的结构图式也在不断发生变化，在当代其更多蕴含于学术话语语境、政治话语语境和生活话语语境三个领域之中，并分别有侧重地表现出道德、价值、信仰三个向度。良知的这三个向度同时又是中国当代文化中不可或缺，然而又隐而不显，亟待建设的理论内涵。

“当代文化”是一个广义的统称，其中包含着多种多样的文化形态、文化类型、文化思潮和文化流派，目前并没有一个关于当代文化的完备的理论体系和价值体系。从广义的文化而言，可以分为四个层面：观念文化、制度文化、生活（风俗）文化和物质文化，每一个层面的文化中都包含着道德、价值、信仰三个向度，但因为文化形态的差异，在具体的呈现中会有所侧重。如制度文化在根本上以道德为基础，与良知的学术语境——道德向度更为切近；观念文化在根本上强调价值导向，因此，其与良知的政治语境——价值向度更为切近；生活（风俗）文化更多呈现为民间生活样态，与良知的生活语境——信仰向度更为切近。[①]在此意义上，道德、价值与信仰构成了阳明学与中国当代文化的内在连接点，也因此成为本课题研究的内在隐性对象。

我们探讨阳明学和中国当代文化建设的关系，在对象（内容）和根源（实质）上是有一定张力的。在对象（内容）上表现为二者的融合问题，即两种相异文化背景下的两种文化形态如何结合的问题。明代的传统文化背景和当下受西学影响的文化背景迥然不同，因此，阳明学和中国当代文化在概念、范畴、思维方式和理论期待等方面是有一定距离的；但在根源（实质）上，则表现为阳明学的现代诠释问题。从文化源流而言，中国当代文化的土壤仍然是中国传统文化，其与阳明学因为不同的语境而形成不同的文化形态。就如高墙内外相距不远的两棵树苗，其地下的土壤性质是一致的，但因为阳光、风力、温度等外部环境的不同，而成长为不同的形态。因此，问题的实质是在同一语境中研究两种不同文化形态的相融相通，从诠释学的立场出发，我们唯有以当代文化语境对阳明学进行重新诠释，抑或说，作为中国传统文化资源的一部分，阳明学能够为当代文化建设提供什么，在于当代文化建设需要什么。因此探究阳明学与当代文化的内在联系、理论异同、互含互摄等问题成为本课题的主要研究内容。

阳明学与中国当代文化建设的关系研究除了上述理论层面的可行性，还有现实的客观可行性。阳明良知说提出于明代中期，其时的社会思想转型、道德转型、经济关系转型、文化转型等状况，与当代社会主义市场经济条件下的中国社会面临的社会生态变革具有一定的可比性，社会变革转型期的语境相似性成为阳明学在当下受到重视的重要原因之一。同时，阳明学作为时代的产物，并得到广泛的传播与发展，自有其存在的必然性与合理性，其历史的存在事实便是其有益于明代社会治理的论据之一。这一点在黔中王学、浙中王学、南中王学

---

① 物质文化虽然表象为具体的物质形态，但其与观念文化、制度文化、生活（风俗）文化其实是息息相关的，具有内在的关联性。抑或可以说，物质文化在一定程度上可以诠释为观念文化、制度文化和生活（风俗）文化，它是可以化约为三的。因此之故，本书且不论。

等王门学派那里都得到了充分体现。当然，明末以来对阳明学的学术性批判和二十世纪六七十年代对阳明学的富有政治色彩的意识形态化批判，使人们对阳明学存在诸多的误解，从而忽视了这一重要的文化资源，特别是它在意识形态建构方面的价值和作用。这是我们在研究中需要关注的。总之，我们认为，阳明学作为中国传统文化中的“精华”，其对当今的文化建设可以提供丰富而有益的资源。良知话语结构图式可以为中国当代文化之道德、价值、信仰三个向度的建设提供具体的形上根据，具有重要的理论意义和实践意义。

“阳明学与中国当代文化建设”是一个具有鲜明时代性的课题，是伴随着党的十八大以来的“民族复兴”“文化自信”“中国梦”等时代主旋律而受到关注和重视的时代课题。本研究计划按思想资源—理论展开—文化实践的思路开展研究：首先，探究阳明学与当代文化的内在与外在联系及他们在共同的文化价值体系中的统一性特征；其次，分别讨论阳明学与中国当代文化中观念文化、制度文化、生活文化的具体文化形态之间的关系及其可能提供的有益资源；再次，探讨阳明学在具体文化实践中的运用和其对文化现象的解释能力，同时，阳明学与时代文化的融合实践本身也构成了一种文化现象，对此我们可以从历史和现实两个层面进行审视。本课题在具体的研究中，力图将实证考察和哲学分析相统一，注重论证和解释两种研究进路。从论证的进路来说，第一，要揭示、把握阳明学和当代文化的主导原则与观念，并进一步分析二者的主导观念和其他各自体系内相关论点之间的关系，及二者间的相互关系；第二，要揭示学说体系之间内在的共同取向、思想脉络、逻辑关系等。从解释的进路来说，第一，要把阳明学和当代文化的思想体系还原到它所处的具体历史背景（具体的思想史情景）中，再现它的具体性、多样性和丰富性，并对之形成的根源给予历史的解释，从而形成进一步阐释的基础；第二，要把握阳明学和当代文化思想体系自身的多重性和多面性，以及它们形成的内在根源。通过逐层展开研究，以期对阳明学与中国当代文化建设这一时代课题进行理论和实践建设，为中国传统文化的开新和新时代文化自信建设提供有益的启示。

第一章

作为当代文化资源的阳明学

作为当代文化资源的阳明学是阳明学与当代文化的关系最直观的体现。阳明学如何成为当代文化资源？

首先，阳明学已然成为当代文化的一部分，这是不争的事实。阳明学传承至当代，在根本上，其成为当代语境中的阳明学，它和当代文化具有共同的生成语境。以当代语境检视阳明学，发明其文化与思想的当代意义，进而探讨阳明学对当代文化建设的作用，这是传统意义上的阳明学向成为当代文化资源的阳明学转化的必然诠释路径。

其次，阳明学成为当代社会生活的一部分，这是“潜在”的事实，抑或说是我们希冀由本然转向实然的事实。所谓“潜在”的事实，侧重强调阳明学与当代社会生活内在维度的一致性，而不是具象的生活样态的一致性。阳明学只有与当代生活实践具有了“内在”一致性，才具有参与当代文化建设和拥有当代文化身份的可能性与可行性。而这种“内在”的一致性即是作为生活和以生活的视角进行思考的思维向度。政治生活、文化生活、军事生活等取消了人为领域界定的限制，最终都将呈现为或归约为当代的日常生活。生活的实践性特征决定了其行动向度和自身所包含的人、事、物、意义共生的状态，而此也正是阳明学的思维特征。因此，阳明学与当代文化具有相同的思维向度，此可以体现为阳明学视域中的日常生活和日常生活视域中的阳明学两个层面的往复互构，这也是阳明学能够成为当代文化资源的内在依据。

再次，阳明学成为当代价值体系的一维，这是我们可以觉知但又隐而不显的事实，因此需要明确诠释并做局限性研究。阳明学是中国心性学的典型代表，更侧重于伦理形态。当代文化是多元价值的文化，但不可否认的是，道德伦理的维度始终是价值判断的最后基石。

最后，阳明学无可争议地可以成为当代文化建设的伦理学资源。与此相关，从道德伦理的维度出发，阳明学对道德善恶判断的依据、标准、方式和道德能力的根源动力、实践展开等的论述，也可以为当代文化建设提供有益的启示。

第一节 道德·价值·信仰：当代文化语境中良知的三重向度

王阳明的心学是“增强中国人文化自信的切入点之一”的论断已众所周知，但目前的研究多在理论宣传层面，学术思想层面的研究尚少，特别是深层次的价值观念向度的汇通研究更少。这是一个宏大的时代课题，本书仅对阳明之良知与当代文化在价值观念层面相契合的可能向度做探讨性思考，这在根本上是阳明学的当代诠释话题。当代话语言说的阳明学就是当代文化语境中的“新阳明学”，这自然涉及文化语境和文化生成的问题。当代文化语境可概分为学术话语语境、政治话语语境和生活话语语境，每一种语境对文化的塑造是具有倾向性的，抑或说，语境对文化的生成是有诉求的。文化生成即是文化的意义言说，它要表达的正是语境的诉求。在此意义上，文化语境和文化生成具有相互建构的作用，文化语境形塑了具有特定特征的文化，文化的特性强化了特定领域的文化语境。同样，阳明学在当代不同语境的诠释中呈现出不同的意义言说图式，道德、价值、信仰是其在学术、政治、生活三种话语语境中分别呈现出的三种意义向度，这三种向度是中国当代文化建设中不可或缺，然而又隐而不显，亟待探讨的理论内涵。

一、道德向度：学术话语语境中的良知图式

学术话语语境有相对宽泛的内涵和外延。本节主要讨论哲学学术话语语境，即学术界以文本为基础、以形上哲理思辨研究为内容、以历史上的思想理论为资源的研究语境。作为泛称的“学术界”在具体存在样态中是有空间性的，这就造成了学术话语语境具有一般普遍性和区域个体性的特征。当代中国哲学学术话语的言说方式受到中国传统哲学和西方哲学的双重影响，因此，良知的当代话语结构图式是不同于古代传统哲学的，但也不完全等同于西学的哲学范畴，这主要体现在其意义的生成上。阳明继承和发展了孟子“不虑而知”的良知，它不属于认识论、知识论的范畴，而是属于修养论的范畴，具有内在的价值属性。这种内在的价值属性体现为价值观念或价值原则，它是

道德意识的最为核心的内容。因此，在中国哲学的学术话语语境中，良知话语结构图式是侧重于道德向度的。

一般认为，中国哲学整体上呈现为伦理学形态，但“伦理”一词在中国是西学东渐以后才出现的，而“道德”一词则是中国哲学中古已有之的，如老子的《道德经》，“道”与“德”本是两个概念，“道”指普遍的法则或存在的根据，如“天道”等，具有本体论或形上的意味。“德”指“道”在现实中的具体化，即道所指的普遍原则或存在根据在实践中得到了具体的规范或规定性。因此，“道”与“德”虽具有形上与形下之别，但在本质上二者是一致的。故在后世的中国哲学中，“道”与“德”是连用的，体现了中国传统“体用不二”的逻辑思维。如：“道德仁义，非礼不成。”（《礼记·曲礼上》）“故学至乎《礼》而止矣，夫是之谓道德之极。”（《荀子·劝学》）道德关乎礼。一般而言，礼是道德规范的体现，但严格说，礼是德的体现，其本质是道。可见，在中国传统哲学中，“道德”一词的内涵是很丰富的。那么，“伦理”一词与其的相契之处在哪里呢？在西方哲学的语境中，道德与伦理是具有不同含义的概念，代表性的哲学家有康德和黑格尔等。二者之异表现在两个方面：第一，道德的内涵包括权利学说和德性学说，而伦理学的讨论对象仅为德性学说；第二，在康德那里，道德所包含的权利和德性都指向应然，具有形上意义，而在黑格尔那里，伦理学所讨论的德性更多地关注现实之维。

综而言之，中西方哲学语境虽有不同，但在“道德”一词包含着形上（理想之维、应然）和形下（现实之维、实然）在两个层面上是一致的，当代语境中的伦理在一定程度上契合了中国传统哲学中“道德”之“德”的一面。同时，在内在观念上，中西方语境中的“道德”也有一定的一致性。中国传统哲学的“道德”之“道”具有生而有之的天赋意义，所谓天赋，具有两方面的内涵：一方面，既然是天赋，无论其内涵，落实于人，就是具有形上根据的价值或权利；另一方面，作为形上的天道，其内涵是至善的，所以落实于人的德性也是善的。前者和康德之道德的权利观念具有一定的一致性的，在某种意义上，这种天赋的权利肯定了每一个人都有内在的存在价值，表现为一种价值原则。后者和西方哲学语境中道德的德性学说具有某种程度的相似性，“道”的理想之善和“德”的现实之善及二者的统一与西方语境中德性的理想之维与现实之维及二者的统一可以做到一定的呼应。在当代中西方哲学融合的话语语境中，这体现为一种相对一致的道德观念，即人之为人和人应得到尊重的根据。道德的价值原则由个人走向社会整体，最终体现为政治、制度、法律等的内在根据，这一点后文另有论述，兹不赘述。德性指向人的存在，道德之至善则与人的本真意义上的存在相关，因此，道德在本质上是人存在的一种方式。这种存在方式与价值、信仰密切相关。王阳明的良知正是在此意义上与道德的内涵更趋于相近。

良知是阳明学的核心概念，在阳明心学哲学中，良知体现为多个层面的意涵。首先，良知体现为一种本体，即良知与“心”与“理”是一，这是确立良知的“至善”性质的重要前提。阳明说：“性无不善，故知无不良，良知即是未发之中，即是廓然大公，寂然不动之本体，人人之所同具者也。但不能不昏蔽于物欲，故须学以去其昏蔽，然于良知之本体，初不能有加损于毫末也。”[①]“性无不善，故知无不良”，肯定了良知之“善”的性质。“未发之中”“寂然不动”一方面表明作为本体的良知的本然状态，另一方面表明良知之“善”是本体之实然。“人人所同具”则肯定了良知作为人人具有的圣性的永恒不变和普遍性。“不能有加损于毫末”是对良知的先验道德性再次确证。可见，本然良知之“善”是具有普遍性的，由此王阳明才说“满街人都是圣人”[②]。这种提法肯定了良知是每个人成圣的内在根据，同时也突出了人的道德的主体性和道德主体的内在完满性。

其次，良知是先验的，但又离不开经验，这保证了良知的理想之善和现实之善及二者的统一。阳明继承了孟子先验良知说，认为良知是先验地植于人心的。“良知不由见闻而有，而见闻莫非良知之用，故良知不滞于见闻，而亦不离于见闻。”[③]在阳明看来，从本体的角度出发，良知既不同于见闻，也不由见闻而产生，良知是具有先验性的，二者不是一个层面的概念。但良知和见闻并非没有关系，阳明认为感性认识是良知的发用，“良知”与“见闻”是体用的关系。良知

---

① 王阳明：《传习录中》，《王阳明全集（新编本）》卷二，吴光等编校，浙江古籍出版社2010年版，第68页。

② 王阳明：《传习录下》，《王阳明全集（新编本）》卷三，吴光等编校，第127页。

③ 王阳明：《传习录中》，《王阳明全集（新编本）》卷二，吴光等编校，第77页。

不会因为见闻受到滞碍，但良知的呈现又离不开见闻。值得注意的是，阳明对良知与感性认识关系的讨论是在道德范畴内展开的。

最后，良知是一种道德理性，具有认知和评判的能力，这是形上之道与形下之德相统一的重要体现。作为形上之道，良知具有普遍性品格，这在一定程度上可以转化为具有普遍价值的道德标准。同时，良知的先验性和本体性保证了这种道德标准的永恒性与正当性。作为形下之德，良知具有个体性品格，体现为个体的能动性，它可以知善知恶、为善去恶，具有判断善恶的能力。在阳明看来，良知之知是自然而然的，良知之用即是仁之发用。“知是心之本体。心自然会知：见父自然知孝，见兄自然知弟，见孺子入井自然知恻隐，此便是良知，不假外求。若良知之发，便无私意障碍，即所谓‘充其恻隐之心，而仁不可胜用矣’。”[①] 可见，良知的理论效力及实践能力范围都是在道德领域内被言说的，这和阳明一贯的圣人立场和圣人之德的标准是一致的。阳明说“个个人心有仲尼，自将闻见苦遮迷。而今指与真头面，只是良知更莫疑”[②]，即是肯定良知是人人具有、不可更移的，它是人成圣的根据。当良知成为每个人成己、成圣的根据之时，其道德的维度便是很明显了。

可见，良知在阳明心学体系内的地位与性质决定了其道德的维度，从道德的视域出发，良知的道德内涵是什么呢？王阳明在“四句教”中讲到：“无善无恶是心之体，有善有恶是意之动，知善知恶的是良知，为善去恶是格物。”[③] 在王阳明看来：“心者身之主也，而心之虚灵明觉，即所谓本然之良知也。”[④]“良知者，心之本体，即前所谓恒照者也。”[⑤] 心即良知，心体无善无恶，即是良知无善无恶。对于良知的“无善无恶”的具体内涵，阳明认为：“无善无恶者理之静，有善有恶者气之动。不动于气，即无善无恶，是谓至善。”[⑥]“至善者，心之本体。”[⑦]“吾心乃至善所止之地。”[⑧]从而

---

① 王阳明：《传习录上》，《王阳明全集（新编本）》卷一，吴光等编校，第7页。
② 王阳明：《咏良知四首示诸生》，《王阳明全集（新编本）》卷二十，吴光等编校，第826页。
③ 王阳明：《传习录下》，《王阳明全集（新编本）》卷三，吴光等编校，第129页。
④ 王阳明：《传习录上》，《王阳明全集（新编本）》卷一，吴光等编校，第52页。
⑤ 王阳明：《传习录中》，《王阳明全集（新编本）》卷二，吴光等编校，第67页。
⑥ 王阳明：《传习录上》，《王阳明全集（新编本）》卷一，吴光等编校，第32页。
⑦ 王阳明：《传习录下》，《王阳明全集（新编本）》卷三，吴光等编校，第106—107页。
⑧ 王阳明：《传习录上》，《王阳明全集（新编本）》卷一，吴光等编校，第28页。

肯定了无善无恶的至善内涵。同时，阳明也为良知至善内涵提供了形上保证，那就是“理”：“良知是天理之昭明灵觉处，故良知即是天理。”[①] 良知即“天命之性，粹然至善”[②]。良知之谓至善，在于其为天理。从“天理”的形上意义来讲，良知的“至善”内涵可谓是其形上之维，是理想之善，是其内涵的究竟义，故曰“无善无恶者理之静”。同时，阳明并不否定良知的现实之善：“性之本体原是无善无恶的，发用上也原是可以为善，可以为不善的，其流弊也原是一定善一定恶的。”[③] 伴随着良知之发用，良知的理想之善亦落实于实践中。在实践中，理想之善呈显出来，便是现实之善，理想之善被遮蔽而没有呈显出来，便是恶，便是不善。在阳明看来，善与恶并不是一对相对的道德范畴，恶之根源在于良知被遮蔽，“至善者，心之本体。本体上才过当些子，便是恶了。不是有一个善，却又有一个恶来相对也。故善恶只是一物”[④]。所以，恶并不“否定”善，更不“否定”良知。相反，恶是从反面对良知的现实之善的肯定，以及对良知的理想之善的本质确认。因此，良知不但在形上层面是至善的，在形下层面也是唯善无恶的。从体用一源的角度言，良知的理想之善和现实之善就可以较好地对应并统一起来。在此意义上，主张良知既有善也有恶，或良知既无善也无恶在根本上都是一样的逻辑认知错误，是不恰当的。对此，我们还可做一些反思性的追问：良知如果没有善也没有恶，那么，第一，良知与天理沟通的依据在哪里？如何从良知的角度理解天理的普遍性？如果没有“善性”之良知的普遍性，良知“人人具有”及其存在的根据是什么？第二，作为传统心性儒学的心学（良知学）的伦理价值如何体现和落实？第三，良知的“知善知恶”的评判功能及标准如何存有？人常乐道的“镜鉴”之喻侧重功夫之一过而化，而并不指示良知的善恶属性，因此，其显然不能保证良知的能动性如何体现和落实？第四，我们当下提倡良知学的价值与意义何在？显然，对以上追问的反思，有

① 王阳明：《传习录中》，《王阳明全集（新编本）》卷二，吴光等编校，第78页。

② 王阳明：《亲民堂记》，《王阳明全集（新编本）》卷七，吴光等编校，第268页。

③ 王阳明：《传习录下》，《王阳明全集（新编本）》卷三，吴光等编校，第126页。日本学者佐藤一斋于《传习录栏外书》说：“此句义不可解，疑必有误脱。似当作：‘其源头也原是一定善的；其流弊也原是一定恶的。’”（佐藤一斋：《传习录栏外书下帙》，《传习录栏外书》，黎业明点校，上海古籍出版社2017年版，第227页）

④ 王阳明：《传习录下》，《王阳明全集（新编本）》卷三，吴光等编校，第106—107页。

助于我们得到肯定性结论：在当代中国哲学话语语境中，道德向度是良知话语结构图式的应有之义。

二、价值向度：政治话语语境中的良知图式

政治话语语境在古代主要体现于政统观的表达，在当代则体现于政治意识形态的表达，二者既有联系，亦有区别。当代政治话语语境中的良知图式和观念文化的政治倾向性、导向性密切相关。“无善无恶是良知”，良知的“至善无恶”性质是本有的、不可移的，这保证了良知之善是一种普遍永恒的正面价值。当良知与当代观念文化的政治倾向性、导向性遭遇时，在某种意义上对这种倾向性、导向性具有正面价值的规范性。这种规范性是一种内在的规范，它在道德向度上为良好政治提供了保障。因此，从价值形态看，政治的价值诉求是基于道德之善的正面价值诉求，而不是负面的价值诉求。这其实是在有意识地提醒我们，我们讨论的是观念形态的政治，而不是现实政治。观念形态的政治可以超越现实政治，跨越国家、种族、制度、区域的界限，也因此，其价值诉求具有普遍性。

良知的道德属性内含着价值确认，因此，其也具有价值属性。良知的价值属性体现为两个方面：第一，作为规范与制度的道德基础；第二，作为个体和社会认同的价值观念和行为的价值标准。良知的道德向度的“善”“恶”内涵在这两个方面发生了意义引申，于前者，良知之“善”“恶”与价值规定的“好”“坏”相联系，进而体现为符合道德应然要求的规范与制度则为“好”的，反之，则为“坏”的。于后者，良知之“善”“恶”与价值评判标准的“是（对）”“非（错）”相联系，从而体现为符合价值评判标准的观念与行为则是“是（对）”的，反之，则是“非（错）”的。因此，政治话语语境中的良知图式的价值属性是建立在道德向度的基础之上的。

良知之为规范与制度的道德基础是以其普遍性品格为保证的。在现实层面，规范与制度的确立有两种目的：功利目的和德性目的。前者以利益为评判标准，后者以人与社会的道德发展为评判标准。在中国文化的视域内，后者显然是第一义的，也是终极目的。

良知与规范、制度的关系有两方面的规定性：首先，良知对规范与制度的局限性规定，即一种“度”的规定性。如王阳明说：“圣

人于礼乐名物，不必尽知，然他知得一个天理，便自有许多节文度数出来。”[①] 节文度数显然不是客观的礼乐名物，而是观念形态的规范与制度，它以天理良知为前提和基础。良知对规范与制度的局限性规定，就是要把规范与制度限定在一定的界限内，保证它的合理性，以及它是被道德所允许的。当规范与制度在道德的界限内，从价值规定的角度判断，它就是“好”的规范与制度，反之，规范与制度超出了道德的界限，就是“坏”的规范与制度。

其次，良知对规范与制度应往发展的方向进行引导。良知的发用与生活世界密切相关，规范与制度的展开亦是如此。在现实生活中，规范与制度的展开呈现为运作的过程，只有在运作过程中，良知的基础作用才能够发挥。如果规范与制度只是作为文本存放起来，则无所谓“好”与“坏”。运作过程在表面上呈现为规范与制度的使用，实质是良知的道德属性在生活世界的发用，抑或说是良知由本然良知向显在良知的转化过程，这一过程既可以体现为个体行为过程，也可以是社会整体行为过程。从积极的意义上讲，符合价值规定的规范与制度有利于个体和社会形成“好”的习惯，并演化为相对自觉的过程，进而积淀为文化，如王阳明一贯主张的“亲亲”“仁民”“爱物”等，以及“遵守交通秩序”“中小学生日常行为规范”等当代文化。从消极的意义上讲，不符合价值规定的规范与制度则容易导致个体与社会行为的失范与越轨，甚或是价值观念的混乱。道德是人的本质的确认，生活世界离不开人的参与，体现为运作过程的规范与制度的运用自然也离不开道德的作用。在阳明学的视域中，良知不但重新建构了意义信仰本体，而且重新确立了价值主体，良知因此而具有本体—主体地位。在此意义上，良知既是对人的内在价值的确认，也是对人的社会价值的确认，既肯定人的自我实现的意愿，也肯定人与人之间坦诚认可的存在意义。所以，以良知为视域，社会规范与制度的良性发展必将是符合人的发展的，也是符合道德价值规定的。只有以良知为价值导向，才能消解规范与制度对人的异己性。因此，在现实生活世界中，“好”的规范与制度必然以良知的要求为导向，从实践层面看，良知之于规范和制度不仅仅是内在的道德基础，而且是一种评价的价

---

① 王阳明：《传习录下》，《王阳明全集（新编本）》卷三，吴光等编校，第106页。

值标准。

在阳明学的视域中，良知是一个既能存有又能活动的范畴，言良知即包含着致良知。王阳明说："知之真切笃实处，便是行；行之明觉精察处，便是知。"[①]"知者行之始，行者知之成：圣学只一个工夫，知行不可分作两事。"[②]知行合一是阳明良知思想的内在维度。阳明在晚年只说良知，而少讲致良知，即是基于这一思想维度。良知的这种特性同样也体现在其价值向度中，从"知"的角度言，良知的价值体现为内在的价值观念，从"行"的角度言，良知的价值体现为事事为为的外在价值标准。在王阳明那里，价值观念和价值标准是良知的一体两面，内外合一的。

从价值形态看，作为价值观念和价值标准的良知内涵与良知作为道德基础的"好""坏"内涵是不同的。"好""坏"并不等同于"善""恶"，原因在于：第一，"善""恶"是良知本具的性质判断，"好""坏"是良知所发之"用"的评价判断；第二，良知之"善""恶"本是一事，良知之"用"之"好""坏"是对"用"是否符合德性要求的判断，抑或说，是对符合度的判断。良知作为价值观念和价值标准同样是以"善"为基础的，但已经转化为具有普遍性的价值观念和价值标准，这种价值观念不管是个人还是社会群体都是认可的，这种价值标准不管是对个人还是社会群体的评价都是同样的。因此，在某种意义上，作为价值观念和价值标准是对认可度的评价，得到认可的则是"是（对）"的，反之，则是"非（错）"的。由此，良知之"善""恶"引申为"是（对）""非（错）"。阳明心学是对当时知行不一、知而不行的社会弊病的针砭，救治的良方即是良知。王阳明站在圣人的高度对世人提出的致良知之方，其实是严格的道德主义。王阳明强调"一念发动处，便即是行了"[③]，即是以严格的道德主义严厉摒除有违真正道德的私欲恶念。所以，在阳明这里，当良知落实于社会生活现实，仅作"善""恶"的判断是不够的，还要进一步引申为"是（对）""非（错）"的判断。王阳明对此亦有论述："良知只是个是非之心，是非只是个好

① 王阳明：《答友人》，《王阳明全集（新编本）》卷六，吴光等编校，第223页。
② 王阳明：《传习录上》，《王阳明全集（新编本）》卷一，吴光等编校，第14页。
③ 王阳明：《传习录下》，《王阳明全集（新编本）》卷三，吴光等编校，第106页。

恶，只好恶就尽了是非，只是非就尽了万事万变。”[①]“这些子看得透彻，随他千言万语，是非诚伪，到前便明。合得的便是，合不得的便非。”[②]在王阳明看来，好好色、恶恶臭是良知之自然，当“是”“非”等同于“善”“恶”，那么，对“善”“恶”之“好”与“恶”的道德情感评价就转化为“是”与“非”的价值判断。其实，从良知出发，“是”“非”基于“善”“恶”，二者具有一定的内在一致性，但从判断“万事万变”的角度出发，“是”“非”的标准就是绝对的，因此，“只是非就尽了万事万变”。而判断“是”“非”的标准是良知，方法在于看是否合于良知，“合得的便是，合不得的便非”，从此意义上言，“良知只是个是非之心”。王阳明在这里成功地以“是”“非”判断取代了“善”“恶”判断，从而由道德论域向价值论域转换，显示了其心学的绝对主义立场。而这种绝对主义在王阳明那里则体现为政治、伦理、学术的绝对主义。

良知作为个体和社会认同的价值观念和行为的价值标准体现在两个方面：个体领域和公共领域。在个体领域，良知首先构成个体认可的具有正面价值的观念，如正义、平等、自由、民主等，这些价值观念成为个体对所处社会形态、规范、制度、秩序等作出合理性和正当性判断的依据，进而指导个体行为协调，外化为个体交往原则。在公共领域，良知作为价值观念首先在社会历时发展中成为一种文化认同，其次在社会共时发展中成为各社会阶层、各民族的社会共识，如仁、义、礼、智、信，富强、和谐等。当文化认同和社会共识不发生错位的现象，完美融合，价值观念才能外化为社会普遍认同的价值标准，并能够对社会整合产生积极的作用。

总之，在价值视域内，良知的内涵得到了丰富和扩展。良知的价值向度是其与中国当代文化建设发生关联的重要联结点。

三、信仰向度：生活话语语境中的良知图式

良知作为价值观念内化于人的意识，构成人的基本价值认同，同时，良知作为价值标准外化为人的判断根据，具体化为个体原则

① 王阳明：《传习录下》，《王阳明全集（新编本）》卷三，吴光等编校，第121页。
② 王阳明：《传习录下》，《王阳明全集（新编本）》卷三，吴光等编校，第102页。

和社会规范。价值观念和价值标准统一于以人为中心的生活世界中。从人的本质出发，生活世界不是客观的人、事、物的混合体，而是人的本质的对象化，是人的意义所及之处。在阳明学的视域内，生活世界即是良知（人）的意义世界，也是德性的世界。因此，生活话语语境以对良知（德性）的确认为前提，以对人之价值的肯定为中心，以人的终极关怀为目的。

人与生活世界的密切联系在某种意义上克服了生活的异己性、无序性，意义的绵延贯穿整个生活世界，因此，生活话语在一定意义上即是以人（良知）为中心的意义言说。生活话语语境是与学术话语语境、政治话语语境相对而言的，指的是二者之外的话语形态。当代生活话语语境呈现出多元化的特点，如行业分工导致生活话语的群体差异、区域价值认同差异导致生活话语的地域差异等。但随着科技发展、世界一体化进程推进，生活话语语境日益向趋同化发展。生活话语语境在历时和共时方面具有特殊性，但在一般意义上，它关注的是人作为个体和类两个方面的生活状态。从文化的层面看，人的生活状态要摒弃物质的多样性，而注重精神与文化的层面，注重个体的整体性，具有一定的形上意义。因此，生活话语语境并不能截然划分为个体的或类的，从形上意义来讲，它或可说是类的精神文化状态的个体表达。从中国文化的角度看，古今皆如此，如家国意识、忧患意识、道德追求、人生境界等，都是通过个体化话语表达一个时代的追求或信仰。当代生活话语语境亦是如此。

在阳明学的视域内，生活在本质上是意义的表达，而且体现为实践过程，可以说，生活是意义和实践过程的统一。良知是生活意义的赋予者，也是实践活动的主导者和评价者。王阳明说：

> 所谓致知格物者，致吾心之良知于事事物物也。吾心之良知，即所谓天理也。致吾心良知之天理于事事物物，则事事物物皆得其理矣。致吾心之良知者，致知也。事事物物皆得其理者，格物也。是合心与理而为一者也。[①]

“事事物物”本是对象性的“物”(包含实践意义的事之对象化)，

① 王阳明:《传习录中》,《王阳明全集(新编本)》卷二，吴光等编校，第49—50页。

“致吾心之良知于事事物物”即通过“赋义”的过程将外在之物涵化为心内之物，事事物物之理即是良知，故心与理一。心与理一是王阳明于此论述的重点，但“赋义”的过程让我们看到良知对意义和实践的主宰作用。于此我们可以看到，良知在生活世界的重要性及其在生活话语语境中的基础作用。但与良知的道德向度、价值向度不同，生活话语语境中的良知图式更多地体现在信仰向度上。基于生活本身的浑融性，生活话语语境中良知图式的信仰向度主要体现为三个方面：

第一，对个体存在价值的确认，这主要体现在实践层面。生活本身是一个实践的过程，人以自身的劳动能力参与并创造这一过程。人是实践过程的主体，离开了人，实践过程便不存在。在此意义上，实践过程不但是一个感性的过程，同时也是一个意识的过程。人在此过程中首先确认了人自身的存在，其次意识到人之为人。因此，生活话语便离不开对个体存在价值的确认和对个体生活的感受。在阳明学的视域中，良知是不离于见闻的，良知对感性生活的肯定自然也包含了对人存在价值的肯定。王阳明站在圣人的高度提出了“医世”的药方——致良知，但他并没有放弃普通人。“良知良能，愚夫愚妇与圣人同。”[①]“与愚夫愚妇同的，是谓同德。与愚夫愚妇异的，是谓异端。”[②]“须做得个愚夫愚妇，方可与人讲学。”[③]在王阳明看来，圣人与愚夫愚妇同具良知，而且愚夫愚妇作为普通人的社会群体，他们的认知还构成了判断“异端”的标准，甚至与人讲学，也须以普通人的身份方行得通。前者是在人的本质层面肯定愚夫愚妇的存在价值，后二者是在人的社会存在层面肯定愚夫愚妇的存在价值。甚至在做致良知功夫方面，虽然王阳明认为“但惟圣人能致其良知，而愚夫愚妇不能致，此圣愚之所由分也”[④]，但在具体的功夫设计中，他还是为普通人保留了入圣之途。“我这里接人原有此二种。利根之人，直从本源上悟入。……其次不免有习心在，本体受蔽，故且教在意念上实落为善去恶。”[⑤]“利根之人”“其次”，

① 王阳明：《传习录中》，《王阳明全集（新编本）》卷二，吴光等编校，第54页。
② 王阳明：《传习录下》，《王阳明全集（新编本）》卷三，吴光等编校，第117页。
③ 王阳明：《传习录下》，《王阳明全集（新编本）》卷三，吴光等编校，第128页。
④ 王阳明：《传习录中》，《王阳明全集（新编本）》卷二，吴光等编校，第54页。
⑤ 王阳明：《传习录下》，《王阳明全集（新编本）》卷三，吴光等编校，第128—129页。

其实都是普通人，他们都需要不断做圣学功夫，方能成己成圣。唯有不同者，他们各自的功夫入手处有所差异。其实，在功夫差异的背后，王阳明仍然肯定了普通人本具的内在“圣性”——良知。所以，良知不但是人（普通人）之为人的根据，也是人之为圣的根据，抑或说，良知是人由此走向超越的根据。

王阳明曾把理想的人格典范分为“谦谦君子”“狂者胸次”和“圣人气象”三种：

> 乡愿以忠信廉洁见取于君子，以同流合污无忤于小人，故非之无举，刺之无刺。然究其心，乃知忠信廉洁所以媚君子也，同流合污所以媚小人也。其心已破坏矣，故不可与入尧、舜之道。狂者志存古人，一切纷嚣俗染不足以累其心，真有凤凰千仞之意，一克念，即圣人矣。[①]

“君子”“狂者”“圣人”这三种人格典范以具体的社会存在为基础，直面“乡愿”与“小人”的对应存在，从而具有更为现实的意义。同时，这三种人格典范的道德基础是“只依良知行”，强调了三者的良知意蕴。所以，良知对于人的存在而言，不但具有本真义、现实义，而且具有超越义，这正是对人的存在价值的全面肯定。

第二，对真善美的追求，这主要体现在精神层面的追求。良知是至善的，在中国哲学中，真、善与美是统一的，对真善美的追求其实是一种境界形成和提升的过程。在这一过程中，人逐渐达到对自身的觉解和对世界的精神把握，展示出人所理解的世界图景，呈现出个体精神升华的不同层面，其中融入了人的道德理想和人生追求。

在阳明学视域中，真并不是指知识论的真，在王阳明看来，知识和良知是不同的范畴。“后世不知作圣之本是纯乎天理，却专去知识才能上求圣人。”[②]“若夫子与鄙夫言时，留得些子知识在，便是不能竭他的良知，道体即有二了。”[③]知识才能属于外物，成圣不能在知识才能上求，否则便是逐于外物。王阳明主张心即理，做功夫要

---

① 王阳明：《传习录拾遗》，《王阳明全集（新编本）》卷三十九，吴光等编校，第1546—1547页。
② 王阳明：《传习录上》，《王阳明全集（新编本）》卷一，吴光等编校，第31页。
③ 王阳明：《传习录下》，《王阳明全集（新编本）》卷三，吴光等编校，第123页。

内求心体，心中如有知识在，便是遮蔽心体良知，便导致心体有隔。良知非知识，这在阳明后学文集中记载的阳明语录可以得到再次印证："知乃德性之知，是为良知，而非知识也。"[①]"先师谓'致知存乎心悟'，若认知识为良知，正是粗看了，未见所谓'不学不虑，不系于人'者。然非情无以见性，非知识意念则亦无以见良知。"[②]同时，阳明后学也是认同的："后世学术，正是添的勾当，所以终日勤劳，更益其（良知）病。"[③]"见闻知识，真妄错杂者，误认以为良知，而疑其有所未尽，不知吾心不学而能，不虑而知之本体，非见闻知识之可混。"[④]王阳明肯定知识不同于良知，但同时也没有把良知与知识截然对立起来，犹如他对良知和见闻的关系的认识。从阳明学出发，良知之真显然和修养论、本体论更为契合。从修养论而言，良知之真侧重于自我在德性上的实有诸己，从本体论而言，良知之真侧重于本心之诚，前者关涉功夫，后者关涉本体。

功夫上的实有诸已强调功夫的真实切己，此已是心学实学的范围。王阳明强调"事上磨炼""体究践履""实地用功"等已有明显的价值论导向，所以，功夫层面的良知之真和良知的价值向度密切相关。从价值的层面看，良知功夫之真一方面指向修身成圣，一方面指向家国天下，在儒学视域内，后者以前者为基础，是前者由己及人、向社会领域的延展，而前者是最根本的，这也是阳明良知学的本色。

在良知学的意义上，"真"主要不是指客观存在之"真"，而侧重于意义价值的"真"，如："君子之成身也，不惟其外，惟其中；其事亲也，不惟其文，惟其实。"[⑤]这种"真"既是道德情感之真，同时也是主体人性之真。作为本心之诚的"真"具有"真实存在"的意思，即人的存在本体——心的本来的存在状态，"诚是实理，只是一个良知"[⑥]。作为存在意义上的诚，它是天道之本然，能覆载万

① 王畿：《刑部陕西司员外郎特诏进阶朝列大夫致仕绪山钱君行状》，《王畿集》卷二十，吴震编校整理，凤凰出版社2007年版，第585页。

② 欧阳德：《南野论学书》，黄宗羲：《江右王门学案二》，《明儒学案》卷十七，沈芝盈点校，中华书局2008年版，第364页。

③ 王畿：《答徐存斋》，黄宗羲：《浙中王门学案二》，《明儒学案》卷十二，沈芝盈点校，第248页。

④ 欧阳德：《南野论学书》，黄宗羲：《江右王门学案二》，《明儒学案》卷十七，沈芝盈点校，第360页。

⑤ 王阳明：《贺监察御史姚应隆考绩推恩序》，《王阳明全集（新编本）》卷二十九，吴光等编校，第1108页。

⑥ 王阳明：《传习录下》，《王阳明全集（新编本）》卷三，吴光等编校，第120页。

物，成就万物。“诚是心之本体，求复其本体，便是思诚的工夫。”[①]本体通过功夫而达到的本然状态即是“真”的状态或“真”的境界。处于诚境的人按其真性而呈现，故事亲则孝，事兄则悌，事君则忠，事友则信，呈现出一种德性之美。这种以“诚”为最高原则的功夫体验，体现出主体的自信和自觉。这种自信和自觉正是良知之真的价值意义所在，体现了“真”作为追求目标的信仰向度。

良知之“善”在性质上侧重德性之至善，在内容上指中国传统哲学的“仁”。“止于至善”即是“为仁”，是修养功夫的最高追求。“为仁”即是对善的追求，善是目的理性的体现。在儒学中，善和美是统一的。至善之境不仅仅是“君子”追求的最高道德境界，人生境界，也是一种审美境界。实现仁的境界，首要的即体现为对“至善”的追求。“至善是心之本体”[②]，良知“无所亏欠”的呈现就是仁的境界。“至善”作为天理的规定，一种“宇宙力量”，它不仅仅是道德规范和道德力量的根源，而且也是一种必须服从这些规范的绝对命令。[③]故王阳明认为真知必能行，“知而不行，只是未知”[④]，而且这种服从是一种自觉自为的服从，故当人与天相感应的时候，他也就处于“天意所定”的状态，达于真正的仁境。

在宋明理学家看来，仁是“心之全德”[⑤]，“仁包四德”[⑥]，因此，仁的意义就具有绝对普遍性，仁（善）与美、真一样，来自主体与客体之间的关系，是在心灵与物事的现实合作中显现出来的。在王阳明看来，仁不能从外在事物中去求取，而应从“心”与“物”的自然相感中去求取，这种自然相感既表现为“心”的自由（宜），又表现为“物”的自然（无人伪）。只有在此前提下，仁的境界一旦由心灵中实现出来，则能使天下皆善、天下皆仁，从而出现一个和谐统一的世界。[⑦]

可见，在阳明学视域中，对善的追求不仅仅是个体的精神追求，

---

① 王阳明：《传习录上》，《王阳明全集（新编本）》卷一，吴光等编校，第38页。

② 王阳明：《传习录上》，《王阳明全集（新编本）》卷一，吴光等编校，第2页。

③ 参见墨子刻：《摆脱困境：新儒学与中国政治文化的演进》，颜世安等译，江苏人民出版社1996年版，第84—85页。

④ 王阳明：《传习录上》，《王阳明全集（新编本）》卷一，吴光等编校，第4页。

⑤ 朱熹：《论语集注》卷六，《四书章句集注》，中华书局2011年版，第132页。

⑥ 黎靖德编：《朱子语类》卷六，王星贤点校，中华书局1986年版，第118页。

⑦ 参见陆永胜：《王阳明美学思想研究》，社会科学文献出版社2016年版，第190页。

而且体现为以良知为基础的意义世界的建构。这里不仅涉及心与身的关系，而且涉及心与物的关系，这正是我们在当代文化建设中要处理的人与己、人与人、人与社会、人与自然等的关系问题。

当真、善作为追求目标，臻于境界时，便和美密切相关。在中国传统哲学中，“美”是和“善”统一的状态，是主体的情与理在体验过程中呈现的结果。美的境界是一种自适自得的境界，它是合目的性与合规律性的统一。所谓合目的性即意味着对人的存在价值的确认，所谓合规律性即意味着对理的普遍性的尊重，这二者正是阳明良知说的应有之意。所以，在阳明学的视域中，美是以培养道德人格为出发点和目的而进入审美言说的，并反过来，又把审美视为建构道德人格的一条有效通道。从本质上说，道德与审美都是人的本质的对象化，二者在深层次上的人性、人格之解放与人的自我完善上，具有同构性和比邻性。如“万物静观皆自得”就是一种通过审美观照获致道德品格的方式。这种对理想道德人格的追求方式，要求通过审美的方式来体验生命，通过道德的方式来强化生命，这样不仅可以张扬人的生命自由价值，而且可以显示人类生命价值的自由理性精神。[①]在阳明哲学中，其所强调的道德原则，同时也是一种审美原则，美是一种具有真的品格、善的性质的美。

真善美统一于以人为中心的日常生活之中，是日常生活的精神升华。在阳明学视域中，生活内在于以良知为内涵的意义世界之中，人对真善美的追求，体现了良知在生活语境中的信仰向度。

第三，对自我实现的追求，这主要体现在超越层面。良知作为存在，不是抽象、玄虚的，而是实实在在的，它是即本体即主体的存在。这一方面表现为良知作为精神实体的本体存在，它是道德、价值、信仰之所从出；另一方面表现为良知的自觉能力，它的具体落实即体现于具有良知践行能力的个体和类（社会群体）。前者表现出良知的至善性和自在完满性及这种性质外化的内在本然要求，这种“内在本然要求”既可从致良知的功夫向度来理解，也可以从传统儒家“推仁”的伦理向度来获得理据，而“外化”的过程即是实践的过程——呈现为个体和类对至善性和自在完满性的双重追求。至善性在内涵上包括真善美，从实质的意义上看，人对真善美的追求内含着道

---

① 参见陆永胜：《王阳明美学思想研究》，第119页。

德情感的满足，即道德的幸福感。自在完满性体现为意义的充盈，对意义充盈的追求即是对人生最高价值的终极关怀。需要特别提及的是，至善性是自在完满性的基础，也是其一个向度，抑或说，人的自在完满性离不开道德的完满，但又不止于此，比如价值的实现等。意义的生成（赋义）过程即是生活实践的过程，个体和类都将参与到这一过程中，并在此过程中追求自我的实现和超越。

生活实践过程在某种意义上是对当下存在境遇的不断评价和超越过程。在阳明学的视域内，人生活在意义世界之中，人的良知对外物具有认知和评价功能，在逻辑上良知又是评价标准的内在原则。因此，从良知出发，人对物的评价原则和评价标准是统一的，这是由良知的普遍性原则决定的。在王阳明这里，符合评价标准，即是符合良知的原则，从良知的道德义出发，我们或可说道德规范与道德原则是统一的。在生活实践过程中，心与物相接，认识不止，则评价不断。当生活境遇（人所面对的人、事、物）符合主体的价值标准时，主体就会对其作出肯定性的评价，并产生幸福感，如身边充满着正能量的乐善好施、尊师重道、助人为乐、诚信经营等，这些和良知内蕴的仁、义、礼、智、信等德目是一致的。从王阳明的心物之辨出发，这种肯定性的评价并不是对客观之物的评价，而是对意义世界中的物的评价，在实质上是对人之为人的确证，抑或说，是对良知的自信。正是基于良知自信，这种幸福感富有理性内涵，而表现出对感官快乐的摒弃。王阳明曾以“自慊”表示这种幸福感：

> 今焉于其良知所知之善者，即其意之所在之物而实为之，无有乎不尽。于其良知所知之恶者，即其意之所在之物而实去之，无有乎不尽。然后物无不格，而吾良知之所知者无有亏缺障蔽，而得以极其至矣。夫然后吾心快然无复余憾而自谦（慊）矣，夫然后意之所发者，始无自欺而可以谓之诚矣。[①]

为善去恶要即物而为，依良知而行。物与良知所发之意相接，物之“善”“恶”在于意之“善”“恶”，这就是对物的评价。善与恶都是良知之知者，即物而致知，最终是要达到良知的圆满自足，

---

① 王阳明：《大学问》，《王阳明全集（新编本）》卷二十六，吴光等编校，第1019—1020页。

无有亏缺障蔽，这样才能“自慊”而无余憾。“物”在致良知功夫中为意之所在之物，即是心涵摄之物，所以，在阳明这里，格物即是格心，诚意即是诚心，最终都是要达到良知的自足，“只此自知之明，便是良知。致此良知以求自慊，便是致知矣”①。这种“自慊”也就是阳明所讲的“心所安处，才是良知”②。依良知而行内心便快乐满足，违良知而行则感到不安。显然，“自慊”就是人对自己履行道德义务而产生的愉悦感和满足感。需要指出的是，阳明学的道德情感满足是建立在自觉与自愿基础上的，是依良知行，而非行良知。如阳明讲君子的境界：“君子之酬酢万变，当行则行，当止则止，当生则生，当死则死，斟酌调停，无非是致其良知，以求自慊而已。”③君子在把握当然之则后，自觉地以此规范自己，进而达到“自慊”，体现了自觉原则与自愿原则的统一。自愿原则突出了主体的自主能动性，一切出于真心，随心而为，而皆能得自然之妙，又达到了陶冶和涵美内在精神的大功利目的。自觉原则则从理性上对这种行为给予规范，在外部不使其流于动物性和狂滥，在内部则使其行为动机（意念）本身就是出于理性的范导。④可见，阳明学视域中的幸福感既有情感性，更有普遍理性，幸福感不仅是个体的追求，也同样是社会群体的共同取向。

人对幸福的追求存在于整个生活实践过程中，呈现为良知由本然状态走向显在状态，其中包含着人性的发展、自身的完善和自我的实现。从阳明学的心物关系出发，这种自我实现过程即是人的本质力量的确证过程，它不但肯定当下，也指向未来，这是由幸福的理性维度决定的。以良知为基础的幸福同时也内含着道德之维，这保证了幸福追求的正当性。基于此，人对幸福的追求是具有善的性质的，所以说，幸福中内含着道德规定，道德中内涵幸福诉求，人的完善与发展正是在道德规定与幸福诉求的统一中实现的。道德与幸福的关系正如良知的普遍性品格和个体性品格的关系，二者既有紧张，亦有统一。过多强调道德理性可能会在一定程度上消解幸福感，过多强调幸福感则可能导向道德的抽象化，只有扬弃道德与幸

① 王阳明：《与王公弼》，《王阳明全集（新编本）》卷五，吴光等编校，第211页。
② 王阳明：《传习录拾遗》，《王阳明全集（新编本）》卷三十九，吴光等编校，第1548页。
③ 王阳明：《传习录中》，《王阳明全集（新编本）》卷二，吴光等编校，第79页。
④ 参见陆永胜：《王阳明美学思想研究》，第130—131页。

福关系中的片面性，人才能沿着良知之路走向全面发展。这正是阳明学乃至儒学对人的价值的终极关怀。

可见，良知在生活话语语境中往往呈现出明显的道德情感性，在生活实践中，内在理性的范导使这种道德情感面向表现为对当下的不断超越和对自我完善的追求，这使良知呈现出显著的信仰向度。

综上所论，王阳明良知图式的道德、价值和信仰三重向度及其相互关系体现了中国传统儒学义理体系和信仰体系在当代文化语境中的新诠释、新发展。王阳明心学演化发展的深层问题意识在于知识、道德与价值的割裂，而其贡献也正在于对三者关系的弥合，贯穿于其中的理性维度使道德向度得以特别的凸显。当代文化语境对阳明学的诠释提出了新的诉求，其发展了阳明学对知识和价值的对象性的消解，而强调以二重性的道德为基础，重新建构一种具有可理解性和公共性的价值，从而由个体领域走向公共领域。领域的拓展使道德和价值的主体由个体走向公共性的类群体，信仰也因此由个体体验性走向公共性，抑或说具有概念式的可描述性，而阳明良知思想的理性维度和道德向度正是其义理系统的根源。以道德为基础的理性化的本体性建构，使信仰不但具有了人文性，同时也具有了超越性，这正契合了当代文化避免拜物教和偶像崇拜的理性要求。因此，王阳明良知图式的三重向度诠释既是传统文化创新性发展的体现，亦对当代文化建设有着启示意义。

第二节
生活·心灵·实践：日常生活视域中的阳明学[①]

无论就儒学的本源形态还是理论特质而言，儒学和生活、实践都是紧密联系的。阳明学作为儒学构成成分和理论体系的重要部分自然亦是如此。我们对阳明学与生活、阳明学与实践的关系的考察与诠释实质上关涉着两种不同的展开路向：其一，生活化的阳明学

① 本节内容曾发表于王中江、李存山主编：《中国儒学》（第13辑），中国社会科学出版社2018年版，第217—225页。此处略有改动。

或阳明学的生活化。生活作为一种实存的样态，其中关涉着行动和意义的生成，阳明学在此中则提供了行动的动力和意义生成的本源。而行动的展开和意义的生成则会涉及道德、政治等诸领域，从而赋予人或物以道德、政治等意义，并在此过程中导向普遍的实践哲学。其二，实践的阳明学或阳明学的实践性。实践关乎行动的现实形态，是基于行动过程与行为的理论考察。实践较之行动具有更为深沉的社会历史内涵，其价值指向虽然基于“一时一事”，但目的在于“一史一世”，以改变世界和人生为目标。阳明学的实践性与实践智慧则在于对以“成圣”为核心的功夫与境界、人生与世界的关系的沟通与联结。由此可见，行动在生活向度和实践向度的阳明学考察中具有重要的作用，而且是沟通二者的桥梁。生活的个体性与实践的普遍性也使此两个向度的阳明学考察分别侧重于个体伦理和社会伦理。

一、意义生成：生活的阳明学

阳明学本是生活化的，其产生及其流衍的已知形态足以说明，即使在道统的打压下也依然如此。然而随着近代传统经学的退场，现代学科体系的建构，阳明学成为学术象牙塔中的文本，没有释读便无生气，作为学术形态的阳明学与日常生活之间的隔膜也日趋明显。当代，文化多元和对单一意识、物质主宰的拒绝，使人们重新呼唤阳明学。

从现实的层面看，日常生活表现为一个冗长的过程，是“零碎”之“物事”的拼接。只有当赋予这些“物事”以意义之时，生活的意义层面的“连续性”才得以呈现，在此“连续性过程”中，人之为人的意义才凸显出来。因此，从儒家哲学的层面看，日常生活是一个成己成物的过程，待人接物的日常行为的深层内涵便是成就自身、成就他人（他物），在成己成物的意涵中，日常行为不仅是“行”，还包含着“知”。而且，知其所以行、行其然和行之果，而行则是行其所知，行其所行。知即是行，行即是知，知行合一。同时，以做人、为人、做事、行事为表征的日常行为也是在建构意义世界。在知行合一的意涵内，意义既是知行的结果、原因和动力，甚至也可以说是知行建构本身；日常之行既是致知的结果，也是致知本身。在知、行的视域内，日常生活不是漫无目的、懒散、庸长的，而是有目的、有本源、有规划、有价值的，日常生活体现为人身及其意义的建构过程、世界及其意义建构的行为过程。

人之为人在于人之意义，人内在于自然又超越自然。日常生活以人为中心，人的存在意义决定了日常生活的非自然形态，而是人化形态。人的超越意义和日常生活的超越意义均在有意义指向的行动中完成。行动作为有意义的“事”，其本身也被赋予了意义。回溯意义的根源，不在人之行动本身，而在人之心灵。这正是阳明学的核心所在。从“心”出发，以行动为表象的功夫一方面成就了人，另一方面也成就了物，构成了以心物关系为第三维的心、物二极意义世界。意义的生成体现了“心”对物的涵化。从意义生成的角度而言，日常生活的本质在于确认人不仅是“在”，而且是“有”，人是存有，而不仅仅是存在。

人通过日常生活获取的意义具有多样性。原因在于：一方面，“心”的推致通过事上磨炼得到现实形态的体现。事上磨炼是日常生活的形式，事不同，意义也不同。这主要涉及意义的不同领域，如事君的政治意义、事父的伦理意义等。另一方面，作为本源的“心”的性质决定了意义的“善”的性质。不同于亚里士多德强调实践活动以善为追求目标，阳明学强调基于“心”之发用的实践活动的本然之“善”，作为结果和目标的善自是题中之义。需要指出的是，善不仅指德性之善，也包含“恰当”。德性之善是“心”的本源义，“恰当”则是就致良知这一行动的适度行为而言，在根本上它也是源于心体的“中和”状态及其对行为、态度的“中庸”要求。“过”或“不及”都是一种违“和”，而不能称之为善或美。从“心”之意义世界出发，作为人化社会之德行和有意义的日常生活遵循了阳明学的这种“善”的要求与标准，其赋予人与物的意义不仅要遵循德性要求，遵守道德规范，而且还要遵循“适当”的原则。

二、万物一体：实践的阳明学

实践不同于具体的行动，其关注的是更为广泛的意义，但它首先也是一种“关系”，在心与物之间、出发点与结果之间具有“中介”的意义。实践的价值指向在于主观性向客观性的位移，表现在日常生活中即是一种“移情”，这种“情”主要是一种道德情感，如儒家之仁、四端之情等。由于道德情感源于至善心体，因此，这种“情”也是一种超功利的审美情感，这就为万物一体的意义世界或审美境界提供了内在理论支撑。可见，实践是万物一体意义世界构建的内在维度，当然也是日常生活的内在维度，阳明学的实践性由此而体现出普遍性、思辨性和抽象性的特征。

从现实的日常生活形态来讲，实践具有非常生动的具体性，这一点和行类似：实践不仅涉及以成就人自身为指向的成己，而且涉及以社会生活变迁为指向的成物，还关乎赞天地之化育。阳明学强调日用即道，担水砍柴，无非道也，即是对包括礼乐生活在内的日用常行的意义与价值的普遍化和形上化。道是普遍的价值原则，日用即道，意味着日用常行体现了普遍的价值原则，此中隐含着两层意思：日用常行要遵循普遍原则和普遍原则的落实不离日用常行，二者相依相联。这种辩证关系不但抬高了日常生活的意义价值，而且使个体之行走向普遍之行，获得普遍性意义。正如伽达默尔所言：“‘实践’还有更多的意味。它是一个整体，其中包括了我们的实践事务，我们所有的活动和行为，我们人类全体在这一世界的自我调整——这因而就是说，还包括我们的政治、政治协商以及立法活动。我们的实践——它是我们的生活形式。”① 实践作为具有诸多“意味”的整体，最终的指向是万物一体的意义世界。

实践在逻辑上表现出来的形式的抽象性与目的的普遍性表明，在心与物的互动中，实践难以离开人的意识活动，同时具有无目的的目的指向性。阳明学强调内在信仰本体和社会价值主体的统一，即是要把成就自身与成就世界统一起来。人即是物，物即是我，正如“南镇看花”，物我互为觉知自我的条件。就此而言，意义的生成不是单向度的，而是双向度的，作为意义世界建构内在之维的行动和实践其实是没有“对象”（客观的）的，在本原上，它是“心”的自发动、自发用，其出发点和目的都是“心”，物作为被主体涵化的意义之物，成为意识的一部分，实践成为主体间（主体自身）的

① 伽达默尔、杜特：《解释学 美学 实践哲学：伽达默尔与杜特对谈录》，金惠敏译，商务印书馆2005年版，第67—68页。

维度。在此意义上，实践因为对象的缺位而走出主体与对象的关系，超越了主体性。就日常生活而言，个体的行动基于个体心，并回到个体心，社会实践基于类心，并回到类心，二者在根本上是同一活动过程。所以，人（类）主宰世界在本质上是人（类）的自我主宰，万物一体在本源上就是一个“我”。

三、由己及物：行动的阳明学

行动之成为可能在于其具有源发性和内在能力，这是由阳明学的本体论决定的。阳明学的功夫论则决定了行动的过程性。从本体的角度言，行动能力和行动过程存在着先天性和后天性、非过程性和过程性的内在张力，这一张力在功夫过程中得以缓解。从功夫的角度言，行动的内在能力在行动的过程中转化为现实的能力，而现实的能力又成为行动过程进一步展开的内在根据。二者之间这种辩证的、互相促进的关系在日常生活中表现为人（类）的社会实践能力的不断增强。

人的内在能力向现实能力的转化在本体上表现为由本然向实然的转化，而人的实践能力的增强则推动着实然向应然的转化。这两个阶段在本质上体现为同一行动过程，从行动对象的角度言，则体现为实践领域的扩大，即推己及人、由己及物，从认识自己到认识世界，从改变自己到改变世界。作为能力和过程的行动首先促进了人的自我完成，其次则是实现了类的群体价值，最后则是成就世界。从“心”和“物”两个层面而言，从本然到实然的转化一方面涉及本然良知到显在良知的转化，另一方面涉及本然之物到人化之物的转化，前者侧重体现为人的意志及其能力，后者侧重体现为人的活动及其能力。从实然向应然的转化则一方面涉及实然良知按照本然（理想化）良知的标准发用流行，另一方面涉及人化之物按照人的意图的改变，前者侧重体现为人的意志及其实现，后者侧重体现为人的实践意图及其实现。这两个层面、四个方面统一于现实形态的日常生活之中，其中涉及的核心要素即是“心”。“心”也构成了日常生活的核心要素，“心”保证了人与人、人与自然、人与社会的内在统一性，同时也使日常生活本身具有了深刻的价值内涵。

推己及人、由己及物的逻辑前提之一是行动（知行）的自由。

就阳明学而言，心体作为本然的存在，其显在形态的呈现是自由的。这种自由呈现必然关涉“心’与“物”的关系，而功夫是处理心物关系的途径。良知（心）和致良知（功夫）在日常生活中体现为人的德性和德行的辩证统一，由“心”到行动（功夫）是一种理性的必然。所以，行动的自由在根本上是以良知的理性普遍法则作保证的，抑或说，行动的自由在根本上体现的是意志的自由。在以“心”为主宰的意义世界，意志自由保证了行动对象的自由。故而，意志自由、行动自由、对象自由才能保证推己及人、由己及物的意义世界的建构，最终达到万物一体的境界。由于中西哲学的差异，阳明学所赋予的行动自由有异于马克思哲学强调的实践以改变世界、改变自身以及人的解放为指向，在实践活动的历史展开中走向自由之境，而是具有更多内在的精神性。

从日常生活的角度言，行动不是单纯的意念活动，不能仅仅局限于个体的内在精神之域，而是有着具体而现实的指向，以人、物、世界的变化为目的，所以，心动不如身动。身动本身包含着心动，并以心动为前提。现实的行动的指向性表明行动者知其之所以动，也就是说，行动的意义为行动者所自觉意识，没有意义的行动不能称之为行动——需要特别说明的是，这里的意义是基于心学即本体即功夫和良知自知自检的特质，从行动原发之时起就获得的意义，这种意义也可以说是行动的不可分割的属性，而不是以客观外在标准对行动的评判。以客观外在标准衡定的意义具有多重性和偶然性，只有行动者自觉意识的意义才具有相对确定的内涵。在阳明学看来，人只有活出“自我”，活在当下，才是有意义的。活在他者的世界既没有意义也不现实。这正是以行动（实践）为维度的日常生活本应有的状态，也是人对日常生活本应有的觉解。

四、现实与未来：阳明学践行的反思

当下的阳明学研究有两个泾渭分明的取向：其一，以政党、政府、企业等为主导的实用性研究，其实用价值发挥作用的介质则是生活中的个体之集合，因此，研究的定位基本上是阳明学的世俗化与普及化。其二，以学院派哲学学界为主导的观念性研究，其目标在于追求理论的自洽性和观念史的演变根源与走向的探析，体现了形上哲学的进路。笔者倾向于观念性的研究，但也不完全否定实用性的研究。阳明学本是彻上彻下的学问，作为一种学术形态，它具有理论的自由和实践的自由。实用性的阳明学研究由于政治意志、观念和利益价值的附加，在某种程度上是对阳明学的桎梏，乃至形成僵化的阳明学。而且追求价值转化和输出的实用的阳明学影响的是一个个的个体，价值转化的期待并不能保证输出的价值在数量和质量上的对等性。观念化阳明学研究在学理的范围内充满了期待，它的每一个进步可能影响的是一代人，乃至几代人。但也需指出的是：实用阳明学的僵化是基于历史的考察和理论衍化趋势的担心，是可然性的结果；观念阳明学研究的思想史影响是基于理论与思想互动发展趋势的期待，也是可然性的。因此，我们不妨对二者持开放、包容、折中的态度。

从阳明学的角度而言，行动与实践主要依据“心”的标准，这可能会导致两种偏弊：一是行动的自发性和任意性，二是意志软弱。阳明的良知本身具有理性的普遍性，但其发挥作用还需个体的功夫修为。在日常生活中，随“心”而为的人很少能做到孔子的“从心所欲而不逾矩”（《论语・为政》），因此，行动的任意性便不可避免。就阳明学而言，行动的理由和原因主要侧重于行动发生的根据和根源，理由和原因为行动发生的合理性提供了依据，但并不能保证行动发生的必然性，究其原因则在于意志软弱，即外在非理性规定压倒了理性意识。因此，在现实的日常生活中，我们还要关注外在的价值原则、行为规范等非理性因素，对非理性因素的关注一方面可以帮助克服行动的自发性和任意性，也可以最大限度避免意志软弱的问题。

在实然的日常生活中，非理性因素常常作为“背景”而存在，因此，对非理性因素的认知和恰当处理往往体现出一种智慧。当个体的日常生活作为现代政治生活的一部分时，人之行动与实践势必涉及“道”与“势”的关系问题，“势”作为与政治实践相联系的政治格局的体现，在现代人的生活中具有重要影响，并在一定程度上影响人的行动，无论个体顺从还是反对“势”，其实都是在被“势”所左右，即所谓“势胜人”。在此意义上，“道”（“心”“良知”）就被非理性因素所遮蔽了。在此情况下，人能够做的就是，当“道”与“势”相一致的时候，乘“势”而为；当“道”与“势”相悖反的时候，引“势”入“道”。无论是乘“势”而为，还是引“势”入“道”，其目标与价值指向都是在讲求一个“合”（协调、调和），即道势合一。除开政治，就个体的日常生活而言，“合”也非常重要，如“理”与“情”合、“情”与“法”合、“心”与“境”合等，而做到“合”的关键在于对“度”的把握。在日常生活中，一切“物”“事”皆由“心”、皆由“法”、皆由“度”。

第三节
善恶·是非：知行合一的理论效力与实践能力

王阳明的“知行合一”是宋明理学中最耐人寻味的一种工夫方法。与陆九渊的“立其大”和湛甘泉的“随处体认天理”比较，具有相对的明晰性，但与朱熹的“格物致知”等功夫比较起来，又具有相对的非具体性。这可能就是王阳明批评象山“粗些”、批评湛甘泉“体认于外”，但又被后世批评为“空疏”的直观原因。从学理的层面看，上述学案史应和王阳明“知行合一”本身的内涵有关。对于“知行合一”，我们不仅要在功夫的层面上分析其义理内涵，还要从更广阔的视野了解其理论视域和思想史意义。

作为“教法”，王阳明的“知行合一”常常仅被认为是一种工夫方法。其实，作为贯穿阳明心学的内在维度，“知行合一”本身构成一种功夫哲学体系，故具有自身的理论效力和实践能力。从哲学、思想史背景看，这一点是不言而喻的，然发明者少。阳明心学的“知”与“行”具有特定的德性内涵，“知行合一”是中国传统儒学知行观发展到宋明时期理论特质的集中体现，“修养论”“价值论”“理性主义”“道德实践”规定了“知行合一”的理论效力范围。作为具有时代特色的儒家哲学命题，“知行合一”是时代问题意识性建构的结果，并在政治哲学领域延展，是解决时代问题的实学，其实践能力突出表现在批判与建构、教化天下，价值落实三个方面。王阳明“知行合一”的理论效力与实践能力分别关涉着意义的有效性和价值的有效性，为我们于当代文化语境中理解王阳明的“知行合一”提供了诠释边界，同时也意味着践行“知行合一”的局限性。

一、王阳明“知行合一”的理论效力

自阳明之世至明末清初，对王阳明“知行合一”的质疑之声就不曾间断，此中既有道统、学统的原因，也有政统的因素。虽然质疑的呼声不同，但关注点几乎都集中在“知行合一”的实践能力方面，而对其理论效力批评甚少。究其原因，中晚明和清初都仍属于宋明理学的话语语境。在共同的中国传统哲学语境中，理论视域的突破是很艰难的，故实践价值成为重要的评价标准。时至当下，中西马融合的话语语境成为中国文化语境的显著特征，在“文化复兴”“文化自信”的时代意识的刺激下，王阳明的“知行合一”成为党、政、军、民、学、商等各界广泛使用的热词，“知行合一”及其使用，俨然成为一种文化现象，观之各类报纸、期刊、新闻可证之。在阳明学成为显学的热潮中，知行合一的使用多被冠以王阳明的“知行合一”，如日常生活中的言行合一即是知行合一、知行合一是一种方法论等等。那么，我们不禁要问，这些关于知行合一的言说是在怎样的理论层面使用的？是否是王阳明心学意义上的“知行合一”呢？从诠释学的角度讲，诠释具有无限可能，知行合一在不同的语境中有不同的诠释向度。但诠释学还有一个重要原则，就是“度”的原则——要求不能过度诠释，避免诠释的随意性、任意性。这就涉及王阳明知行合一的理论效力问题。

任何一种思想的产生和理论特质的形成都离不开它的“原生地”，故探讨王阳明“知行合一”的理论效力范围，需要从中国思想史的视野和阳明学理论本身出发。

王阳明“知行合一”的理论视域应在中国传统儒学知行观中来观照。知、行是中国哲学史上的两个经典范畴，王阳明“知行合一”是对传统儒学知行观的发展，自有其理论视域。在中国思想史上，明确谈到知与行关系问题的思想家有五十余位，这里我们选取三十位有代表性的思想家的观点，如表所示：

表1 中国思想史中提到知行关系的思想家

时代	姓名	知行观点	时代	姓名	知行观点
先秦	子产	知易行难	宋	程颢、程颐	知先行后
先秦	孔子	生知、学知、困知	宋	胡宏	学即行
先秦	孟子	知行相联	宋	张栻、吕祖谦	知行互发、知行交相发
先秦	荀子	行重于知	宋	朱熹	知行互发并进
先秦	韩非子	行重于知	宋	陆九渊	知先行后
汉	贾谊	知行统一	宋	陈淳	知行无先后
汉	董仲舒	知先行后	明	王阳明	知行合一
汉	扬雄	重知重行	明	罗钦顺、王廷相	知行并进
汉	刘向	行重于知	明	吴廷翰	知行为二、其学则一
汉	班固	独见前睹	明末清初	朱之瑜	学问之道，重在实行
汉	王充	知行统一	明末清初	王夫之	知行相资并进
魏晋	王弼	割裂知行	明末清初	颜元	行重知轻
魏晋	郭象	否定知行	清	戴震	重知
隋	王通	重行	近现代	孙中山	知难行易

上表直观呈现了中国传统儒学知行观的演化，结合中国思想史和哲学范畴史，我们可以归纳出以下三点：第一，中国历代思想家对知与行关系的论述主要集中在四个方面：孰轻孰重、孰先孰后、孰难孰易、是分是合。除了魏晋玄学家受道家思想影响，对知行关系问题基本持否定态度外，这四个方面在每个历史时期都有不同的思想家分别主张，而论述尤多者则在宋明。从观点表述的语言形式而言，王阳明注重知与行之“合”，和张栻、吕祖谦主张“知行交相发”，朱熹主张“知行互发并进”，罗钦顺、王廷相主张“知行并进”，王夫之主张“知行相资并进”是有所不同的。后者思想家们几乎都在“孰先孰后”的层面谈知行，而王阳明强调知与行在本质上的为“一”。王阳明和宋明理学家的代表性观点中很少明确论述知与行“孰轻孰重”的问题，这一方面和宋明理学的先导者王通的“重行”思想的影响有关，另一方面也意味着“重行”是宋明理学家的普遍共识。在王阳明这里，知即行，重行即重知行，故在逻辑上并

不意味着分知行为二。王阳明“知行合一”的观点一方面表明知与行具有相同的理论属性与价值诉求，另一方面蕴含其中的“重行”思想也为其实践能力的拓展提供理论基础。这就为我们以知或行为中心探析王阳明“知行合一”的理论视域奠定基础。

第二，在语言形式差异的背后，中国传统儒学知行观的演化过程与规律为王阳明“知行合一”的理论视域提供了基本定位。中国传统儒学知行观演化史大致可分为七个重要阶段，依据这七个阶段演化史的特征，我们可以把握到王阳明“知行合一”理论效力范围以及对之当代诠释的有效性依据。

（1）以子产为代表的先秦时期的认识论阶段。子产是郑国的思想家，他在与子羽的交谈中提出了“知易行难”的主张：“非知之实难，将在行之。”（《左传·昭公十年》）这是据现有文献记载最早对知行关系的阐述。子产认为认识和懂得某种道理并不难，难的是将之付诸实行。这一朴实的观点显然是对实践生活认识的总结，可见，子产将“知”与“行”纳入了认识论范畴。

（2）由孔子开创的修养论与认识论并存阶段。孔子在《论语·季氏》中说：“生而知之者，上也；学而知之者，次也；困而学之，又其次也；困而不学，民斯为下矣。”这一论述显然超出了认识论领域，进而涉及修养论领域。“生知”是圣人所能达到的，不仅指闻见之知，更侧重指德性之知。由于“生知”具有先验性，因此，从表面上看，这里有割裂知与行的倾向。但从深层而言，圣人之知即是真知，是包含了行的，这正是后来的理学家所着重发挥的。“学知”“困知”是为其次人设定的获得知识的途径。由于“生知”设定的知识范畴在先，故在“生知”的范畴视域内，我们不能说“学知”“困知”仅指闻见之知，而不包含德性之知。其实二者皆包含在内，无论是德性之知还是闻见之知，这里都把知和行紧密联系起来了：把握德性之知需要修养功夫，认识闻见之知需要实践工夫，其中所开出的是认识论和修养论两种路向。这两种路向也是理学家孜孜以论的。这段话可谓是孔子知行观的总纲，也是中国哲学知行观的总纲，其中包孕着中国知行观的一切胚胎和萌芽，甚至在某种程度上决定了中国后世知行观讨论的主要问题与向度。春秋末期、战国和整个汉代的儒学知行观都是在此向度中发展的，直到魏晋才有一些变化。

（3）魏晋否定知行的阶段。魏晋玄学受道家思想影响颇深，道家对知行问题的观点也直接影响玄学家的知行观。老、庄皆主张以直觉主义为特征的先验论，取消了后天之“学”和“行”对“知”的价值作用。圣人“不出户，知天下；不窥牖，见天道。其出弥远，其知弥少。”（《老子》第四十七章）“吾生也有涯，而知也无涯，以有涯随无涯，殆已。”（《庄子·养生主》）老、庄关于“知”的先验论在根本上否定了人主观认识世界的必要性和通过实践获得“知”的可能性。老、庄的这种怀疑主义和不可知论为处于“逃世隐逸”的玄学家所继承，如王弼说：“得物之致，故虽不行，而虑可知也；识物之宗，故虽不见，而是非之理可得而名也。”“如其知之，不须出户；若其不知，出愈远愈迷也。”[①]其和老、庄如出一辙，明确否定了感性和实践的作用，割裂了知和行的关系。郭象更是在根本上否认所谓“知”和“行”，“物之生也，非知生而生也，则生之行也，岂知行而行哉？故足不知所以行，目不知所以见，心不知所以知，俛然而自得矣。”[②]魏晋玄学思想以“外道内儒”为特征，其知行观可谓是传统知行观在特定时代思想语境中的非典型呈现。

（4）以王通为标志的由认识论全面进入修养论的转折点。隋代的王通反对玄学家的放浪形骸和德之不修，强调“行”的重要性。“知之者不如行之者，行之者不如安之者。”[③]王通认为“知”不能停留于终身诵读的口耳之学，而应统一于“行”，服务于“行”。“知”与“行”的统一还要统摄于“德”，即一种知行统一、行不违德的自觉状态，也就是“安”的状态。这样，口耳之学就转向了身心之学，知识、道德、价值在个体修养之“行”中达到了统一，由此，王通的知行观由认识论全面转向了修养论。

（5）宋元明时期在修养论视域中的实践论转向。由于受到佛道思想的进一步影响和朝代政权更迭，知行观的讨论沉寂了七百余年，在宋元明的封建治理和道统叙述的双重期许下，知行观的讨论遂转入高潮。程朱学派以理本体为特征，北宋早期理学比较重视“知”，在“知”之中更强调德性之知。以“知”的先验性为前提，程氏兄

---

① 王弼注：《王弼道德经注》卷三，《老子道德经　王弼道德经注》，边家珍、唐子恒点校，凤凰出版社2017年版，第36页。

② 郭象注，成玄英疏：《南华真经注疏》卷六，曹础基、黄兰发点校，中华书局1998年版，第344页。

③ 王通：《礼乐篇》，《中说校注》，张沛校注，中华书局2013年版，第175页。

弟提出了“知先行后说”，所谓“行”即是以内在省察为特征的穷理以尽性功夫。南宋时，程朱学派通过与湖湘学派的论战，重“行”之下的知行并重思想凸显，知行“互发”“交相发”“互发并进”“无先后”成为南宋理学家的主流观点，由此，在“知”上，强调德性之知与见闻之知不可偏废，在“行”上，强调内在省察与外在涵养交养互发。甚至，元代的吴澄亦主张“知行兼该”论。陆王心学强调“心”的先在性，在知行关系上则由陆九渊的“知先行后”向王阳明的“知行合一”转化，其中原因亦在于对“行”的重视愈益突出。在阳明那里，知（良知）具有即本体即主体即功夫的特征，故“重行”便内含着对“知”的肯定，知与行在内在维度上达到了合一。与阳明同时代的心学家湛甘泉亦提倡“知行合一”，他以“车之两轮”为喻，强调知与行的“并在”“俱行”，其中显然有着朱学的影子。在晚明“救世”思潮的影响下，知行观出现了由“内”向“外”的转向，在“知”的方面，提高后天之学和闻见之知的地位，在“行”的方面，强调“践履”“实用”“实行”，目的在于避免空谈心性的玄虚之弊。如高拱说：“闻见之知，乃德性之资；德性之知，为闻见之知主。”[①]“尊德性而由于问学也，非问非学，何以能尊德性？”[②]刘宗周也强调：“良知与闻见之知，总是一知，良知何尝离得闻见？闻见何尝遗得心灵？”[③]朱之瑜说：“学问之道，贵在实行……圣贤之学，俱在践履。”[④]王夫之批判了“知先行后说”与“知行合一说”，提出了“知行相资并进说”。在王夫之那里，“知”既指对客观规律的认识，也指对心中性理的认识。后者在其哲学体系中居于最高层次，前者则是王氏更为强调的。而“行”为“行也者，道之措于事也”[⑤]，即主观认识见之于客观事物的实践活动。王夫之这里的“道”既指德性层面的伦理道德知识，又指认识层面的一般规律性认识；“事”也同样包含两个层面，既指实践层面的人伦日用之事，也指对象层面的一般客观事物；而“措”则是从主观到客观的转化过程。因此，“行”就既指个人应事接物的实践活动，同时也具

① 高拱：《问辨录》卷三，岳金西、岳天雷校注，中州古籍出版社 1998 年版，第 82 页。
② 高拱：《问辨录》卷二，岳金西、岳天雷校注，第 60 页。
③ 刘宗周：《语录》，黄宗羲：《明儒学案》卷六十二，沈芝盈点校，第 1534 页。
④ 朱舜水：《答安东守约问八条》，《朱舜水集》卷十，朱谦之整理，中华书局 1981 年版，第 369 页。
⑤ 王夫之：《读四书大全说》卷三，《船山全书》（第 6 册），岳麓书社 2011 年版，第 565 页。

有一般社会实践的某些意义。可见，王夫之由此而确立的“实践”观已颇具近代意义。受西方“质测”之学的影响，王夫之同时代的方以智、颜元的知行观也发生了同样的转变，呈现出典型的时代特征。但需要注意的是，他们对心性修养论的批判，并不意味着他们在根本上否定了理学，他们仍然属于自己的时代。而这种转变不过是宋明知行观在修养论视域内的异动，其在根本意义上的转向则在清代。

（6）知行观从修养论中的剥离。乾嘉以降，作为明末遗民对理学反思的影响结果，清代理学接受了西方知识论体系，力图把知行问题转化为纯粹的认识论问题。如戴震从认识论出发，把“知”从传统道德论中分离出来，把“行”从道德实践中分离出来，从而成为知行观从传统走向近代的桥梁。

（7）现代科学知行观的建构。近现代以来，随着时代变革、中西思想交锋和科学的发展，中国传统朴素的知行观发生了质的转变。孙中山先生基于社会科学思想启蒙提出“知难行易”说，具备了相对完备的理论形态。随着马克思主义与中国革命与建设实践的结合，毛泽东的《实践论》以“辩证唯物论的知行统一观”对中国传统知行观作出了科学的理论总结，新时代习近平总书记关于“知行合一”的论述体现了辩证唯物主义认识论、中国传统知行观与中国当代社会主义实践的结合，体现出中国化马克思主义的新时代特征。

以上述关于知行观的学术思想为参照，我们很容易对王阳明的“知行合一”作出思想史与理论特质的定位。王阳明思想萌发的宋明时代，理学家基本上都是在修养论的范畴内讨论知行问题，知与行不是基于经验的认识论，而是具有内在理性思辨维度的。而且理学家“所谓‘知’，主要不是对自然界‘物理’的认识，而是对自身‘性理’的认识；不是对客观的认识，而是自我认识；不是真正的知识论，而是属于价值论。他们的所谓‘行’，主要不是改造自然界的物质活动，而是以自我完成、自我实现为宗旨的道德实践”[①]。这样，宋明理学家就成功转化了前代对知行问题的讨论层次：从认识论到修养论；从知识论到价值论；从经验论到理性维度；从物质活动到道德实践。而修养论、价值论、理性维度、道德实践四者的统一也正构成

① 蒙培元：《理学范畴系统》，人民出版社1989年版，第322页。

了王阳明“知行合一”的理论视域，它既为我们理解王阳明的“知行合一”提供了可控的边界，以避免过度诠释，也为“知行合一”的当代诠释提供了一个参照系，同时也意味着王阳明的“知行合一”自有其学术思想语境和明确的理论效力范围。

第三，实践价值向度的凸显。中国传统儒学知行观的发展与理论创新是始于问题的，既有理论问题，也有实践问题。就理论问题而言，一方面表现为认识论的发展与深化，如上文所论，兹不赘言，一方面表现为认识论在由现象界走向本体论再走向知识论的过程中所要面对的知识、道德与价值的断裂与弥合的问题。王阳明的“知行合一”作为中国传统儒学知行观发展中的重要一环，其对知识、道德与价值的弥合体现出鲜明的理论创新性，从而对时人践行知行合一的实践问题作出了理论指导。就实践问题而言，中国传统认识论在根本上是要解决人的发展问题，其次是与之相关的“世界”的认识和改造问题，这里的“世界”包括“物”“事”“势”“政”“国家”“天下”等。实践问题的这两个方面决定了王阳明“知行合一”的价值诉求和实学特征，也为下文其实践能力的论述做了铺垫。中国传统儒学知行观在悠久的发展历程中呈现出评价性认识和知识性认识相统一的特征，它是知识、道德、价值三者相互转换的枢纽，因此，任何一个有时代意识和现实关切的思想家、哲学家都会涉及知行问题，王阳明也不例外。

王阳明的“知行合一”具有自身的理论属性，这是其理论效力的微观理据。在宋明理学的理论视域内，理学家对于“知”的性质与来源有三种不同的立场：第一种为重“内”立场，如程颢、陆象山、王阳明等；第二种为重“外”立场，如颜元、刘宗周、朱之瑜、高拱等；第三种为兼重“内外”立场，如张载、程颐、朱子、王夫子等。王阳明是持守重“内”立场的思想家中最为彻底的，这一内在向度是其“知行合一”理论属性的显著特征，与理学视域所规定的修养论、价值论、道德实践等一脉相承，具体可呈现为三种不同向度。

（1）王阳明的“知行合一”具有本体—主体性特点。阳明心学的根本出发点是“心”，阳明的“知”即为良知，其本体—主体性一方面指来源上的“人生而知之”和功夫上的“在心地上用功”，另一方面则关涉着本体论域的人之为人之根本性。从性质而言，阳明之“知”即德性之知，而非见闻之知。在阳明这里，见闻之知并非一个对象性的存在，而是一个相对于“心”的外在性存在。阳明说“良知不由见闻而有，而见闻莫非良知之用，故良知不滞于见闻，而亦不离于见闻”[①]，即是从体用关系角度，而非主客关系角度来界定二者关系的。但无论是德性之知还是闻见之知，都需要一个被知的过程。对于德性之知，圣人生而知之，知行合一；而凡人就要通过致知的功夫把握知、践行知。对于凡人而言，知（体验把握）的过程就是行的过程，践行知的过程也就是把握知的功夫过程。所以，德性之知无论是对于圣人还是凡人，都是先在的，这是作为本体的“知”的性质规定的。但凡人不能生而知之，故本体之知要在致知功夫的过程中呈现出来，即所知要依附于能知。阳明后学分为现成派、功夫派、归寂派即是着眼于不同的功夫视角而言，而在本体层面并无本质的差异。在阳明心学的视域内，闻见之知则无凡圣之别，因为其不具有根本意和究竟义。所以，阳明的“知”与“行”并不包含对见闻之知的把握和践行，其“知”“行”都具有本体意义。

（2）从本体层面而言，阳明之“知”具有普遍性，这是其价值论的基础。阳明之“知”作为内在的德性之知，其（作为理的）普遍性和见闻之知的（作为知识的）公共性是不同的。闻见之知是人生而后而有的，它可以分两个层面：集体的闻见之知和个体的闻见之知，二者又分别呈现为两种形态：静态的知识经验形态和动态的认识形态。集体的闻见之知可以是代代相传的知识和经验，具体表现为制度、礼仪、法律、规范等；也可以是集体的认识能力，如具有时代局限性的人类认知能力等，但最终是可以转化为知识和经验的。这种集体的闻见之知可能会反映出有限度的“公理”，但不可避免地带有集体的主观性和片面性。因此，不能称其为“普遍之知”，而只能称其为“公共之知”，因为“普遍”取消了人的主观性，而“公共”则无法回避人的因素。只有先验的德性之知才可以称为“普遍之知”。个体的闻见之知主要体现为个体的经验或认识能力，它的主观性和随意性比集体之知更显著。需要注意的是，本体论层面的德性之知是不能区分为集体的或个体的、静态的或动态的，在实质上，它就是“一”，具有亘古不变的永恒性。现实语境中的处世之“道”、为官之“道”、

① 王阳明：《传习录中》，《王阳明全集（新编本）》卷二，吴光等编校，第77页。

经商之“道”、创业之“道”等都已落入闻见之知矣。可以说，以“功利”为导向的当下社会话语中所言说的知行合一的“知”多为闻见之知。如政令不行，法制不行，制度规范不落实，就会提倡知行合一。这些命令、法制、制度、规范在某种程度上体现为集体（或个体）的意志和经验要求，知行合一即是强调对其的理解和执行力，这可以视为知识与实践层面的知行合一，而与阳明哲学意义上的知行合一有着巨大差异。阳明之“知”的普遍性在某种意义上也决定了其“行”的普遍意义，为“知行合一”以道德为基础的价值论和具有普遍意义的实践诉求奠定基础。

（3）王阳明的“知行合一”不是方法论，在根本上它是和“天人合一”的境界论融通的。王阳明的“知行合一”与中国传统儒学本体论思维下的人生论密切相关，其“知”是对自身“性理”的认识，是一种自我认识，而不是对自然界“物理”的认识。其“行”是以自我完成、自我实现为宗旨的道德实践，而不是以侧重人的认知理性发展和对客观规律的准确把握为目标的改造自然界的物质活动。可以说，王阳明的“知行合一”把道德实践的主体性原则发展到顶点，其所强调的主体功夫的自觉自为是以圣凡为界限的。阳明之“知行合一”的主体与对象、出发点与目标的统一性决定了其目标是人的德性的完善，这正是阳明一贯的圣人立场的体现。在阳明心学中，“知”“行”在形上层面合一的根据是心（良知），在形下层面合一的落脚点在物（事），所以心物关系把“知行合一”的形上、形下两个层面联系了起来。前者和本体层面的天人合一相通，后者与道德实践层面的天人合一相连。所以，知行合一不是实现天人合一的途径、方法，天人合一也不是知行合一的目标、要求，二者在本然上是相通的。从本体意义出发，“知”与天道在同一意义层面，“行”更多与人道在同一意义层面，正所谓“诚者，天之道也；思诚者，人之道也”（《孟子·离娄上》）。因此，如果说心理合一是天人合一的理论提升，那么，知行合一是天人合一在心理合一基础上的更高层次的理论升华。由此，王阳明的“知行合一”在理论视域内就和认识论、知识论、物质实践截然分开。

综上，王阳明的“知行合一”是对传统知行观的发展，其自身的理论属性和其所处的宋明理学的理论视域构成了其理论效力范围的双重规定性，为我们当下理解“知行合一”提供了诠释的边界。

二、王阳明“知行合一”的实践能力

如果说王阳明“知行合一”的理论效力探讨更多侧重于“心与理”的关系层面，关注的是思想的特质及所属的理论领域，那么，其实践能力的探讨则侧重于“心与物”的关系层面，关注的是思想在现象层面的落实及时代所允许的实践限度。但二者不是分离的，而是统一的，作为理论创新，王阳明的“知行合一”为其实践能力提供理论效力范围；作为实践创新，王阳明的“知行合一”将其理论效力落实于具体的时代生活。在此意义上，王阳明“知行合一”的实践能力体现的是有限度的实践价值，这具体表现为，“知行合一”的实践性既是“心（良知）”与“事（行动）”的统一，又是“思（思想视域）”与“势（一般世界状况）”的统一。因此，王阳明“知行合一”实践能力的展开在根本上是以自身的理论和实践创新直面并解决当时的思想与实践存在的问题。值得指出的是，这一过程并不是单向度的“解决问题”，同时还含有另一面向，即“建构自身”——“知行合一”在此过程中所实现的自身的问题意识性建构和在政治哲学领域的延展。王阳明“知行合一”正是在此自身双重建构的视域下实现自身的实践能力的，这主要体现为三个方面：

1.批判与建构。从发生学而言，王阳明“知行合一”的提出有着具体的学术思想、现实实践、理性逻辑等背景和出发点，这是其批判现实的向度，同时也规定了自身建构的方向。

第一，批判理学僵化所造成的知识、道德、价值的断裂，主张高扬德性，以道德统领知识与价值。有明之始，明政权为了建构自身的合理性、合法性和博得士人阶层的认可，从道统赓续的角度，肯定了朱子学的官学地位，并进行了权力化、制度化和选择性的建构，从而使原本富有思想活力的学术形态的朱子学桎梏化为官方化的僵化理学，“不仅成了有权力的知识话语，而且成了有知识的权力话语”①。值得指出的是，官学化的僵化理学并不能否定士人阶层持守的学术理学，这就不可避免地造成双方道统理想的异质性，以及士人对僵化理学及其造成的思想滞化结果的反思。这种反思即包含着批判和建构。

---

① 葛兆光：《中国思想史（第2卷）：七世纪至十九世纪中国的知识、思想与信仰》，复旦大学出版社2001年版，第392页。

当朱子理学成为科举的内容和维护皇权的工具，其作为知识的存在与士人的为学成德和为政以道便有了鸿沟；如何弥补知识、道德与价值之间的断裂，便成为阳明心学建构自身的方向之一。对此，王阳明主张强调“真知”：“真知即所以为行，不行不足谓之知。”[①]“知之真切笃实处，即是行；行之明觉精察处，即是知。”[②]在阳明这里，“真知”以“行”为检验标准，“行”一方面标示“知”之为“德”的纯粹性，一方面标示“知”之摄物的能力，二者的统一即是强调道德对万物的涵摄。知识和价值如不以道德为统领，即是心外之物，便与心体有隔。故阳明强调为学先立志，即是要超越知识论进入修养论，知识要服务于德性养成；而阳明从心即理出发，强调尊道为政不为君，即是要摒除外在于心性修养的价值，为君之事只有在天下之道的意涵内才能成为“外王”的事业。可以说，阳明通过对“真知”的强调，凸显了“知”的统领性和“知”统摄物（事）的能力，使知识和价值实现了由外向内的转化，从而实现知识、道德、价值的统一，弥合了僵化理学下的三者之间的裂痕，由此以圣人标准对治文人士大夫读书不明理或口讲仁义道德，实则不忠不孝的社会弊病。

第二，批判知行不一的学风、政风与世风，强调“知”与“行”在意义、价值一致性层面的相与诉求。在知行问题上，朱子基于理先气后的哲学观，强调知先重行，并提出知行互发并进，但在学理和实践上造成了心物为二、知行二分的实际结果。特别是在明代士人所面对的政治、学术、经济交织的生态中，知行不一成为突出的社会问题。当时的多数士子以科举为务，“自贡举法行，学者知摘经拟题为志，其所最切者，唯四子一经之笺，是钻是窥，余则漫不加省。与之交谈，两目瞪然视，舌本强不能对”[③]。由于士人阶层在古代社会的特殊性，这种士风、学风也进而向上影响到政风，向下影响到民间社会风气。王阳明对此曾痛砭时弊，“今夫天下之不治，由于士风之衰薄；而士风之衰薄，由于学术之不明；学术之不明，由于无豪杰之士者为之倡焉耳”[④]，并肩负“为之

① 王阳明：《传习录上》，《王阳明全集（新编本）》卷一，吴光等编校，第46页。
② 王阳明：《传习录上》，《王阳明全集（新编本）》卷一，吴光等编校，第46页。
③ 宋濂：《大明故中顺大夫礼部侍郎曾公神道碑铭》，《銮坡后集》卷七，《宋濂全集》，徐儒宗等点校，浙江古籍出版社2014年版，第846页。
④ 王阳明：《送别省吾林都宪序》，《王阳明全集（新编本）》卷二十二，吴光等编校，第926页。

倡”者的责任，其所入手处便是辟书院讲明心学。王阳明强调“真行”，即是要保证“行”与“知”在德性意义与价值取向上的绝对一致性，这可体现为两个面向：一为意识层面的依“知”而“行”的自自然然，绝无将迎意必之间隔；一为实践层面的德性与德行的统一，即“行为的合法性”与“意向的道德性”的一致。就前者而言，王阳明提出：“一念发动处，便即是行了。”[1]心之所发即是意，一念发动有善有恶，善意当如好好色而行，恶意当如恶恶臭而克——这是良知功夫自觉自为的结果，也是“意”之为“诚”的保障。但如果从发念即为行的视角看，发恶念即为行恶，这显然违背了“真行”的上述原则，便不是知行合一了。在阳明哲学中，“恶念”是遮蔽本心的人欲私念，是“心”“物”相接中人作为实存者可能产生的“心外之物”，而不是源自心体。阳明强调“一念发动处，便即是行了”既是对“人心惟危”的警醒，也是对人之道德修为提出的至高标准。抑或说，阳明以圣人标准为一般人提出了道德要求——即便是恶念也不能产生，否则便是行恶了。可见，阳明以严格的道德主义严厉摒除有违真正道德的私欲恶念，维护知与行的绝对统一，这不可不谓是对当时“知行不一”的社会痼疾的一剂猛药。由此可见，阳明的“知行合一”作为道德的高标准是超凡入圣的，但其价值关怀却是出圣入凡的，有着切实的社会与人生关切。就后者而言，阳明提出：“若只是那些仪节求得是当，便谓至善，即如今扮戏子，扮得许多温清奉养的仪节是当，亦可谓至善矣。”[2]戏子的温清奉养之仪节可谓得当，但不可谓“至善”，原因在于这种表面上完全符合孝的外在规范性的“行”并不是“心（知）”的自然流露，不符合“心”的“意向的道德性”，而是具有表演的功利性。显然，戏子之“行”虽然和依“知（孝心）”之“行”具有一致的外在表现，但并不能保证二者在德性意义（至善）和价值取向（行孝）上的一致性。前者之知行是二分的，后者之知行是统一的，阳明谓前者为“戏子”，本身便含有对分离知行之人和社会现象的鞭挞之意；阳明肯定后者，即表明其“知行合一”在实践层面建构的向度。

---

① 王阳明：《传习录下》，《王阳明全集（新编本）》卷三，吴光等编校，第106页。

② 王阳明：《传习录上》，《王阳明全集（新编本）》卷一，吴光等编校，第4页。

第三，批判分裂知行为二的认知错误，强调知与行的理性辩证统一，以逻辑理性制约偶然性。阳明之世，士人视知行为二的错误认知由来已久，如阳明大弟子徐爱就托古人之言认为："古人说知行做两个，亦是要人见个分晓，一行做知的功夫，一行做行的功夫，即功夫始有下落。"[①]把知与行视为两种不同的工夫，即肯定了二者的差别，即为二。阳明认为这种认知是违背古人立言宗旨的。古人言此是不得已的补偏救弊之说，是为了让世人避免只做行的功夫的"冥行"和只做知的功夫的"妄想"，而强调两种功夫都要做。阳明此解其实并无经典文献依据，而且同样落入现象界的二分知行，故他指出："知是行的主意，行是知的工夫；知是行之始，行是知之成。若会得时，只说一个知，已自有行在；只说一个行，已自有知在。"[②]这就在理性逻辑的层面强调了二者的合一。阳明讲"知行本体""真知""真行"即是基于此逻辑辩证。

那么，这种抽象逻辑层面的"知行合一"如何落实于道德实践，发挥其实践能力？王阳明给出了"依良知行"的实践方法："故《大学》指个真知行与人看，说'如好好色，如恶恶臭'。见好色属知，好好色属行。只见那好色时，已自好了，不是见了后又立个心去好。闻恶臭属知，恶恶臭属行。只闻那恶臭时已自恶了，不是闻了后别立个心去恶。"[③]"别立个心"即是在良知之上的强意作为，即是一种"过","至善者，心之本体。本体上才过当些子，便是恶了"[④]。心体大中至正，超越现象经验界有相对的善恶，故谓之至善。过犹不及皆非心体，便是私欲所生，便与心体有隔，那么，"知"之发用便是有所欠缺，便不是知行合一了。可见，阳明对知行逻辑关系的论证，具有批判与自身建构的双重意义。

2.教化天下。中国传统儒学的教化功能自古有之，从内容上看，汉代以前，基本是以"成人"为目标的个体德性教化，汉武帝"独尊儒术"以降，儒学的政治教化功能开始凸显。汉代以后，二者成为儒学教化功能中并行不悖，而又相互纠缠的两条主线。德性教化以人道与天道的沟通为理论预设和目标，政治教化以道统与政统的

① 王阳明：《传习录上》，《王阳明全集（新编本）》卷一，吴光等编校，第4页。
② 王阳明：《传习录上》，《王阳明全集（新编本）》卷一，吴光等编校，第5页。
③ 王阳明：《传习录上》，《王阳明全集（新编本）》卷一，吴光等编校，第4页。
④ 王阳明：《传习录下》，《王阳明全集（新编本）》卷三，吴光等编校，第106—107页。

一致为目标。前者类似于“极高明”，后者显得“道中庸”，但在实际的教化实践中，政治教化往往要通过德性教化来实现，以谋求以天道论证政道的合理性或行人道以实现社会秩序建构，而德性教化常常又是评价和批评政治教化的依据和标准，二者之间具有一种张力。当然，理想的状态就是“极高明而道中庸”，二者实现完美结合，此可谓清明之世，这也是儒家士人的理想。从对象而言，德性教化侧重个体，由个体而推及众人；政治教化侧重众人，由众人而落实于个体，所以，无论是期待还是目标，教化的对象都应该是包括教化者和被教化者在内的天下人。在中国传统心性儒学视域内，德性教化往往具有优先性，这种优先性决定了教化的方式。

王阳明的“知行合一”在其理论视域内有着修养论和价值论的双重诉求，其教化功能以德性教化为底色，同时又具有显著的政治教化指向，体现为在政治哲学领域的实践能力延展。王阳明“知行合一”的教化功能具有两个面向：

第一，价值指向，即由己推人，实有于世。王阳明说：“某今说知行合一，虽亦是就今时补偏救弊说，然知行体段亦本来如是。吾契但着实就身心上体履，当下便自知得。”[①]王阳明于此本意是要论述知行合一不是虚妄的，但也同时告诉我们，知行合一具有对世事的补偏救弊之功效，这种功效的落实在于个体要切实在身心上做功夫。个体的德性修养是知行合一“致用”功能发挥的基础。作为“教法”，知行合一教化功能的发挥正体现了德性教化的特色。这种由己推人、实有于世的教化模式古已有之，阳明心学囿于时代与理论的局限于此并无更多发明，但基于此，阳明有着不同的实践进路。

第二，实践进路，即觉民行道。宋儒主张“得君行道”，希冀通过君主的德性完满，推仁于世，实现儒家修身与治世的双重理想。然阳明之世的政治生态阻塞了得君行道的路径，[②]王阳明谪居贵州时龙场悟道，始知“圣人之道，吾性自足”[③]，由此而“吾于是益有以信人性之善，天下无不可化之人也”[④]。阳明于此一方面

---

① 王阳明：《答友人问》，《王阳明全集（新编本）》卷六，吴光等编校，第222页。
② 参见陆永胜：《心·学·政：明代黔中王学思想研究》，中华书局2016年版，第47—52页。
③ 钱德洪：《年谱一》，王阳明：《王阳明全集（新编本）》卷三十二，吴光等编校，第1234页。
④ 王阳明：《象祠记》，《王阳明全集（新编本）》卷二十三，吴光等编校，第936页。

肯定了理的内化，“心”成为本体与主体合一的实体存在。从“心”出发，知行合一既是心体之使然，也是心体之实然；另一方面肯认了“心”（良知）的普遍性，这里普遍性包含两个层面：即良知（性）存在的普遍性和良知（道）性质的普遍性，即天理至善的永恒性，二者互含相摄统一。良知的普遍性保证了“民”与“君”在“心”的层面上的平等性。从此义理出发，觉民与觉君都可达到“行道”的目的。在此意义上，可以说觉民行道是明代政治语境下知行合一的理论必然。

王阳明于贵州提出知行合一并践行觉民行道的路线，这与贵州建省之初的贵州建构地方社会秩序的需要密切相关，体现了政治教化的意志。在根本上，知行合一作为德性教化功夫在觉民行道中发挥着基础和内核的作用，觉民行道对地方社会政治秩序建构的符合体现了知行合一作为教法的外在社会效用。正是在此意义上，我们说，觉民行道是知行合一在政治哲学领域的延展，这一实践进路贯彻于阳明一生，并体现于中晚明士人社群的讲学与社会实践活动中。

3.儒学价值落实。中国传统儒学的最高价值诉求是内圣外王，这在根本上是对道德与价值统一的要求。王阳明的“知行合一”在根本上也是对信仰本体与价值主体统一的确认，价值的合法性来源在于道德，道德决定价值的内涵。王阳明“知行合一”的“知”即是良知，是天理内化于心者，也就是其所悟之“圣人之道”。良知的普遍性原则表明，圣人之道即是天下之道，其价值诉求在于天下秩序的建构。由“道”到“为道”本是道的一体两面，体用一源。在阳明心学的视域内，为道是依道而行，为道的主体即是道的价值主体，是每一个具有良知的天下百姓，无分圣凡，不分君民。由此可以看出，为道是为天下之道，而不是为君之道，这和阳明知行合一的实践进路——觉民行道是密不可分的。需要特别指出的是，上文所论知行合一的外在效用与社会政治秩序建构相符合，并不意味着知行合一的外在效用和其内在义理价值诉求是完全一致的。从阳明心学出发，依良知行的为道关涉心物关系的理论视域，而为君则属于政治实践领域，二者属于不同层面的问题。但在具体实践中，为道与为君在客观上是可以相符的，也可以是分离的。为道与为君的分离，在某种意义上意味着君与道的分离，觉民行道即意味着儒家价值理想建构的价值主体由“君”向“民”的转换，这个“民”即是包含“士”在内的“四民”。通过这样的价值主体的转换，可以看出，为道的前提在于匹夫有责的天下观，而非为政统负责的国家观。因此，由知行合一所开出的新的实践进路，延伸出匹夫有责的天下观。

总之，王阳明的“知行合一”是应时代而生的产物，具有思想的传承性和应对策略的“当下性”，是解决时代问题的实学。

三、王阳明“知行合一”在当代语境中的诠释有效性

王阳明“知行合一”的理论效力意味着意义诠释的有效性问题，而其实践能力意味着价值诠释的有效性问题。意义诠释的有效性规定了价值诠释的有效性，超出理论效力范围的价值诠释则是对王阳明“知行合一”的偏离；价值诠释的有效性是意义诠释的有效性在实践层面的落实，离开知行合一的实践能力，其意义诠释的有效性将无从说起。意义诠释的有效性与价值诠释的有效性的辩证统一在根本上是由“知行合一”本身的理论逻辑与实学维度决定的，抑或说，二者的辩证统一是“知行合一”诠释有效性的应有之义。因此，这两个方面也为我们在当代语境中诠释和理解“知行合一”规定了有效性范围。

当代话语语境承中国传统哲学话语语境而来，却具有更为丰富的意涵：在思想方面，除了中国传统儒释道思想，随着近代化发展和西学东渐，西方哲学、宗教、文化思想和马克思主义传入中国，呈现出中西马融合的思想形态；在社会存在的一般情况方面，以传统农耕文明为特征的自然经济被社会化生产和市场经济所代替，新技术的产生带来认识与思维方式转变。因此，在当代话语语境中，对王阳明“知行合一”的理解具有多层面性。

1. 当代学术理论话语中的知行合一。在当代实践观、认识论、价值论的视域内，中国传统的“知行合一”常常被表述为理论与实践的统一，表现为从实践到认识到再实践、再认识的循环上升过程，体现出显著的理性思维取向，这一点和知行合一是一致的。但理论与实践的统一就是知行合一吗？当代认识论与中国传统认识论的区别就在于对本体的悬置，当代认识论更多侧重于对现象界的规律性把握，而不作本体论追问。中国传统认识论更多追求内向性认知，侧重形而上的德性层面。所以，在某种意义上，当代认识论的对象

是客观之物，认识的目的是对规律的把握，反映出的是关于必然之理的知识体系；而中国传统认识论的对象是自我，认识的目的是对自我本质的把握，反映出的是关于当然之理的德性之知。与认识的对象和目的相对应，当代认识论的实践体现为物质活动，而传统认识论的实践则是一种道德实践。由此可以看出，从当代认识论出发，理论与实践的统一与知行合一的理论视域和实践领域有着巨大差异，但如果从传统认识论的视角出发，二者有着相同的旨趣。

2. 当代政治话语中的知行合一。在构建文化自信，倡导传统文化的创造性转化与创新性发展的今天，当代政治话语更多从价值向度理解和使用知行合一。

（1）强调政德与政行的统一。2014年1月20日，习近平总书记在中央党的群众路线教育实践活动第一批总结暨第二批部署会议上强调："贯彻党的群众路线，'知'是基础、是前提，'行'是重点、是关键，必须以'知'促'行'、以'行'促'知'，做到知行合一。"[①]走群众路线、为人民服务是中国共产党的基本方针路线，作为党员、干部，增强对群众路线的思想自觉和行动自觉，提高贯彻执行党的群众路线的自觉性和坚定性，实现人的内在能力向现实能力的转化及行动过程的自觉性，不仅仅是重"行"向度的执行力问题，还体现了党员之党性、为官之政德的内化与落实问题。政德作为"德"之条理，体现了当代社会因职业身份而特指的特定人群的道德原则与道德行为的一致性要求，在某种意义上，仍然属于修养论的问题，与王阳明"知行合一"具有一致的理论视域，并体现了现代性的创造性发展和运用。

（2）强调知识与价值的统一。2016年4月26日，习近平总书记在《在知识分子、劳动模范、青年代表座谈会上的讲话》中说："任何时候任何情况下，都不能做有损国家民族尊严、有损知识分子良知的事。……所有知识要转化为能力，都必须躬身实践。要坚持知行合一，注重在实践中学真知、悟真谛，加强磨炼、增长本领。"[②]知识转化的前提是知识分子的"良知"，方向是价值之真，目标是能

① 习近平：《贯彻党的群众路线贵在知行合一》，《求是》2014年第10期。

② 习近平：《在知识分子、劳动模范、青年代表座谈会上的讲话》，《人民日报》2016年4月30日。

力的增长，路径是实践，从而为知识到价值实现指出了清晰的路线。在此转化过程中，知识、道德与价值的统一的诉求与王阳明“知行合一”的提出具有一致性，把“知”释为“知识”则是对宋明理学的超越，体现了近代以来知识论的影响。

（3）强调认识与实践的统一。2016年1月18日，习近平总书记在省部级主要领导干部学习贯彻党的十八届五中全会精神专题研讨班上的讲话中指出：“古人说：‘非知之难，行之惟难。’知行合一，贵在行动。贯彻落实新发展理念，涉及发展观念转变和知识能力提升，也涉及利益关系调整和体制机制创新。”① 新发展理念作为科学共识，具有理论的创新性，而其落实于实践创新中。这种从理念到实践的创新与王阳明“知行合一”提出的思想理念相一致，其中从“理念”出发，也可以引申到社会伦理、价值伦理、关系伦理等伦理观，但更多体现了在深化经济体制改革中的创新运用，更多倾向于对现象层面事物发展规律及其实践的把握。

由此可见，当代政治话语中的知行合一对王阳明的知行合一观有继承、有发展、有创新，体现出显著的道德理性、知识理性与价值理性的统一，其强调价值论取向，即政德与政行的统一具有鲜明的时代性。“知”的理性作用可避免行动的自发性和任意性，而“行”对实践领域的拓展及对非理性因素的充分了解可有效避免意志软弱问题，知行合一是革新的必有之意。在当代学科日益分化的背景下，当代政治话语中对知行合一的诠释体现出多学科融合对传统哲学命题的新时代诠释与发展创新。

3. 日常生活话语中的知行合一。从哲学的层面看，日常生活往往具有本真、自然的意味，而在形式上表现为直观、质实的特点。因此，对于日常生活话语中的知行合一，我们要从外在形式和内在意涵两个层面来分析。“言行一致”常常被认为是“知行合一”在日常生活话语中的表述，然而，言行一致就一定是王阳明的知行合一吗？一般而言，言行一致表达的是对人的道德情操的期待，是基于中国传统的文质合一的人物品评观而对人的行为提出的要求。因此，表象上的言与行的一致其实隐含着内（质）与外（文）相一致的诉

---

① 习近平：《在省部级主要领导干部学习贯彻党的十八届五中全会精神专题研讨班上的讲话》，《人民日报》2016年5月10日。

求，这一点和王阳明“知行合一”的即知即行是有所不同的，抑或说是一种超越。同时，我们也可以从“言”出发，着眼于“心”来进一步理解“言行一致”的意义多向性。“言行一致”以“言为心声”为前提，进而达到心与行的合一。这一思维取向和王阳明的“知行合一”具有高度一致性。但从日常生活层面而言，而非本体论出发，心包含“道心”与“人心”，如果言为“道心”之声，则和王阳明强调的本心（良知）与行合一相符；但如果言为“人心”之声，即为意念与行的合一，则非阳明良知层面的知行合一了。需要指出的是，日常生活中言行一致与王阳明的“知行合一”的不契合现象的产生，并不意味着对德性追求的放弃。恰恰相反，人们希冀通过言行一致的行为表现达到对人的德性的把握和对成就人的德性的期许。因此，言行一致在某种意义上表达出日常生活话语中对道德圆满自足的虔诚式信仰，这在根本上是一种修养论取向和期待。当然，在上文分析的基础上，我们还可以有第三种分析角度：当言行一致作为一种日常道德规范时，其所体现的诉求是道德原则与道德规范的统一；当其表现为动作行为时，其所体现的诉求是道德原则与道德行为的统一，在修养论层面，这二者都是王阳明的“知行合一”的内涵所本有和目标所期待。

总之，王阳明的“知行合一”在当代话语中具有诠释的多层面性，诠释语境的差异导致意义的差异。对此我们需要科学看待：王阳明的“知行合一”自有其理论效力和实践能力范围，也有其意义和价值的局限性；当代语境中对“知行合一”的新诠释或可视为对其“当代性”的阐释。

四、当代践行王阳明“知行合一”的局限性

阳明学之成为时代之显学，知行合一之被广泛使用，说明王阳明的“知行合一”说在当代仍有着思想、理论、价值的有效性。但同时，我们也要注意到，有效性问题，同时也意味着局限性问题。当下对王阳明的“知行合一”的重视和强调亦是基于现实的多重需要：第一，道德建设的需要。市场经济社会中道德的滑坡已成为实然，究其原因，在于道德与价值的分离。加强道德建设，弘扬社会主义道德，就需要贯通道德与价值，不仅是落实道德的价值诉求，

还要符合市场经济社会规范，使道德有价值；第二，政治建设的需要。无论是观念形态的政治，还是实际的社会主义国家政治，在宗旨上都有“至善”的诉求。宗旨的落实需要一定的观念、规范与制度，这便是意识形态的具体体现，同时也需要具体的实施者。只有意识形态观念与执行力的统一才能保证宗旨的实现；第三，理论建设的需要。在文化自信建设的当下，具有中国特色、中国风格、中国气派的社会主义哲学社会科学理论的建构势在必行，中华优秀传统文化为其提供了深厚的土壤。因此，在当代多元化的文化语境中，避免各自的片面性，整合各方的优秀思想，适应时代需要，贯通知识与道德、知识与价值，是当前理论建设的方向。正是基于以上需要，王阳明的知行合一说成为时代文化现象的热潮。

但在当代，践行王阳明的“知行合一”是有其局限性的。第一，王阳明的“知行合一”是以圣人为标准的，其广泛、有效地实施需以人的普遍觉悟为前提。个人的道德修养并不能保证整个社会的道德觉悟，社会的发展总是有不平衡性的。另外，只有以人的觉悟为前提，才能实现知识与道德的统一，知行合一才能发挥正面的社会价值。第二，在当今知识理性时代，知行合一所包含的知识、道德、价值的合一需以人的根本自由为前提。然而，世界范围的经济全球化及资源分配的市场经济模式，使物质观念及其实体无处不在，从而遮蔽了人的思想自由与人身自由，从而导致王阳明知行合一中“心”对物的自由赋义转变为物对人的异化，由此，本原意义上的知行合一便成为不可能。第三，物化时代评价标准具有客观化、外在化的特点，这种异于心学的思维方式造成对知行合一理解的异化与多样化，也因此造成知行合一的困难。在当代社会中，物质的先在性、优先性有违阳明心学中“心”的本源性、先在性和标准的内生性原则，并可能导致“逐物”的工夫与行为，这都是违背知行合一的原则的。

总之，在当代话语语境中，王阳明的“知行合一”仍有其价值，但也有其局限及其践行方面的困难，我们应从学理的层面认识之。

第二章

阳明学与当代观念文化建设

观念文化往往是一个时代最具"当下性"的文化形态，其"当下性"最突出地表现在思想内涵的时代性、独特性和不可复制性，它是特定时代主流观念的具体表达。在此意义上，阳明学所蕴含的思想价值观念和当代观念文化自然有着距离感。如何弥合二者的距离感，在思想义理层面，上章已有论及，本章着重从理论逻辑的层面探讨阳明学可以为当代观念文化建设提供怎样的理论资源。我们认为，作为传统哲学形态的阳明学仍然可以为当下的观念文化建设在理念生成、观念内化、价值落实等方面提供有益借鉴。

第一节　阳明学与社会主义核心价值观

王阳明心学是一种高度精神化的价值哲学，无论从其产生的时代政治、文化、学术背景，还是今天复兴传统文化的时代语境来看，阳明学的开新与践行似乎都存在着时代的紧迫感。这种紧迫感表现为价值标准、精神信仰和行为规范的亟待建构和确立。如果说，阳明心学通过内在的良知而将价值标准、精神信仰和行为规范规定为心之所出，从而消除内外之间、心物之间、知行之间的紧张，高扬了思想解放和自由精神，进而化解了当时的时代紧迫感，在某种程度上开创了一个新的精神思想世界，影响了中晚明及其后的思想和文化。那么，我们今天探讨心学践行，探究其时代价值意义就有必要回到阳明心学本身，研究其践行在心灵领域展开的向度。

一、心学践行及良知的价值理念①

王阳明在平寇龙南时曾寄书杨仕德、薛尚谦说："'破山中贼易，破心中贼难。'……若诸贤扫荡心腹之寇，以收廓清平定之功，此诚大丈夫不世之伟绩。"②所谓"心中贼"者，乃私欲也。在阳明看来，真正不世伟功，不是剪除区区鼠寇，而在于摒除私欲，做廓清平定

---

① 本部分曾收于陆永胜：《王阳明美学思想研究》，第214—219页。兹有修改。
② 王阳明：《与杨仕德薛尚谦》，《王阳明全集（新编本）》卷四，吴光等编校，第181页。

之功，达到圣人之境。这里就体现出阳明作为道学家的正统性——注重内修和人生境界的达至。从阳明心学的良知本体出发，阳明的关注点始终离不开心灵，心灵是其心学践行的终极价值指向。

相较于当代哲学践行注重对逻辑分析方法的运用，心学践行更多地侧重于“悟”的方法。阳明心学践行正是在这一方法下展开为四个向度：

1. 良知开出自信。王阳明自龙场悟道后，对于良知便充满自信，“吾性自足，不假外求”[①]，“近来信得‘致良知’三字，真圣门正法眼藏。往年尚疑未尽，今自多事以来，只此良知无不具足。譬之操舟得舵，平澜浅濑，无不如意，虽遇颠风逆浪，舵柄在手，可免没溺之患矣”[②]。王阳明对良知的自信在实践的过程中又转化为凭借良知而建构的自信心。如阳明在讲学中和其弟子于中的对话即表明了这一点：

> 先生曰：“人胸中各有个圣人，只自信不及，都自埋倒了。”因顾于中曰：“尔胸中原是圣人。”于中起不敢当。先生曰：“此是尔自家有的，如何要推？”于中又曰：“不敢。”先生曰：“众人皆有之，况在于中，却何故谦起来？谦亦不得。”于中乃笑受。[③]

良知本有，这是自信其良知的前提。自信良知，才能对他人自信。从这段话中，我们可以看到自信—信他—他信的衍生过程。这种衍生过程并不具有逻辑的必然性，但符合道德情感，且具有实践的有效性，这正是中国哲学特征的体现。在阳明看来，由于人人本具良知，故自信—信他—他信的过程不仅适用于每一个人，而且还是一个往复的过程，即我的自信是他人自信和信我的前提，他人的自信亦是我的自信和信他的前提。所以，阳明说：“孟子谓‘有诸已之谓信’，今吾未能有诸已，是未能自信也，宜乎文蔚之未能信我矣。”[④]因此，从良知出发，自信是其开出的必然结果。从社会实践的层面看，这一

① 黄宗羲：《文成王阳明先生守仁传》，王阳明：《王阳明全集（新编本）》卷五十一，吴光等编校，第2056页。

② 钱德洪：《年谱二》，王阳明：《王阳明全集（新编本）》卷三十三，吴光等编校，第1287页。

③ 王阳明：《传习录下》，《王阳明全集（新编本）》卷三，吴光等编校，第102页。

④ 王阳明：《与欧阳崇一》，《王阳明全集（新编本）》卷六，吴光等编校，第229—230页。

结果对于社会个体间的和谐人际关系和社会群体间的和谐关系显然都具有重要的意义。基于良知的二重性，当自信由理性走向情感、个体自信与信他升华为社会普遍性的群体自信与信他的时候，良知自信对于社会人生的意义及其美学意蕴便显现无遗。

2. 良知开出正义。良知是不学而能、不学而知的，从形上角度讲，良知是天理的内化，具有仁、义、礼、智、信等纯粹道德的至善性，这正是良知开出正义的本体依据和哲学基础。阳明认为人有良知，固有廉耻："良知在人，随你如何，不能泯灭，虽盗贼亦自知不当为盗，唤他作贼，他还忸怩。"[①] 良知本具，盗贼亦如此。盗贼之忸怩在于良知未泯，"唤他做贼"就是激发了其良知的自检功能，"忸怩"则是其羞恶之心的体现。这里"四端"之心中的"羞恶之心"和"四德"之心中的"义"具有明显的对应性。从盗贼的表现而言，盗贼亦有义，只不过因私欲遮蔽，其行为不当于义而已。在阳明看来，良知开出正义是必然的，但正义在实践中能够得以彻底践行则不具必然性。因此，在社会生活中开展良知践行就非常具有必要性和紧迫性，这既是阳明提出良知说的出发点之一，也体现出阳明对人之圣性的持守、对人之成圣的期许和对人之不义之举的严厉批判。有论者认为阳明是温和的道德主义者，其实不然。无论从知行合一、诚意、克念头等功夫出发，还是其道德践行来看，阳明都是一个道德严厉主义者。阳明说盗贼"忸怩"，似乎带有温情，其实正反映了他对纯粹道德的坚持。从良知学出发，这里仍需对"正义"做些辨析。在阳明学的视域内，正义的依据是本体之心，正义与非正义的评价标准是良知，这样就把正义和普遍性之理联系起来，从而使正义回归内在心体，具有无可争议的绝对性。阳明之正义在本质上是形上的道德原则，它和一般意义上的"社会正义"有所不同。社会正义在逻辑上本应以正义原则为依据，但在实践层面往往沦落为形下的社会规范、道德内容，左右于社会意识形态和统治话语。显然二者在本质和层次上是明显不同的。由此可见，阳明之正义关注的不是形下社会规范，不是主流话语，而是人之最纯粹的根本正义，或者说是康德哲学层面的正义，这种正义只能存在于人的心灵之中，通过良知践行呈显出来。所以，心学践行价值及其美学

① 王阳明:《传习录下》,《王阳明全集(新编本)》卷三，吴光等编校，第102页。

意义就在于呈显人的最本真的人性之光。心学践行的社会价值在于通过人的改变而改变社会，通过人对正义的认知而改变社会正义的内涵，从而建设正义而美好的社会。

3. 良知开出孝悌。孝悌是传统儒学非常重视的美德，因此也是良知的本有之义。在阳明看来，孝悌是人心之所从出："孝亲之心真切处才是天理。如真心去定省问安，虽不到床前，却也是孝。若无真切之心，虽日日定省问安，也只与扮戏相似，却不是孝。此便见心之真切，才为天理。"[①] 孝亲之心源自天理，具有形上根据，因此，在本质上是真切而无虚伪的。但真孝必须在事上体现，无行孝之事不可谓之孝，有行孝之事而无行孝之心亦不可谓之孝，这就要求孝必须是知行合一的，也就是要把形上之孝的原则和形下之孝的行为结合起来。知行合一的原则内在地要求良知必须走向实践，落实于现实生活和人生。王阳明曾在庐陵知县任上"为政不事威刑，惟以开导人心为本。……慎选里正三老，坐申明亭，使之委曲劝谕。民胥悔胜气嚣讼，至有涕泣而归者。由是囹圄日清"[②]。这可以说是良知在社会伦理方面践行的一个案例。《传习录》记载了另一个生动案例：

> 乡人有父子讼狱，请诉于先生，侍者欲阻之。先生听之，言不终辞，其父子相抱恸哭而去。柴鸣治入问曰："先生何言，致伊感悔之速？"先生曰："我言舜是世间大不孝的子，瞽瞍是世间大慈的父。"鸣治愕然请问。先生曰："舜常自以为大不孝，所以能孝。瞽瞍常自以为大慈，所以不能慈。瞽瞍只记得舜是我提孩长的，今何不曾豫悦我，不知自心已为后妻所移了，尚谓自家能慈，所以愈不能慈。舜只思父提孩我时如何爱我，今日不爱，只是我不能尽孝，日思所以不能尽孝处，所以愈能孝。及至瞽瞍底豫时，又不过复得此心原慈的本体。所以后世称舜是个古今大孝的子，瞽瞍亦做成个慈父。"[③]

瞽瞍之慈是无心之慈，故愈不能慈，舜之孝是以真孝为标准和

---

① 王阳明：《传习录拾遗》，《王阳明全集（新编本）》卷三十九，吴光等编校，第1553页。
② 钱德洪：《年谱一》，王阳明：《王阳明全集（新编本）》卷三十二，吴光等编校，第1236页。
③ 王阳明：《传习录下》，《王阳明全集（新编本）》卷三，吴光等编校，第123页。

要求的，故愈能孝。阳明在这里所要表达的仍是孝之究竟义，同时也在现实效果方面呈现了孝对于人之心灵的净化和对亲情伦理秩序的调适。从道德情感的角度来讲，这种去除私欲、复归良知本真的心灵境界和和谐伦理正是阳明心学的美学追求。而阳明的良知践行活动本身更是超越了个体和家庭道德伦理，表现出社会的责任感，如他说："尔民之中岂无忠信循理之人，顾一齐众楚，寡不胜众，不知违弃礼法之可耻，而惟虑市井小人之非笑，此亦岂独尔民之罪，有司者教导之不明与有责焉。"[①] 这里，阳明把人之廉耻、社会之恶习归咎于为官者教导之不明和教导之责的缺失。表面上看，阳明把心学践行的次要动因提升为主要动因，但在为政的角度上说明了良知学本身具有的社会情怀，这也正是心学践行的另一价值意义。

4.良知开出智慧。何为智？孟子曰："仁之实，事亲是也；义之实，从兄是也；智之实，知斯二者弗去是也；礼之实，节文斯二者是也。"（《孟子·离娄上》）所以，智是从仁义而不违背。在心学视域内，仁义是理在人的内化，自然也是良知的本具之义，智不违仁义，也就是从良知而发。这就为智赋予了理性的内涵，智之是非判断是依循理（良知），而不是依循个人好恶。所以，良知开出的智慧是一种大智慧，而不是一种机巧。因此，王阳明提出致良知功夫是一种智慧，良知践行也是一种智慧，其表现在其恰当处理了心与物的关系。《传习录》中记载：

> 有一属官，因久听讲先生之学，曰："此学甚好。只是簿书讼狱繁难，不得为学。"先生闻之曰："我何尝教尔离了簿书讼狱，悬空去讲学？尔既有官司之事，便从官司的事上为学，才是真格物。……簿书讼狱之间，无非实学。若离了事物为学，却是著空。"[②]

阳明在这里以心学的立场重新诠释了格物致知，良知作为心之本体，其呈现不离于"事物"，致良知即是致吾心之良知于事事物物，也就是在做事上磨炼的功夫。只有做好了这种功夫，人才能达

① 王阳明：《告谕》，《王阳明全集（新编本）》卷十六，吴光等编校，第599页。
② 王阳明：《传习录下》，《王阳明全集（新编本）》卷三，吴光等编校，第104页。

到心物不隔、心物圆融的境界。可见，心学功夫是一种源发于心，最后又回向于心的心性修养的功夫，其最终的指向是理性化的精神境界，而不是物质世界，但它又不否定物质世界的存在、价值和意义，这不可谓不是一种大智慧。

阳明心学践行展开的四个向度中已呈现了其本身在不同向度的理论价值和现实价值。虽然它不可能直接满足这个时代的所有需求，但它总能以智慧的方式解决这些问题，良知所开出的自信、正义、孝悌、智慧即为我们提供了解决问题的钥匙。在此意义上，良知不需要“坎陷”“曲通”，它已解决了心灵内外的问题。不过在当代哲学践行的视域下，阳明心学践行更关注的是人的心灵的宁静和人之内在秩序的和谐，这正是处于物化、浮躁时代的人们所亟须的，阳明心学正是要为当代人建造一处这样的精神家园。

二、阳明学作为培育和践行社会主义核心价值观的资源①

阳明文化在当下成为中国哲学研究中的显学并不是偶然的事情，存在即有其合理性，阳玥学在某种意义上契合了时代的需要。一方面，在市场经济的大潮中，价值观的错位、信仰的迷失成为亟待解决的问题，而解决这类内在性的问题需要心学的力量和理论支持；另一方面，社会结构、秩序与规范的日趋完备并不能解决犯罪、腐败、道德滑坡等日益凸显的社会问题，良好社会秩序的建构需要全社会的人首先建构个人的内在秩序，这也需要心学的支持。总之，从社会思潮的角度而言，为了解决知行不一、知而不行的社会恶习而产生的阳明学对于当下的思想道德建设仍然具有重要的意义。

阳明学对于当代社会的意义是多方面的，本节限于篇幅仅从精神文化价值的层面来展开讨论。这一角度显然更契合于阳明学的文化特质。文化是时代精神的符号。阳明学作为中国传统文化的一部分，在发展演变中与传统文化共同积淀成为中华民族深层的心理意识结构，支撑着炎黄子孙的精神信仰和价值理想，当代主流文化和意识形态也须以此为文化基础建构核心精神和价值目标。党的十八大报告提

① 本部分曾收于陆永胜：《心学集大成者王阳明》，西南交通大学出版社2015年版，第266—273页。兹有修改。

出："倡导富强、民主、文明、和谐，倡导自由、平等、公正、法治，倡导爱国、敬业、诚信、友善，积极培育和践行社会主义核心价值观。"2014年2月12日，《人民日报》明确将"三个倡导"分为三个层面：富强、民主、文明、和谐，是国家层面的价值目标；自由、平等、公正、法治，是社会层面的价值取向；爱国、敬业、诚信、友善，是公民个人层面的价值准则。这三个层面，层次清晰，内涵丰富，流贯其中的是传统文化的思想精髓和时代文化的价值理念。社会主义核心价值观体现了中华文化以人为本、贵和尚中、刚健有为的基本精神和心物、群己、义利等多向度的价值系统，有着深厚的传统文化基础。

社会主义核心价值观的提出，体现了我们对中国文化的精神激励功能、民族凝聚功能和整合创新功能的时代要求。面对全球化的语境、多元化的文化信仰、多重性乃至异化的价值观，社会主义核心价值观即是要树立一面有"根"、有"源"、有时代特色的精神旗帜，使之成为"一个国家的价值内核、一个社会的共同理想、亿万国民的精神家园"①。所以，社会主义核心价值观对于国人而言，它是一种富于时代色彩的精神信仰和价值理想，具有形上意义和实践意义，如何使社会主义核心价值观植根于心体，融化于血液，成为一个公民、一个社会、一个国家的气质与品位，并转化为一种自觉行为，则是其提出之后，必须面对的问题。

阳明学是中国思想史、哲学史发展中的重要一环，是中国传统心学的集大成。阳明文化是中国传统文化，特别是传统儒学的重要组成部分，体现了中国文化注重形上层面和内在逻辑、注重实践和实用价值的特色。因此，阳明学也必能在这些方面给予培育和践行社会主义核心价值观必要的文化资源。

（一）心即理：精神信仰的内化资源

社会主义核心价值观的培育首要解决的就是"心"的问题。社会主义核心价值观如何内化于人，成为人们的精神信仰？这一问题的实质就是如何将"理"安放于"心"。王阳明主张心即理，就是要把理安置在心中："夫物理不外于吾心，外吾心而求物理，无物理矣；遗物

① 人民日报评论员：《人民有信仰，国家才有力量——一论弘扬社会主义核心价值观》，《人民日报》2014年2月12日。

理而求吾心，吾心又何物邪？”[①]理不在心外，外心求理，则无理。理在心中，遗理求心，则无心。可见，心就是理，理就是心。心与理合二为一，不分内外。同时，阳明也强调理是心的安顿之处。“此心在物则为理”[②]即是要指明“理”是“心”的落脚点，“物”不过是心显发为理的中介，其价值意义就在于指明理为何种理而已。阳明的“心即理”是其“立言宗旨”，它不仅是阳明对朱熹“心理为二”的理论突破，也是针对时弊而发，意在对不合伦理道德之弊病进行严厉的摒除，因此具有义理和实践的双重价值。王阳明的“心即理”说告诉我们，培育社会主义核心价值观关键在于信仰价值的内化，切勿心理为二。这就要求提高“心”的地位，强调主观价值认同，使社会主义核心价值观真正成为人们的精神信仰。从另一方面讲，社会主义核心价值观要成为“心”的安顿之处，必须从传统文化中寻找理论资源，以便在民族心理意识结构中找到二者的契合点。“心即理”的实践意义即在于对有悖于核心价值观的思想、行为予以摒除，达到心理合一之境。

（二）致良知：信仰与价值确立的本体论资源

社会主义核心价值观作为当代国人的精神信仰和价值理想如何植根于人心，还需解决其本源性生成的问题。中国传统文化的“仁”“道”“理”在阳明心学中通过“心即理”的转化最终表述为良知。孟子曾以“良能”最早对“良知”做了先天道德性界定，充分体现其扩充人的德性的“尽心”宗旨。良知在阳明心学中，具有本体意义。阳明说：“性无不善，故知无不良，良知即是未发之中，即是廓然大公，寂然不动之本体，人人之所同具者也。但不能不昏蔽于物欲，故须学以去其昏蔽，然于良知之本体，初不能有加损于毫末也。”[③]良知的先验道德性保证了其作为人人具有的圣性的永恒性和普遍性。王阳明说“个个人心有仲尼”[④]，“满街人都是圣人”[⑤]，即是肯定了良知是每个人成圣的内在根据，同时也突出了人的道德主体性和道德主体的内在完满性。社会主义核心价值观作为社会主

---

① 王阳明：《传习录中》，《王阳明全集（新编本）》卷二，吴光等编校，第47页。
② 王阳明：《传习录下》，《王阳明全集（新编本）》卷三，吴光等编校，第133页。
③ 王阳明：《传习录中》，《王阳明全集（新编本）》卷二，吴光等编校，第68页。
④ 王阳明：《咏良知四首示诸生》，《王阳明全集（新编本）》卷二十，吴光等编校，第826页。
⑤ 王阳明：《传习录下》，《王阳明全集（新编本）》卷三，吴光等编校，第127页。

义意识形态的一种形式，需要以社会主义良知观作为本体进行建构。因此，社会主义道德的本质和社会主义德性要求是社会主义核心价值观的形上基石。致良知的现实意义就是要使现实的人的德性充拓、圆满，为核心价值观培育提供德性基础。

（三）知行合一：信仰践行的方法论资源

社会主义核心价值观作为价值信仰必然要落实于现实生活，体现在个体、社会、国家三个层面，这种信仰践行也可以从阳明学中获得方法论资源。在阳明哲学中，“知”仅指主观形态的知，不包含宋儒常使用的求知之义，而“行”一方面指人的实践行为，同时也包含宋儒不使用的心理行为之义。因此，王阳明的知行合一首先是意识领域的知行直接合一，从而保证了知行合一的绝对性。其次是实践领域的真知必能行，“真知即所以为行，不行不足谓之知”[①]，强调了真知必然要行，体现在两个方面：一是真知具有推动行的内在驱动力，且以行为直接目的；二是行是检验知是否为真的标准。由此，王阳明进而强调：“知之真切笃实处，即是行；行之明觉精察处，即是知，知行工夫本不可离。”[②]可见，知行合一，不仅是事实的合一，也是价值的合一，二者互相渗透。践行社会主义核心价值观也要求知行合一。第一，社会主义核心价值观要真正内化为人的信仰，必须有心理意识的真切认同；第二，社会主义核心价值观作为社会主义主流意识，也要求成为人的行为的主导思想；第三，人对社会主义核心价值观的践行是一种思想性和行为性高度一致的自觉行为；第四，社会主义核心价值观以外化为人的日常行为为目的，且以此行为为检验自身的标准。社会主义核心价值观和现实行为是互为意义的对象，前者赋予后者以价值和意义，后者是前者得以显现自身的载体，在此二重性的关系中，二者得以互摄和合一。

（四）万物一体：价值理想的伦理学资源

社会主义核心价值观作为价值理想在社会实践中发挥着调节个人、社会、国家之间关系的作用。无论是个人、社会、还是国家层

---

① 王阳明：《传习录中》，《王阳明全集（新编本）》卷二，吴光等编校，第46页。

② 王阳明：《传习录中》，《王阳明全集（新编本）》卷二，吴光等编校，第46页。

面的价值观都分别蕴含着对调和三者道德、利益关系的要求，处理好三者关系对构建社会主义具有重要意义。王阳明对传统儒家“万物一体”的基本观念进行了创新。他以“气”和“仁”贯通人与万物，意在将宇宙万物有机化、生命化、德性化，从而揭示人与天地万物在生命、道德意义上的内在关联性，肯定人与万物有生生、贯通、一体之意，暗示着人与天地自然的良性互动的意识，为人与万物上下一体同流做了理论基础。但另一方面，“气”保证了人与万物本质上的一致性，“仁”保证了仁心的普遍性，但不能保证仁爱的平等性。王阳明说：“惟是道理，自有厚薄。……这是道理合该如此。……《大学》所谓厚薄，是良知上自然的条理。”[①] 强调仁爱的差等是“道理合该如此”，“自然的条理”就从先验的层面在某种意义和程度上克服了“仁”的泛化所带来的消极作用。因此，践行社会主义核心价值观，首先要把握其三个层次在内在本质上的一致性和统一性，同时也要区分三个层次间的先后与轻重，不能一概而论，更不能颠倒次序。所以，培育和践行社会主义核心价值观就要对其三个层次在道德伦理上的平等性和同一性，及其在价值理想上的差异性有正确的认识。只有正确处理了三个层次的关系，社会主义核心价值观才能为实现中国梦提供精神内核和信仰支持。

（五）心物之辨：个体日常生活信仰化的启示

王阳明论述心物关系的典型表述是“意之所在便是物”[②]，意作为心体的表现形式，其对物具有指向和赋予意义的功能。在阳明哲学中，物主要指意义之物。物者，事也，社会的事事物物都处于意义世界中，事事物物的意义和价值即在于对良知本体的呈现。王阳明对心物关系的表述在某种意义上是符合人的主观认识规律的。践行社会主义核心价值观就是要把其现实化，而这一途径过程在某种意义上即是以价值观指导现实生活，以价值观的视角来评价现实行为，从而为现实生活打上价值和意义的标签，甚至可以说把现实生活主观化、信仰化了。王阳明强调事上磨炼，即是要求致良知不离事物。培育和践行社会主义核心价值观也必须不离事物，在日常生活中进行。日常生活的深层价值就在于它对自身的现象性和现象背

① 王阳明：《传习录下》，《王阳明全集（新编本）》卷三，吴光等编校，第118—119页。
② 王阳明：《传习录上》，《王阳明全集（新编本）》卷一，吴光等编校，第6页。

后的核心价值观的昭示。只有在此意义上，我们对核心价值观的践行才能达到情感上的自慊和行为上的自觉。

（六）群己之辨：社会生活信仰化的启示

王阳明对群己关系的辨析是以成就自我为基点和出发点的。王阳明对为学目的定位是为己，而不是为人，但这并不意味着他对“别人”的拒斥。阳明的为学最终要通过为己—克己—成己—成圣的途径达于圣人之域。而圣人是以仁道为基础的，仁者以天下万物为一体，仁道的德性原则要求主体是一个开放的主体，要求自我与他人的共在，要求主体间的沟通与交流。在根本上，仁道强调的是主体间交流的规范作用，而排斥以利益为中心的交往原则。社会主义核心价值观首先体现的是一种精神价值，凸显的是以道德伦理为核心的交往原则。这一特征要求社会主义核心价值观必须走出个体之域，走向集体、社会，成为普遍的社会信仰。由此，个体日常生活信仰化转化为社会生活信仰化。唯有如此，社会主义核心价值观才能最大限度地发挥精神引导、价值规范的作用。

（七）有无之辨：个体、社会、国家的圆融之思

阳明在“严滩问答”中认为有、无要相资为用，强调了有与无的共在性和辩证性。从阳明哲学境界论而言，“有”与“无”一直处于一个互动的过程中，有我或无我都是一个有规定性的“有”或“无”，有我、无我都是“有之境界”的一种形式。有我指有私我而无真我，无我指无私我但有真我。阳明的有无之辨对于我们理解和践行社会主义核心价值观富有启示意义：社会主义核心价值观的个体、社会、国家的三个层次之间其实就是有我与无我、私我与真我的辩证关系，三个层次在本质上是统一的，爱国、敬业、诚信、友善之我是私我，但这里的“私”是作为“有”的一种形式存在的，是与他人相区别的一种形式存在，不存在道德意义上的“恶”。当“有我”之价值与富强、民主、文明、和谐之“我”和自由、平等、公正、法治之“我”的价值相一致时，“私我”便转化为“真我”，“有我”也就融入“无我”之中。但“无我”仍然是“我”的一种存在方式。所以，公民、社会、国家三个层面的价值观是相互内在和相互支撑的，具有本质的一致性和统一性，是圆融的整体。

社会主义核心价值观是马克思主义与社会主义现代化建设相结合的产物，与中国特色社会主义发展要求相契合，与中华优秀传统文化和人类文明优秀成果相承接。阳明学是在中国传统文化的土壤中孕育出来的富于哲学思辨和主体自觉的心学文化。二者具有时代和理论特色的差异性。但作为中国传统优秀文化的一部分，阳明学无疑可以为培育和践行社会主义核心价值观提供有益的理论资源和启示。只有不断从本体论、功夫论、方法论、境界论、发展论等多层次、多角度探寻社会主义核心价值观的传统文化资源，社会主义核心价值观才能“实有于己”，才能真正成为一个公民、一个民族、一个社会、一个国家的精神信仰和价值理想，进而才能为我们的民族、国家铸魂、筑梦。

第二节 阳明学与共产党人的心学

心学是中国传统文化中一个重要脉络，宋明已降，心学的形上理性和形下实践的色彩更为凸显。阳明学作为心学之集大成，或可为新时代共产党人的“心学”的培育和践行提供理论和思想资源。王阳明心学的四个核心命题——“心即理”“知行合一”“致良知”和“万物一体”都具有丰富的思想和理论内涵，它们可以为共产党人的“心学”的培育和践行提供本体论、方法论、实践原则、境界目标等资源，对共产党人的“心学”体系的建构与创新发展具有一定的借鉴意义，对于推动党员党性修养的日常化与常态化具有重要意义。因此，发掘与发扬以阳明学为代表的中国优秀传统文化的丰富资源，对于构建新形势下我国所特有的党员党性教育的理论与实践有一定的启示意义。

2015年12月习近平总书记在全国党校工作会议上第一次指出：“党性教育是共产党人修身养性的必修课，也是共产党人的‘心学’。”[①] 紧接着在2016年1月中国共产党第十八届中央纪律检查委员会第六次全体会议中，再次指出，党性教育是共产党人修身养性的必修课，也

---

① 习近平：《在全国党校工作会议上的讲话》，《求是》2016年第9期。

是共产党人的“心学”。在2017年10月中国共产党第十九次全国代表大会上，习近平总书记在十九大报告中提及：“中国共产党人的初心和使命，就是为中国人民谋幸福，为中华民族谋复兴。”[①]这无疑为共产党人“心学”的建构提供了一剂强心剂。之后在2019年6月中共中央政治局决定全党自上而下分两批开展“不忘初心、牢记使命”主题教育活动。由此，可以看出中共中央在新时代的背景下推进中国共产党自我革命、自我发展的决心，但修好共产党人的“心学”不能仅仅依靠党中央的重视，更需要广大的普通党员及各级党员干部的努力，需要共产党人自觉挖掘优秀的传统文化并赋予其新的时代内涵。这样，不仅可以让我们优秀的思想文化焕然新生，也能为修好共产党“心学”助力，推动党员党性修养的日常化与常态化。若从传统文化中汲取资源以滋养共产党人的“心学”，那么传统心学的集大成者王阳明的心学，自然成为不二之选。

一、心即理：探寻共产党人的初心之理

程朱理学主张“性即理”，朱熹作为理学的集大成者，以性为桥梁连接天道与人道，以心为枢纽，沟通以性为代表的理和客观的感性世界，进而构建了一个精致的理与气相杂的“现实”世界。但这一精致的理学体系在王阳明看来却尚有缺憾之处，那便是心理二分及其因心理二分所导致的知行二分。于是王阳明在“龙场悟道”后提出“圣人之道，吾性自足，向之求理于事物者误也”[②]，圣人之道，无需外求于物，外求于理，内求于心足矣。此时，王阳明虽未明确提出“心即理”这一概念，但从引文中就可以发现，在王阳明的早期思想中已然能窥见“心即理”的意蕴。关于“心即理”的内涵，如果对于王阳明的思想及其产生的特殊背景没有一定把握与了解的话，很容易将其理解为我心之所想即为事实、即为真理的主观唯心主义。在以西方哲学为主导的话语体系下，我们所接受的教育是马克思科学唯物主义教育，对“心即理”这一观点产生误解是非

① 习近平：《决胜全面建成小康社会 夺取新时代中国特色社会主义伟大胜利——在中国共产党第十九次全国代表大会上的报告》，人民出版社2017年版，第1页。

② 钱德洪：《年谱一》，王阳明：《王阳明全集（新编本）》卷三十二，吴光等编校，第1234页。

常正常且能够理解的，因为在近代革命之后，原有传统思想所占的主导地位被打破，中国传统文化所特有的语境被破坏，因而古人某些思想的本有含义与当今我们所理解的含义是存在语境差异的。因为存在语境差异，故并不能说“心即理”这一观点是完全错误的，如果我们能在一定程度上将其还原到古人的语境中，其中的内涵对于几百年后的我们仍旧是有启示意义的。

对于“心即理”的内涵，可以在理学与心学的比较中看得更清楚。朱熹和王阳明对心与理的关系的认识是有分歧的，朱熹认为最高的“天理”与“心”之间有一个称之为“性”的桥梁来连接二者，从而使得形而上学的“天理”可以与形而下学的“心”联系起来，心之理是由代表形上之理的“性”所赋予的。王阳明并不否定“天理”在性质上的至善性和存在上的永恒性，但他认为心之理并非来自“性”而是吾心本有，吾心自有天理，无需再外求于物。基于此可知，“心即理”有两层含义，其一为“心外无理”，即心与理一，心居于主宰地位，理为心之条理；其二为“心外无物”，需要注意的是，此处的“物”并非我们日常生活所见到的表现为形形色色物质客体的事事物物，而是心的指向性对象，物之理源于心，“物”的意义是由心所赋予的，“物”是进入人的意识领域并被赋予意义的“物”，因此具有主观性。“心即理”的两层含义，一者关涉心与理的层面，一者关涉心与物的层面。特别是后者，需要强调的是，王阳明并没有否定“物”在现实世界中的客观存在，而是指其并不讨论意义世界之外的物。那么，我与意识之内的物就是主体与（类）主体的关系，而非主体与客体的关系。于此，我们可以在“南镇看花”这一典型案例中得出结论。王阳明于南镇游玩之时，有一位友人指着岩间的花树问道，您经常讲天下没有心外之物，就像这些花树，在山间独自开落，与我又有何关？王阳明回答道：“你未看此花时，此花与汝心同归于寂。你来看此花时，则此花颜色一时明白起来。便知此花不在你的心外。”[①]从王阳明的回答中可知，在你未见到花树之时，它自开自落，花树与你的心没有发生任何意义层面的关联。当你看到此花树之时，那么它的颜色便在你的心中明白起来，这说明，此花便已经存在于你

---

① 王阳明：《传习录下》，《王阳明全集（新编本）》卷三，吴光等编校，第118页。

的意识之中，此时的花树在你的意义世界中便有了存在意义，故可知这棵花树并不在你的心外。从“心外无物。如吾心发一念孝亲，即孝亲便是物”[①]中也可以看出，在王阳明视域中，“物”并非我们日常所见的实在之物，而是意义层面之物。

陈来先生在《有无之境：王阳明哲学的精神》中指出：“‘心外无理’……其意义在于承认‘道德主体’和道德主体的‘自立法度’即自律。”[②]简单来讲就是王阳明“心即理”的含义更多指的是道德层面，其目的是在于发现内心的道德主体，并依据主体的实践理性对其进行自我克制，即自律。这与共产党人的“不忘初心、牢记使命”的号召似乎不谋而合，不忘记自己的初心，不被纷繁复杂的物欲所干扰，坚守使命，坚守一名共产党人应尽的责任与义务。何为共产党人的初心？习近平总书记说：“中国共产党人的初心和使命，就是为中国人民谋幸福，为中华民族谋复兴。”这是身为一名共产党人所不可变更的初心与使命，它不是一句空口号，而是每一名共产党人内心最为真切的想法与愿景。加入中国共产党不仅是角色、身份的改变，更重要的是思想立场、价值观念的转变，作为一名共产党人，应唤醒内心的道德主体，怀有“为天地立心，为生民立命，为往圣继绝学，为万世开太平”的气魄，自愿承担起社会、国家所赋予我们的责任与使命，为中国人民谋幸福，为中华民族谋复兴。每个最初加入中国共产党的人都是有理想、有抱负、敢于担负社会与国家重担的人，但是有些同志的初心在入党之后就变质了或者被忘记了，他们忘记了自己曾经的热血抱负，丢弃了自己曾经的公正之心，只记得个人私利以及一时之得失，丢掉了原有的“良知”之心，堕入了贪污腐败、违法乱纪的深渊。打江山易，守江山难，这也是党中央一直坚持开展“不忘初心、牢记使命”主题教育的原因，不仅是要提醒广大党员同志坚守自己的初心，为自己的心保留一方净土，更是要提醒各位党员同志不要忘记我党建立的初心与使命，坚持全心全意为人民服务，为人民谋福利，为国家谋富强，为民族谋复兴。探寻共产党人的初心之理，并不是向外求，而是向内求，以为道日损的方法去除可能蒙蔽初心的各种功名利欲，呈显本然之心。

---

① 王阳明：《传习录上》，《王阳明全集（新编本）》卷一，吴光等编校，第27页。

② 陈来：《有无之境：王阳明哲学的精神》，北京大学出版社2013年版，第33页。

二、知行合一：以真知、真行为实现途径

王阳明有关“知行合一”的理论应该是最为大家所熟知的，但王阳明的“知行合一”也如我们对“心即理”的理解，它的含义也与我们当前语境下的“知行合一”有所不同。有关“知行”的观点最初来自春秋时期的思想家子产，他提出“知易行难”，这与我们现在所理解的知与行之间的关系具有一定的相似性，是一个认识论上的问题，即主体在认知上知道了，但行动上却很困难。孔子在认识论的基础上为“知行”开辟出了新的修养论的路线。孔子曰：“生而知之者上也，学而知之者次也；困而学之又其次也。困而不学，民斯为下矣。”（《论语·季氏》）孔子将“知”分为上中下三种，如果不是天生就懂的，那就需要通过后天学习来提高自己的修养，由此可知在孔子这里“知”已经拥有了修养论的内涵。除此之外，孔子为“行”也赋予了德性修养的内在伦理价值。子张问行，子曰：“言忠信，行笃敬，虽蛮貊之邦行矣；言不忠信，行不笃敬，虽州里行乎哉？”（《论语·卫灵公》）说话忠诚守信，行为笃实恭敬，在边远山区依旧可以畅通无阻，反之，即便是在自己所处的乡里都寸步难行。于是后人便沿着前人所开辟的这两条道路去探寻“知行”的内涵及价值。到了隋唐时期的王通，他直接将“知行”问题归于修养论的领域，有关认识论领域的知行观则降为辅助作用。“王通才将‘行道’寓于五常的践履之中。”①“五常”即仁义礼智信，王通将仁义礼智信融入日常生活之中，并引用孔子的：“《书》云：‘孝乎惟孝，友于兄弟，施于有政。’是亦为政，奚其为为政？”（《论语·为政》）以佐证自己的观点，道就在己身，行与不行完全在于主体的选择，只要内心想要行道，日用伦常间均可行之。之后的宋明理学便是沿着王通所走的路而不断探索前行，并结合佛道两家的思想为“知行”增加了更多的思辨色彩，到了明代的王阳明亦是如此。因此若要讨论“知行合一”的内涵需要以修养论、价值论、理性思辨、道德实践等方面为基础开始讨论。

在王阳明看来，“知”便是“良知”，心的本然良知之心，而非知识，“良知”是至善无恶的。虽然王阳明在晚年的“四句教”中提

① 张怀承：《中国学术通史·隋唐卷》，人民出版社2004年版，第148页。

及“无善无恶心之体”，但这并不代表“良知”是既没有善也没有恶的，董平先生认为，此处的善恶不再是现实世界中具有相对含义之善恶，而是具有超越意义上的至善无恶，所以此处的善是“无善无恶”的“至善”。既然“知”为“良知”，是至善的，而人的意念中确实存在“恶”，那么，“恶”是从哪里来的？王阳明认为人后天的恶念皆来自“意”的影响，正如“四句教”中所言“有善有恶意之动”。“意”的产生有两种途径，一是“心之所发便是意”①，心的发用便是“意”，二是“其虚灵明觉之良知应感而动者，谓之意”②，“良知”应物而感便是“意”。“意”的这两种产生途径关键在于主体发出“意”是发自内心之欲还是受物欲感召。此外，在王阳明看来“一念发动处，便即是行了”③，知中蕴含着行，行中蕴含着知，“知是行之始，行是知之成”④，知了便是行了，因此要时常自检、自觉，如若心中存有一处恶念便需及时去克除。王阳明的弟子徐爱曾经问王阳明，现在很多人都知道孝悌，却做不到孝悌，以此看来知行是否可以二分？王阳明回答道，这是被私欲所隔断了，不是知行的本然状态了，“未有知而不行者。知而不行，只是未知”⑤。如果知而未行，那么便不是真知，唯有真知、真行方为“知行合一”。

王阳明这种知行互相贯穿、相互联系、不可分割的“知行合一”观点，对共产党人“心学”的构建具有重要意义。首先体现在个体或群体对“意”的自检自知上，个体能够通过探寻自己内心的“良知”发现内心应有之道德，找到自己不应有之“意”，然后“伐去此树，纤根勿留”，以种植内心“良知”这一“嘉种”。在新时代的背景下，共产党人应更加坚守自身党员的特殊身份，以坚定的信仰，牢不可破的党性修养，自警自励，敢于担当，以正视问题的勇气和刀刃向内的自觉，在“一念”未发动处下功夫，提高对形形色色的物欲的抵抗力，时刻谨记善、恶皆在一念之间，一“意”一“念”皆须谨慎待之，慎独明辨，严肃党内生活，绝不助长歪风邪气。其次体现在认识与实践的关系上，中国共产党自创立之日起便坚持理

---

① 王阳明：《传习录上》，《王阳明全集（新编本）》卷一，吴光等编校，第6页。
② 钱德洪：《年谱三》，王阳明：《王阳明全集（新编本）》卷三十四，吴光等编校，第1304页。
③ 王阳明：《传习录下》，《王阳明全集（新编本）》卷三，吴光等编校，第106页。
④ 王阳明：《传习录上》，《王阳明全集（新编本）》卷一，吴光等编校，第5页。
⑤ 王阳明：《传习录上》，《王阳明全集（新编本）》卷一，吴光等编校，第4页。

论与实践相结合，以科学的理论指导实践工作，并在实践中创新理论，形成与时俱进的科学理论体系。2019年3月，习近平在中央党校（国家行政学院）中青年干部培训班开班式上发表重要讲话，强调在常学常新中加强理论修养，在知行合一中主动担当作为。[①]之所以无法做到“知行合一”，是因为存在四种知与行的错位现象，一是不知不行，二是知而不行，三是不知却行，四是虽知硬行。[②]知行错位的这四点概括十分精准到位，只有将知行合而为一，才能减少存在于各种文件、各种社交媒体上的空口虚言，多一些“从群众中来，到群众中去”的实干党员。最后体现于发自内心的真知、真行上，真知真行强调要从内心的真实情感发出，真心实意地去做，而非冥行妄作。如果只是机械地、毫无知觉地应付了事，就会如王阳明所举的“戏子”一例，即将那些像戏子一样将侍奉父母之事表演得十分贴切，把具体礼仪做得恰到好处便称之为至善。但是仅仅有真知、真行的信念是不够的，还需时刻坚持“致良知”的一贯原则，才能保证“知行合一”的方针政策的执行，如果没有始终如一的“致良知”，那么，“行”也只能是在一团迷雾中乱行。

三、致良知：修养“心学”的原则

王阳明曾提到：“吾平生讲学，只是‘致良知’三字。”[③]可见“致良知”在王阳明心学中的重要地位。“良知”一词最早来自孟子：“人之所不学而能者，其良能也，所不虑而知者，其良知也。”（《孟子・尽心上》）从孟子最初的含义来看，“良知”是具有先天性和内在德性的，王阳明也承袭了孟子对“良知”内涵的规定。“知是心之本体。心自然会知：见父自然知孝，见兄自然知弟，见孺子入井自然知恻隐，此便是良知，不假外求。”[④]王阳明的“良知”是先天的，是具有自知自觉功能的，它先天便具有德性的内涵。“良知”作为一个实体观念，既可以作为普遍的当然之理，又可以作为每个人基于

---

① 张洋、丁林：《在常学常新中加强理论修养　在知行合一中主动担当作为》，《人民日报》2019年3月2日。

② 洪向华：《在知行合一中担当作为》，《理论导报》2019年第4期。

③ 王阳明：《寄正宪男手墨二卷》，《王阳明全集（新编本）》卷二十六，吴光等编校，第1039页。

④ 王阳明：《传习录上》，《王阳明全集（新编本）》卷一，吴光等编校，第7页。

主体的自我约束原则。

王阳明和其高足王艮曾有一段对话："一日，王汝止出游归，先生问曰：'游何见？'对曰：'见满街人都是圣人。'先生曰：'你看满街人是圣人，满街人倒看你是圣人在。'"[①] 可见，王阳明对王艮"满街人都是圣人"之言表示认同。王阳明认为"良知"是具有普遍性的，是每个人都先天本有的，是当然之理。而"良知"又是具有个体性内涵的，王阳明弟子陈九川问如何致良知？阳明回答道："尔那一点良知，是尔自家底准则。尔意念着处，他是便知是，非便知非，更瞒他一些不得。"[②] 这里不仅体现了"良知"是每个个体的自我准则，也体现了"良知"的自检、自觉性，只有觉知到自己的"良知"，并自觉进行检验、自我反思，进而得以形成自我的道德准则。关于这一点，杨国荣先生曾指出："心不仅以普遍之理为内容，而且具有个体性的方面。后者首先是以'自思'（我思）的形式表现出来的自心。"[③]

虽然王阳明认同王艮"满街人都是圣人"的观点，并且承认"良知"的先天性，但并不代表后天中依然呈现最初的"良知"，"良知"在后天是受到遮蔽的。在与陆澄的回信中，王阳明提及："良知本来自明。气质不美者，渣滓多，障蔽厚，不易开明。质美者渣滓原少，无多障蔽，略加致知之功，此良知便自莹彻。"[④] "良知"在人心中本来是自明的，但受到气禀的影响而呈现出不同的差异之处，人本有的"良知"也会因此而受到不同程度的遮蔽。在"良知"受到遮蔽后，若要恢复"良知"的本然状态，则要"致良知"。"致良知"是王阳明修养功夫的总纲，其中包括格物、致知、诚意、正心、去蔽、克念、静坐、事上磨炼等多种功夫条目，"致良知"是功夫过程中不变的宗旨。虽然王阳明认为"良知"是先天本有的，是功夫之前就具有的，但这并不是否定后天功夫过程的重要性，"致良知"即是强调不断做功夫的过程，无论是向内"致良知"还是向外"致良知"，都是需要时刻觉察自己的微小意念，以让自己拥有一个"廓然大公"之心。从上文对"良知"与"致良知"的解释中可以发现，"良知"是具有自我检查、自我辨别善恶是非的功能的，所以需要

---

① 王阳明：《传习录下》，《王阳明全集（新编本）》卷三，吴光等编校，第127页。

② 王阳明：《传习录下》，《王阳明全集（新编本）》卷三，吴光等编校，第102页。

③ 杨国荣：《王学通论：从王阳明到熊十力》，华东师范大学出版社2018年版，第38页。

④ 王阳明：《传习录中》，《王阳明全集（新编本）》卷二，吴光等编校，第74页。

“致良知”去对不符“良知”的意念进行人为的克制，它是我们提升自身修养，调整人生方向，完善自身人格的必修之路。

《管子》中说：“一年之计，莫如树谷；十年之计，莫如树木；终身之计，莫如树人。”（《管子·权修》）一年的时间可以使稻谷成熟，十年可以让树木长大，百年才可以树人。加入中国共产党并不是人生的终点，而是人生的起点，仍需以乾卦九三中“君子终日乾乾，夕惕若，厉，无咎”的态度来面对日常生活中的人、事、物，时刻警醒自己，让自己从早到晚都保持警惕的态度，谨言慎行，让自己时刻保持“大中至正”的初心。毛泽东同志在党的七大预备会议上讲过一段名言：“要知道，一个队伍经常是不大整齐的，所以就要常常喊看齐，向左看齐，向右看齐，向中看齐。我们要向中央基准看齐，向大会基准看齐。看齐是原则，有偏差是实际生活，有了偏差，就喊看齐。”[①]有偏差是常态，但重要的是在有了偏差之后要有向左看、向右看的对齐，对齐才是更重要的一步，而“致良知”便是这个看齐的过程。“良知”并不是单单局限于自我的道德检查，更承担着唤醒社会群体良知的重任。执法不严，司法不公的现象是在网络上常常会引起强烈反响的一个重要话题，这时其所涉及的不仅仅是案件的公正与否，更是涉及广大人民对司法机关、执法机关的信任程度，如果一个政府不能取信于民，将难以推行各项措施、政策，民众对政府也不再抱有期望，其遮蔽的是整个社会的良知，整个社会的风气和价值取向。共产党人的“致良知”，就是要时刻保持内心的纯洁，不被歪风邪气、物欲横流所污染，坚定自身党性，坚守自身正气，时刻牢记使命，不忘初心。习近平总书记在2020年1月的“不忘初心、牢记使命”主题教育总结大会上强调“不忘初心、牢记使命”是全体党员干部的终身课题，要“经常进行思想政治体检……不断叩问初心、守护初心，不断坚守使命、担当使命，始终做到初心如磐、使命在肩”[②]。唯有将“致良知”作为一辈子所坚守的准则，才能让“良知”之心保持晶莹剔透，党性修养始终如一，使我们的党永葆旺盛生命力和强大战斗力。

---

① 毛泽东：《中国共产党第七次全国代表大会的工作方针》，中共中央文献研究室编：《毛泽东文集》（第3卷），人民出版社1996年版，第297—298页。

② 习近平：《习近平在“不忘初心、牢记使命”主题教育总结大会上的讲话》，《求是》2020年第13期。

四、万物一体：践行“心学”的境界目标

“万物一体”是王阳明在晚年提出的观点，不仅是“天人合一”思想的演化与发展，更是对以“心即理”为本体论，以“知行合一”为功夫维度，以“致良知”为功夫总纲的理论体系的总结和完善。“万物一体”是儒家自古以来的追求，其理论基础是王阳明对于“良知”的阐发。儒家将天地万物分为天道、地道与人道，成为圣人便是要追求天地人“三才”的合一，追求人与自然的高度和谐。在王阳明看来，“大人者，以天地万物为一体者也，其视天下犹一家，中国犹一人焉。若夫间形骸而分尔我者，小人矣”[①]。“大人者”可以将天地万物视为一体，“小人者”则是放浪于形骸之间执着于你我之别。而“大人”之所以可以感万物，与万物共通，是以“良知”的特性为基础的，是将“良知”由内推之而外的必然之举，“良知”是人人生而具有的，只是受到后天的遮蔽或是被“我私”和“物欲”所隔离而无法展现，无法“视人犹己”，所以要去蔽，要有所节制。因而王阳明说：“是故苟无私欲之蔽，则虽小人之心，而其一体之仁犹大人也；一有私欲之蔽，则虽大人之心，而其分隔隘陋犹小人矣。”[②]没有私欲的阻隔，即使是“小人”之心，也同样拥有“大人”的“一体之仁”，如果“大人”受到私欲的阻隔，那么即使是“大人”，也就如同“小人”一般。

将“万物一体”推到现代社会就是要与他人、与社会、与自然达到“共通”。与他人的“共通”体现于人与人的交往之中，要摒弃自己的私欲，以全局观、整体观来体察周围的人，学会换位思考，觉察他人的感受，但这种体察并非无原则、无底线的纵容，而是以“良知”为准则去“致良知”，发用本有的“良知”之心。与社会“共通”就是对与他人“共通”的衍生与发展，人是群体性动物，与人交往会自然而然生成一个团体、一个社会，而“万物一体之仁”则要求我们在这个团体、这个社会中，积极承担自己的责任。与自然达到“共通”则要求我们尊重自然，尊重自然中的动植物以及各种微生物的生存，不恶意剥夺其生命，减少对其生存环境的影响，

---

① 王阳明：《大学问》，《王阳明全集（新编本）》卷二十六，吴光等编校，第1015页。
② 王阳明：《大学问》，《王阳明全集（新编本）》卷二十六，吴光等编校，第1015页。

与自然和谐共处。王阳明提到的“君臣也，夫妇也，朋友也，以至于山川鬼神鸟兽草木也，莫不实有以亲之，以达吾一体之仁，然后吾之明德始无不明，而真能以天地万物为一体矣”[①]，其中正是蕴含了要与他人、与社会、与自然达到“共通”的这一思想。但是，“共通”并不意味着是如墨家所主张的“爱无等差”，儒家自古以来的主张便是“爱有等差”，王阳明亦不例外，王阳明认为“万物一体之仁”尚有个“厚薄”之别。有人问王阳明，既然大人与万物为一体，为何《大学》又要讲个“厚薄”之别？王阳明回答道：“惟是道理自有厚薄。”并以“把手足捍头目”“把草木去养禽兽”“宰禽兽以养亲”“宁救至亲，不救路人”等几组关系，由物及人及己，层层递进，解读“万物一体之仁”的差等之爱。从王阳明认为道理本该如此，可以看出其先验性，这与“良知”的先天存在是一致的，再次说明王阳明心学的理论体系是自满自足的。如果将“共通”的思想再向外延伸，那便是人与人、人与物的平等观，尊重万物各自发展的规律，尊重世界各国的利益冲突，谋求人类命运共同体。

中国共产党人的精神支柱和政治灵魂是共产主义的远大理想和中国特色社会主义共同理想，而共产主义的远大理想便是实现共产主义理想社会。在我们熟知的关于共产主义的描述中，其特征是物质极大丰富，人们的思想觉悟和道德水平都获得了极大的提高，劳动成为第一需要，每个人都可以各尽所能、按需分配，此时便是全人类都达到了“万物一体”的状态，其中的价值维度便是“和谐”。中国共产党人的远大理想与王阳明所构想的“万物一体”的天、地、人高度和谐相处的境界，具有一定的相似性。“在‘万物一体’的社会实践中，真、善、美三者是得到完全、有机融合的，整个世界都可以以万物一体来安排秩序。”[②]“马克思主义哲学以人类的自由、解放为归宿。”[③] 如果每个共产党人都能以“知行合一”为行为处事之准则，以时时刻刻的“必有事焉”的功夫“去私蔽”，以达到“万物一体”的境界为个人发展的最终目的，发挥共产党人的先锋模范作用，那么实现人类的自由与解放，从必然王国到自由王国的飞跃

---

① 王阳明：《大学问》，《王阳明全集（新编本）》卷二十六，吴光等编校，第1016页。

② 颜强：《真善美统一——王阳明“万物一体”观核心问题释义》，《牡丹江大学学报》2014年第6期。

③ 肖前主编：《马克思主义哲学原理》，中国人民大学出版社1998年版，第529页。

将不再是书本上的内容。

第三节 阳明学与文化自信建设

阳明心学是中国传统文化中的精髓，是文化自信建设的切入点之一。文化自信是更持久、更根本的自信，它的根本性在于须能够解释其他三个自信。在这一解释进路中，阳明学可以提供丰富的思想和理论资源。阳明心学是中国传统心性哲学的集大成，其诸多思想命题既是时代文化的内涵，也是文化自信的基础。以人、事、物为中心，阳明学可以在成人、为事、成物的向度为文化自信解释和支撑理论自信、道路自信、制度自信提供思想理据。以阳明学为切入点探讨文化自信建设有利于中国优秀传统文化与时代主流文化的融合，特别是在新时代思想解放的语境下，凸显出阳明学与马克思主义中国化的和解与共构，具有重要的时代特征和现实意义。

文化自信、道路自信、理论自信、制度自信就像车之四轮，共同支柱起中华民族伟大复兴、屹立世界的底气和敢于破万难的豪气。文化自信与道路自信、理论自信、制度自信是紧密相连、不可分割的整体。“四个自信”能成为支柱，正来源于历史自信。一个民族、一个国家、一个政党之所以能自信，是因为他们有一段源远流长的辉煌历史。习近平同志正是从中华民族、中国共产党的成就来论证“四个自信”的。中华文明是唯一没有断流的文明，我们有理由、有资格自信。而文化自信作为“根”，是更基础、更广泛、更深厚的自信。文化自信是一个国家、一个民族最根本、最持久、最有定力的自信，是由内向外充满凝聚力和感召力的自信。习近平总书记指出：“文化自信是更基本、更深沉、更持久的力量。”[①]从“三个自信”到“四个自信”，充分体现我们党对中华优秀文化生命力的坚定信念。正如习近平总书记说的：“增强文化自觉和文化自信，是坚定道路自信、理论自信、制度自信的题中应有之义。”[②]21世纪的中国

---

① 习近平：《在哲学社会科学工作座谈会上的讲话》，《人民日报》2016年5月19日。

② 习近平：《在文艺工作座谈会上的讲话》，《人民日报》2015年10月15日。

和世界，需要一种在悠久传统基础上生发出的、经受过千锤百炼和检验的、适合人类和谐相处的、适合人与自然共存的话语、理论和文化。阳明学是在15至16世纪中国社会存在的基础上而出现的，其在思想体系、话语表达上与现时代仍有很多契合之处，因此阳明心学的思想与精神仍然适用于今日之中国乃至全世界。

因此，深入研究阳明学的思想精髓，挖掘阳明学的当代价值，探求阳明学与社会主义先进文化的互通互融，使传统文化焕发出更新更强的生命力，夯实文化自信基础，丰富文化自信内涵，才能更好地实现文化自信与道路自信、理论自信、制度自信地连接。

一、阳明学与文化自信

文化自信是道路自信、制度自信、理论自信的根基。文化自信是构建人类命运共同体的题中应有之义。中华民族的根本是文化自信，要实现中华民族的伟大复兴，就要先实现中华民族的文化复兴。不论从国家角度还是个人角度来看，文化是建立在民族和个人的信仰与情感基础之上的一种标志，是民族精神与民族心理的纽带，是国家与个人的“精气神”。中华传统文化博大精深，中华民族、中华文明之所以成为人类5000年来唯一连绵不断的民族、文明，归根结底是因为中华文化具备独特的优良禀赋。5000年文明灿烂不熄，是世界最伟大的文化奇迹、人类文明最璀璨的明珠。所以，我国的传统文化是值得我们引以为傲、值得我们传承下去的。习近平总书记说：“一个民族，一个国家，必须知道自己是谁，是从哪里来的，要到哪里去，想明白了、想对了，就要坚定不移朝着目标前进。”[①] 因此，我们要把文化与中国特色社会主义的道路、理论、制度相结合。“中国特色社会主义文化，源自于中华民族五千多年文明历史所孕育的中华优秀传统文化，熔铸于党领导人民在革命、建设、改革中创造的革命文化和社会主义先进文化，植根于中国特色社会主义伟大实践。”[②] 通过文化精神的建筑，凝结我们的“魂魄”，

---

① 习近平：《青年要自觉践行社会主义核心价值观——在北京大学师生座谈会上的讲话》，《人民日报》2014年5月5日。

② 习近平：《决胜全面建成小康社会 夺取新时代中国特色社会主义伟大胜利——在中国共产党第十九次全国代表大会上的报告》，《人民日报》2017年10月28日。

让我们中华民族屹立于世界民族之林；通过建构中华民族的历史自信，夯实文化自信的基底，让我们实现中华民族伟大复兴的中国梦；通过文化自信，更加坚定道路、制度、理论自信，让我们屹立于世界舞台中心。

文化自信是一个民族、一个国家以及一个政党对自身所禀赋和拥有的文化价值的充分肯定和积极践行，并对其文化的生命力保持坚定的信心和发展的希望。[①]这种信心源自对传统文化的继承与发展，也源自新时期对理论自信、道路自信、制度自信内容的深化。从自信的概念出发，文化的先进性是中国特色社会主义文化自信的重要内容。坚持文化自信就是要激发全党和全国人民对中华优秀传统文化的自信。[②]从历史角度和现在的国家发展角度来看，民众通过对传统文化认识的不断深入可以产生出自信，进而实现对当代社会主义文化发展的引领，这样就可以在对社会主义核心价值观及主流意识形态文化的理性认知上达到一致。所以，历史的维度有利于我们了解中华民族深厚的智慧结晶和历史积淀，进而坚定文化自信。在未来的发展中，要实现我国文化发展的目标，就要在坚持中华优秀传统文化的基础上，结合中国特色的道路、理论、制度，不断返本开新，创造性转化和创新性发展优秀传统文化，传播、普及优秀传统文化。2014年，习近平总书记在参加全国“两会”贵州代表团审议时指出：“王阳明的心学正是中国传统文化中的精华，也是增强中国人文化自信的切入点之一。”王阳明的心 学对实现中华传统文化的创造性转化与创新性发展，以及解决当下纷繁复杂的社会问题具有启迪作用。古为今用，以王阳明的心学观照当今社会，传统文化成为促进当代社会发展的一种内在动力。“身之主宰便是心，心之所发便是意，意之本体便是知，意之所在便是物。如意在于事亲，即事亲便是一物；意在于事君，即事君便是一物；意在于仁民爱物，即仁民爱物便是一物；意在于视听言动，即视听言动便是一物。所以某说无心外之理，无心外之物。”[③]每个人心中都应有一个王阳明，

---

① 郑承军：《文化自信：更基本更深沉更持久的力量——学习贯彻习近平总书记“七一”重要讲话精神》，《深圳特区报》2016年7月5日。

② 刘瑜：《回顾与前瞻：“四个自信”研究述评》，《福建省社会主义学院学报》2017年第2期。

③ 王阳明：《传习录上》，《王阳明全集（新编本）》卷一，吴光等编校，第6页。

人应该拥有善良且强大的“心”，从而使一个人的“身”获得真正的尊重。“致良知”则为人们提供源自“心”的道德准则，找到并依内心的良知而行。“知行合一”中“知”和“行”之间辩证关系的论述，可以直接地指导我们的生产生活实践。王阳明心学的诸多哲学命题对化解当下社会的焦虑感与物质化可以提供很多理论与思想资源。

王阳明的心学展现了深沉的哲学智慧，在今天，它依然还有作用。在全球化格局下，王阳明心学的回归与复兴是传统中国文化主体意识觉醒的信号。物质的繁荣昌盛，并不一定带来精神世界的丰富；而缺乏精神指引的物质社会，却可能使人生的价值意义化为泡影。传统中国文化的回归，为繁荣昌盛的物质世界注入了内在精神，表现出了我们对人生价值意义的重新探索。这就是文化自信的表现，也是文化自信能够实现的重要条件。

二、成己：良知与真理之旨

理论来源于实践。理解理论自信，首先要回顾马克思主义中国化的百年历程和中国特色社会主义哲学社会科学体系的建设与发展。回溯本源，检视语境，都离不开中国优秀传统文化的思想背景。马克思主义作为科学的理论体系，内容丰富，包括马克思主义哲学的唯物论、辩证法、认识论、唯物史观和政治经济学、科学社会主义等等。无论是从人与人、人与物、人与社会的关系来看，还是从个人发展到社会发展来看，“人”都是一个核心范畴。无论是中国传统文化，还是马克思主义理论都肯定了人的具体实在性及成就人的价值。中国化马克思主义理论自信不仅包含科学性、正确性、实践性，还应包含人文性。这是中国传统的文化、思想、思维的土壤使然。故本章这里仅拟以“成人”的视角，一窥阳明学与理论自信的融通之处，挂一漏万，余不一一。

王阳明自述平生讲学，只是致良知三字。良知的观念最早出现在《孟子》，孟子说：“人之所不学而能者，其良能也。所不虑而知者，其良知也。孩提之童，无不知爱其亲者，及其长也，无不知敬其兄也。”（《孟子·尽心上》）这里的良知是指人的道德意识与道德情感不依赖于外在环境、教育。王阳明继承了孟子的思想，他说：“心自然会知：见父自然知孝，见兄自然知弟，见孺子入井自然知恻隐，此便是良知，不假外求。”[①] 王阳明也是把良知看作主体本有的内在特征。同时，王阳明明确指出良知是天赋的是非准则：“尔那一点良知，是尔自家底准则。尔意念着处，他是便知是、非便知非，更瞒他一些不得。”[②] 良知是人内在的判断是非善恶准则的体系，具有判断、评价作用。可见，良知还是道德的、价值的存在。当心体发用于“见父”“见兄”“见孺子”之时，良知便自然会作出“孝”“弟”“恻隐”的道德判断。王阳明的良知即本体，即主体，有主体就有能动性，有自知的能动性，还有对是非善恶有自检的能动性，并且良知对于每个人来说都是一样的。因此人不需要从外面寻找道德准则，这个准则本来就是人人具有、完全相同的。“致良知”就是要依良知而行。良知具有普遍性、客观性，每个人都一样，但不是完全不动的，从致良知的角度讲，今天做工夫即完成。从良知生生不息的角度讲，今天致良知的工夫只代表今天的修养，不代表明天不需要做。致良知具有过程性，要连续不断地做工夫。

良知的本体性，决定了致良知功夫的本体论视域下的修养论视域，因此，致良知的旨归在于成己。真理是对客观规律的正确认识，体现为悬置本体后的价值论视域。真理是价值的前提和基础，成功的实践必以真理尺度和价值尺度的统一为前提，而实践的二重性意味着在实践过程中不仅仅成就了“事”，同时也成就了“人”。从主体而言，共产党人的“党性”基于人性，与人的发展愿景密切相关；从发生学而言，它是在具体的实践活动中生成的，具有明晰的道德与价值规范，指向具体的行动目标和价值理想。在此意义上，党性具有良知和真理的双层意涵，因此，在党的建设中，我们不能忽视人的主体地位，这既是哲学问题也是现实问题。作为一名共产党员，首先应该学会做人，其次才是做事。而作一名有良知的共产党员，就要坚持以党性原则守住人格底线和道德底线，要明是非、辨真假，做一个知廉耻，知恩图报的人。习近平总书记强调党员干部要德才兼备，以德为先，并指出：“做人要实，就是要对党、对组织、对人民、对同志忠诚老实，做老实人、说老实话、干老实事，

---

① 王阳明：《传习录上》，《王阳明全集（新编本）》卷一，吴光等编校，第7页。

② 王阳明：《传习录下》，《王阳明全集（新编本）》卷三，吴光等编校，第102页。

襟怀坦白，公道正派。”[①] 在党的十九届一中全会上，习近平总书记强调：“清清白白做人，就是要一身正气、两袖清风，自觉遵守廉洁自律准则，自觉遵守中央八项规定精神，自觉接受监督，敬畏人民、敬畏组织、敬畏法纪，公正用权、依法用权、廉洁用权，拒腐蚀、永不沾，决不搞特权，决不以权谋私，做一个堂堂正正的共产党人。”[②] “良知”是人人具有的，致良知就是让心呈现“无善无恶”的本然状态。共产党人的“良知”便是党性。党性是共产党人的良知之光，贯穿于共产党人的言行之中。“致良知”的过程就是磨炼党性的过程，传递红色文化，吸取前进力量，始终以“革命理想高于天”为信念，爱党爱国爱人民，为中华民族复兴事业艰苦奋斗；在工作生活中要克服功名利禄的干扰，坚持做到“慎独”和“不动心”。“致良知”的过程离不开工作生活的事事物物，将良知呈现在实际生活中，呈现在个体行为中，并持之以恒，使“心之良知更无障碍，得以充塞流行”[③]，真正让内在良知的本然状态发挥到极致。党性修养亦需在日常工作中做好“事上磨炼”和“慎独”功夫，久久为功，直至党性根深叶茂，人才能臻至生命光明与崇高的境界。

三、为事：从初心到践行的“知行合一”之路

中国的社会主义道路自信是以建党后的伟大革命事业与革命文化、新中国成立后的社会主义伟大建设事业与社会主义先进文化为基础的，这也是一条由初心与实践贯穿始终的从革命理论到革命实践，从社会主义建设理论到社会主义建设实践的知行合一之路。中国道路的各阶段的具体实践路径各不相同，正如具体的功夫条目各有所异，但贯穿其间的内在维度都是一样的，即知行合一。从知行合一出发，我们既可以回到初心，检视当下，还可以展望未来，这是我们道路自信的根本。

王阳明这样论述知行关系：“知是行之始，行是知之成。若会得时，只说一个知，已自有行在；只说一个行，已自有知在。”[④] 在王

---

① 《习近平李克强张德江刘云山王岐山张高丽分别参加全国人大会议一些代表团审议》，《人民日报》2014年3月10日。
② 习近平：《在党的十九届一中全会上的讲话》，《求是》2018年第1期。
③ 王阳明：《传习录上》，《王阳明全集（新编本）》卷一，吴光等编校，第7页。
④ 王阳明：《传习录上》，《王阳明全集（新编本）》卷一，吴光等编校，第5页。

阳明这里，就“知”和“行”作为“事”本身而言，二者都具有德性的内涵和本体的意义。从马克思主义出发，理论自然不具有“当然”之义，但却具有“必然”之义，理论是对现象界认识的升华，来源于实践，并指导实践。理论与实践二者辩证统一，缺一不可，不可偏废，实践行为没有理论的明察监督就是“冥行”，实践活动没有理论指导将是“妄想”。另外，知行二者相互包含，相互转化。知中有行，行中有知，知行一体两面，真知必能行。知行合一要求我们在做事的过程中磨炼自己、在实学中求真知，“真知即所以为行，不行不足谓之知”[①]。追求真理绝不能来源空想，要参与世界变化，躬行实践。值得注意的是，这里的“知”不是认识论角度的“知”，而是一种由“行”的动力驱动实现自身的内在动力和意志力。“行”建立在“思惟省察”“精察明觉”的基础上，而不是“懵懵懂懂的任意去做”，具体行为的展开是真切笃实的“知”进一步落实的过程。“知”与“行”属于一个行为过程，道德意识属于“知”，道德意识活动是外部行为的开始，所以道德意识是整个行为过程的第一阶段。而“行”是道德意识的实现，所以“行”是整个行为过程的终结。若没有道德意识的“志”贯穿始终，就很难抵制私欲的产生，摒弃掉一切干扰“良知”发用流行的私心杂念。面对“知与行分明是两件”的质疑，王阳明回应道：“此已被私欲隔断，不是知行的本体了。未有知而不行者。知而不行，只是未知。”[②]知行的本体“只是一个”，所谓“本体”其意思是知行本来如是的状态，本来应有的关系，从本体角度来看，知行本来就是合一的，密不可分的，在同一个道德修身过程中相互渗透，相互贯穿。因此要在良知本体的统领下，发挥良知的察识监督作用不间断地进行道德修养和伦理活动的实践。“知行原是两个字说一个工夫”[③]，“知”中有行的因素，“行”中有知的因素，两个范畴的规定互相包含，知行合一。“知”与“行”形成完整的道德修养功夫过程，作为修身功夫本质性、构成性的因素，在行在为过程中，从始至终皆是如此。

中国共产党向来重视理论和实践相结合。只有真正弄懂理论，

---

① 王阳明:《传习录中》,《王阳明全集（新编本）》卷二，吴光等编校，第46页。
② 王阳明:《传习录上》,《王阳明全集（新编本）》卷一，吴光等编校，第4页。
③ 王阳明:《答有人问》,《王阳明全集（新编本）》卷六，吴光等编校，第223页。

行动才有科学的指导；只有真正落到实事上，才能深刻领悟理论。习近平总书记曾在不同场合多次强调共产党人要做到“知行合一”。在十九届中央纪委三次全会上，习近平总书记特别强调：“领导干部特别是高级干部必须从知行合一的角度审视自己、要求自己、检查自己。”[①] 2019年3月1日，习近平总书记在中央党校（国家行政学院）中青年干部培训班开班式上发表重要讲话，指出广大干部特别是年轻干部要在常学常新中加强理论修养，在真学真信中坚定理想信念，在学思践悟中牢记初心使命，在细照笃行中不断修炼自我，在知行合一中主动担当作为，保持对党的忠诚心、对人民的感恩心、对事业的进取心、对法纪的敬畏心，做到信念坚、政治强、本领高、作风硬。[②] 在王阳明看来，“正要人晓得一念发动处，便即是行了”[③]。念由心而发，有善有恶，从意识的层面强调知和行的统一性，一念之发就是行，所以要重视“念”。“人之善恶，由于一念之间。”[④] 善念的念即是意。本体是至善的，意之所发与物相接，就有善有恶。如是善念，就去做，自然行事就会不逾矩，如果发的是恶念，则须立即克去。但从知即行而言，发一恶念就是在行恶，这是为圣所不允许的。王阳明这里显然是以严厉的道德主义摒除任何有违真正道德的思虑杂念，不啻是对当时社会知行不一的社会痼疾的一剂猛药。在新时代，“知行合一”对于党员党性修养和政德养成的价值意义，即是要保持对党的绝对忠诚，以政德统领政行，把“意念的道德性”和“行为的合法性”统一起来，把“明初心”和“勤政为民”统一起来。每个人都有成圣（成为纯粹的人）的可能，关键就在于那“一念之间”，所以要保持警惕，做好善念、恶念的辨别与判断。

在新时代，共产党人必须坚持崇高的理性信念和全心全意为人民服务的本心。共产党人必须牢记不忘初心、对党忠诚，树立敢于担当、勇于创新的“善念”，做一个坚持真理、实事求是、克己奉公

---

① 习近平：《取得全面从严治党更大战略性成果 巩固发展反腐败斗争压倒性胜利》，《人民日报》2019年1月12日。

② 习近平：《在常学常新中加强理论修养 在知行合一中主动担当作为》，《人民日报》2019年3月2日。

③ 王阳明：《传习录下》，《王阳明全集（新编本）》卷三，吴光等编校，第106页。

④ 王阳明：《南赣乡约》，《王阳明全集（新编本）》卷十七，吴光等编校，第636页。

的人。要时刻警惕声色犬马、贪财好色的恶念发出，做到防微杜渐。只有实实在在地做一番“彻根彻底”的“克念”工夫，才能增强自身的免疫力和抵抗力。

四、成物：境界与理想的“万物一体”之路

中国特色社会主义制度自信建基于中国特色社会主义制度七十年的辉煌历程、科学社会主义的一般原则和共产主义理想，这三者在根本上是辩证统一的。从制度的性质而言，人的完善、社会的和谐、人类的幸福都是其中应有之义，用中国传统哲学范畴概括之即是“成物”。成物是中国传统修养论的境界观，也是中国特色制度的理想目标。

除“致良知”和“知行合一”外，王阳明提出的“万物一体”说同样具有典型意义。“万物一体”思想不仅代表了王阳明心学的最高道德境界，也可以为构建人类秩序提供理论依据，使之与当代国际关系中的“共生系统理论”相适应。王阳明在《答顾东桥书》里说道：

> 夫圣人之心，以天地万物为一体，其视天下之人，无外内远近，凡有血气，皆其昆弟赤子之亲，莫不欲安全而教养之，以遂其万物一体之念。天下之人心，其始亦非有异于圣人也，特其间于有我之私，隔于物欲之蔽，大者以小，通者以塞，人各有心，至有视其父子兄弟如仇雠者。圣人有忧之，是以推其天地万物一体之仁以教天下，使之皆有以克其私，去其蔽，以复其心体之同然。①

万物一体是一种万物命运共同体的思想，这与当下构建人类命运共同体的思想有相通之处。

> “亲民”犹《孟子》“亲亲仁民”之谓，亲之即仁之也。百姓不亲，舜使契为司徒，敬敷五教，所以亲之也。《尧典》“克

---

① 王阳明：《传习录中》，《王阳明全集（新编本）》卷二，吴光等编校，第59页。

> 明峻德”便是“明明德’。“以亲九族”至“平章”“协和”，便是“亲民”，便是“明明德于天下”。又如孔子言“修己以安百姓”，“修己”便是“明明德”，“安百姓”便是“亲民”。①

这里，王阳明把“亲”解释为“仁、爱”。“亲”的前提是肯定人的本性“自足”，而“新”则是朱熹把民作为对象性的东西来看待。所以“亲民”说含有教养之意，使民之本性呈现出来，而“新民”说是通过道心的推广来消除人心的路径，达到使“民”重新做人的目的。“亲民”是“仁”的体现，“仁”是“万物一体”的“体”，这是体用一源。人类不仅是万物中的一物，而且与物不可分割地缠绕在一起，人与人、人与物都是共生共存的关系，这种关系不分敌友、种族、国籍，并且要超越共生共存的关系，把“一体之仁”扩充、落实到天地万物。这是一种人类命运共同体的思想，也是一种普遍之爱的精神。

2013年2月习近平总书记在莫斯科国际关系学院的演讲中提出：“人类生活在同一个地球村里，生活在历史和现实交汇的同一个时空里，越来越成为你中有我、我中有你的命运共同体。”② 习近平总书记又在各种国际场合多次讲到“人类命运共同体”的理念。中国共产党“十九大”报告中“坚持和平发展道路，推动构建人类命运共同体”又被作为全球治理的“中国方案”而展现在世人面前。③“构建人类命运共同体”是中国对世界发展的贡献，是为了解决目前人类社会中存在的林林总总的各类问题，最终目标是为了人类更好地发展。“构建人类命运共同体”的理论可以从“万物一体”思想中找到其意义和价值的支撑资源，同时，它也已成为我国“一带一路”倡议的思想与理论支撑。在某种意义上，王阳明的“知行合一”“万物一体”说不仅仅在个人层面上具有意义，在当代社会发展中同样具有强大的生命力，可以为国家的发展、为世界的发展做出贡献。这也是文化自信的根据和源泉。从“万物一体”到“人类命运共同体”展现了中国传统哲学独有的智慧。

---

① 王阳明：《传习录上》，《王阳明全集（新编本）》卷一，吴光等编校，第2页。

② 习近平：《顺应时代前进潮流　促进世界和平发展——在莫斯科国际关系学院的演讲》，《人民日报》2013年3月24日。

③ 钱明：《弘扬阳明精神，增强文化自信》，《孔学堂》2017年第4期。

中国的“一带一路”倡议与美国的“美国优先”战略在性质上有着“王”“霸”之别。“一带一路”以公平正义、互利共赢的全球化为理念，其中“万物一体”的天下观、互利互通的义利观、“构建人类命运共同体”的全球发展观，便是中国能够向全世界提供的新价值观。

总之，“作为中国文化自信重要思想资源的阳明学，并不是放在博物馆里的‘文物’，而是‘活泼泼’的有生命力的思想源泉，在如何更好地彰显中国文化软实力的过程中，在中国逐渐从‘跟跑’世界到‘领跑’世界的征程中，阳明学都具有独特的资源优势，可以而且应当成为中国文化自信的重要依托。”[①]每一个人都有良知，如何使先天具有的良知成为个体的一种自觉意识，这是“致良知”的重要内容，在今天依然有它的价值所在。把朴素的道德观念转化到自觉的践履上来，使德性转化为德行，意味着道德理想转化为道德现实。从个体来讲，每个人都有自己的追求。对社会来讲，即是要建立起一种良好的人文道德秩序。王阳明说致良知不离事事为为，要在日用常行间建立起普遍的道德规范。从“知行合一”来说，首先要把知化为行，通过真正的付诸行动，才能检验真知。“致良知”功夫要求化自发为自觉，并在这个意义上接受“知”的引导和“行”的检验，达到知行相辅，知行合一。事实上，阳明学给我们很大的启示，我们作为个体存在于社会中，要关切和尊重其他个体。在人与自然之间，也要建立起一种天和人之间合理的、协调的关系。天下既包括人与人之间的关系，也包括人与自然、人与社会的关系，所以“万物一体”走向天下共同体，在今天依然具有它的意义。

① 钱明：《弘扬阳明精神，增强文化自信》，《孔学堂》2017年第4期。

第三章

阳明学与当代制度文化建设

制度文化体现为社会某一领域的思想与规范。与观念文化相比，制度文化体现的不是特定历史时期的具体性，而是特定社会领域的具体性，抑或说，观念文化体现为纵时特征的文化形态，而制度文化体现为历时特征的文化形态，因为就某一社会领域而言，其价值观念及行业规范虽然是与时俱进的，但其内在的传承性也同样是永恒的。在此意义上，阳明学对制度文化的影响似乎更直接——悬置当代制度文化的外在形式，阳明学对其时制度文化的价值观念的影响可以延续到当下。从阳明学的思想特质出发，本章主要从道德伦理的层面探讨阳明学对当代制度文化建设的有益启示。

第一节 阳明学与当代廉政建设

王阳明生于明代中后期，他以“心即理”“知行合一”“致良知”的药方来医治日渐腐朽的明王朝，形成了廉政建设的基础，并通过以身作则的身体力行来实践廉政建设，取得了良好的社会效果，其思想可以作为当代廉政建设的思想资源。阳明学以探求内心“良知”为宗旨，以“亲民”为廉政建设的用功之地，以“知行合一”为廉政建设的规范要求，以“乡约”为外部约束手段，对于推动各级党员干部洁身自好，真做事、做实事，构建取信于民的廉洁社会具有重要的借鉴意义。

阳明学以“心”为道德本体，认为“圣人之道，吾性自足”，吾心即天理，心外无物、心外无理。“心”就是可以进行是非判断的“良知”。“良知”作为内心判断是非之准则，与追求纯净无瑕的“廉”似乎有一定的相似性，这便是阳明学与廉政建设得以连接的基础。阳明学注重个人修养和自我道德约束，但它并不止于此。阳明学并非不切实际的空想之学，它是切切实实的实学，而使阳明学实现这一转变的重要思想便是王阳明的良知思想。在这一思想的指导下，王阳明在从教、从军、从政中都取得了卓越建树，成为少有的“兼三不朽”人物。从阳明良知二重性出发，阳明心学可谓是侧重理性自觉和自律的积极的廉政思想，但王阳明却也并未否认制度约束的他律对于廉政建设的作用，如王阳明巡抚南、赣、汀、漳时推行的《南赣乡约》，坚持公正廉明的思想，整顿秩序，教化人心，成为明代地方基层治理、教化百姓的成功案例。

一、“廉”与“良知”

“廉”是中华传统文化中的优秀品德之一，其主要用于形容为官者清廉刚正，在《晏子春秋·内篇杂下》中，晏子说“廉者，政之本也”[①]，西汉桓宽的《盐铁论·疾贪》也提到“欲影正者端其表，欲下廉者先之身”[②]。由此可见“廉”字自古以来便与为官之道密不可分。无论是古代，还是现今社会对于“廉”这一重要的道德品质都推崇备至。

那么，“廉”的本义到底为何？它最初是否便与为官之德相连呢？任松峰在《儒家廉德思想研究》一文中对“廉”的本义进行过考证。“从词源学的角度来看，‘廉’是一个形声字，即形符为‘广’，声符为‘兼’。”[③]而“广”在汉字中多用于表示建筑物，于是作者进一步推论“廉”的本意可能与建筑物有关，并结合徐灏《说文解字注笺》、段玉裁《说文解字注》等文献，指出：“‘廉’字的本义是指堂屋的侧边。”[④]堂屋的侧边整洁平整且棱角分明，在此基础上引申为清正廉明、洁身自好的品质。“廉”不仅是为官之德，也是一种自我监督的道德操守，这便可以与辨明是非的“良知”联系起来，前者是从治国理政的角度来解释“廉”，后者则是从个人道德修养的角度来解释“廉”。但无论是指个人道德修养，还是指治国思想，二者都离不开一个“清”字。何以能够拥有“清”，那便需清除内心之私欲，破除形形色色物欲的诱惑，探求内心之“良知”。去人欲存天理，以内心最初、最纯真的“良知”，去应对世间万物，就像朱熹在《观书有感》中所提到的“问渠那得清如许？为有源头活水来”，在王阳明看来，“良知”便是那源头。王阳明有一位弟子，名为孟源，有“好名之病”，先生以大树生长在庄稼中来比喻，将其“好名之病”比作大树，心中本有的“良知”比作庄稼，大树生长于庄稼之

---

① 晏婴：《晏子春秋校注》卷六，张纯一校注，梁运华点校，中华书局2014年版，第298页。
② 桓宽：《盐铁论校注》卷六，王利器校注，中华书局1992年版，第415页。
③ 任松峰：《儒家廉德思想研究》，曲阜师范大学博士学位论文，2015年，第12页。
④ 任松峰：《儒家廉德思想研究》，第12页。

上，树根汲取庄稼的养分，树叶遮蔽庄稼的阳光，那么“良知”之心何以能自由生长？所以必须将心中的“大树”清除，才能正本清源，保持心的“清”。“廉”不仅是对他人进行评价的一个标准，更是对自己的约束，是要从心中真切的发用“良知”，存养“良知”。“良知”是心之本体，无论人的心中是否存有“妄念”，“良知”就在那里，不增不减，不生不灭，如果“良知”不见了，它并不是真的不见，而是被数不清的妄念遮蔽了，“虽有时而或蔽，其体实未尝不明也，察之而已耳”[①]，“良知”不会消失，只要下功夫体察，便可将心中“大树”砍去，得见“良知”。

随着我国改革开放的深化，社会主义市场经济的发展，资本的力量不断显现，触及各个领域、各个角落，对普通百姓、政府官员的精神世界都产生了巨大的冲击，对他们自我监督、自我检查、自我反省、自我克制的素质提出了更高的要求。如果一名普通的企业从业者不能抵挡住眼前利益与潜在利益的诱惑，损害的可能是企业的名誉、企业的利益以及受到利益诱惑之人的个人名誉。如果一名公职人员不能抵挡“糖衣炮弹”的诱惑，堕入违法犯罪的深渊，其造成的可能是整个社会对这一行业的不信任感，例如最近一段时间曝光出来的一系列“高考冒名顶替”事件，人们讨论的不仅仅是这个案子如何，这个案子中的人员是如何的利欲熏心、道德败坏，而是上升到对整个招生环节与体制的不信任。所以，如果公职人员不能认识到自己本有的“良知”之心，不能树立正确的世界观、人生观、价值观，被眼花缭乱的欲望所迷惑，不仅会对自己、对家庭产生影响，对自己所在的行业、行业形象乃至国家利益造成巨大损失。因此，恢复被遮蔽的“良知”，正确认识“廉”，提高自身的思想道德素养对一名公职人员至关重要。

二、“亲民”以为廉

《旧唐书·魏徵传》说：“夫以铜为镜，可以正衣冠；以古为镜，可以知兴替；以人为镜，可以明得失。”[②]廉政建设亦是如此，需要从我国历史上的反腐实践中汲取经验。习近平总书记在中央政治局

① 王阳明：《传习录中》，《王阳明全集（新编本）》卷二，吴光等编校，第67页。
② 刘昫等：《魏徵传》，《旧唐书》卷七十一，中华书局1975年版，第2561页。

第五次集体学习时就强调指出："深入推进党风廉政建设和反腐败斗争，需要坚持发扬我们党在反腐倡廉建设长期实践中积累的成功经验，需要积极借鉴世界各国反腐倡廉的有益做法，也需要积极借鉴我国历史上反腐倡廉的宝贵遗产。研究我国反腐倡廉历史，了解我国古代廉政文化，考察我国历史上反腐倡廉的成败得失，可以给人以深刻启迪，有利于我们运用历史智慧推进反腐倡廉建设。"[①]那么，王阳明可以给我们哪些启迪呢？王阳明生于成化八年（1472），此时是明宪宗朱见深统治时期，王阳明于弘治十二年（1499），年二十八岁，以会试二甲第七名进入工部当差，因此其主要的从政生涯是在明武宗朱厚照时期，武宗朱厚照素来以"爱玩"著称，宦官集团在此时便开始兴起。在宦官刘瑾把持朝政下，朝政一片混乱。各地官员凡是进京面圣或是汇报工作都需向刘瑾交纳一大笔好处费。下级官员为了升迁，对上级官员更是极尽讨好之能事。而王阳明却在欲望泛滥、官场腐败、民心尽失的情况下创下了立德、立功、立言的"兼三不朽"功绩。王阳明立下此等功绩，很难将其与阳明心学的思想相脱离。王阳明何以能够如此？阳明心学思想应该可以为我们现在的廉政建设提供诸多的思想与方法论启迪。

《大学》中说："大学之道，在明明德，在亲民，在止于至善。"程颐指出此处的"亲"当作"新"，朱熹认同了程颐的观点，并在《四书章句集注》中做了进一步的阐释："新者，革其旧之谓也，言既自明其明德，又当推以及人，使之亦有以去其旧染之污也。"[②]并以《大学》后文中的"康诰曰：作新民"为依据。王阳明的弟子徐爱便在此基础询问阳明主张应以旧本中的"在亲民"为依据的原因。王阳明回答道：

> "作新民"之"新"是自新之民，与"在新民"之"新"不同……"亲民"犹孟子"亲亲仁民"之谓，亲之即仁之也。百姓不亲，舜使契为司徒，敬敷五教，所以亲之也。《尧典》"克明峻德"便是"明明德"。"以亲九族"至"平章""协和"，便是"亲民"，便是"明明德于天下"。又如孔子言"修己以安百

① 习近平：《积极借鉴我国历史上优秀廉政文化 不断提高拒腐防变和抵御风险能力》，《人民日报》2013年4月21日。

② 朱熹：《大学章句》，《四书章句集注》，第3页。

姓","修己"便是"明明德","安百姓"便是"亲民"。说"亲民"便是兼教养意。说"新民"便觉偏了。[①]

王阳明认为朱熹所主张的"作新民"的"新"是自新之民的意思,内有自我觉醒之意,而"在亲民"的"亲"含有《孟子》"亲亲仁民"的含义,"亲之"即"仁之","亲民"便有了教养的含义。王阳明将民视作一体者,是王阳明后期所提出的"万物一体"思想的早期萌芽,将民视为"万物一体"的对象,通过教化使其内在的德性获得转变,而王阳明的廉政思想便是在此基础上进行展开的。

南大吉在治越期间,路过王阳明的住处便问政于阳明,王阳明答:"政在亲民。"后南大吉又追问:"何以在亲民乎?"王阳明答:"德不可以徒明也。人之欲明其孝之德也,则必亲于其父,而后孝之德明矣;欲明其弟之德也,则必亲于其兄,而后弟之德明矣。君臣也,夫妇也,朋友也,皆然也。故明明德必在于亲民,而亲民乃所以明其明德也。故曰一也。"[②]王阳明认为为政的根本在于"亲民","亲民"的关键在于"明德",若要明孝之德,必先亲于父,而后孝之德方能明矣,明德与亲民是统一的。以此为基础,将"三才之道举"推之便可得天下平,"是故亲吾之父以及人之父,而天下之父子莫不亲矣;亲吾之兄以及人之兄,而天下之兄弟莫不亲矣。君臣也,夫妇也,朋友也,推而至于鸟兽草木也,而皆有以亲之,无非求尽吾心焉以自明其明德也。是之谓明明德于天下,是之谓家齐国治而天下平。"[③]因此,为官者如果将为政治理视作自己的事情,就像"亲吾之父""亲吾之兄",并在此基础上"推而至于鸟兽草木也",便可做到政治清明,这便是"万物一体"思想在为政中的体现。因此,从该处也可以看出王阳明的思想是一以贯之的,无论是为官、为将,还是为师,王阳明都是在践行阳明心学。从阳明的实践结果可以看出其思想内含着隐微的廉政思想,需要我们进行挖掘。

"亲民"并非停留于口头上的表面文章,而是以为官者的自我修养为基础。

---

① 王阳明:《传习录上》,《王阳明全集(新编本)》卷一,吴光等编校,第2页。
② 王阳明:《亲民堂记》,《王阳明全集(新编本)》卷七,吴光等编校,第267页。
③ 王阳明:《亲民堂记》,《王阳明全集(新编本)》卷七,吴光等编校,第267页。

“昔之人固有欲明其明德矣，然或失之虚罔空寂，而无有乎家国天下之施者，是不知明明德之在于亲民，而二氏之流是矣；固有欲亲其民者矣，然或失之知谋权术，而无有乎仁爱恻怛之诚者，是不知亲民之所以明其明德。”①只知明德而不知将其推之于实践，那也只能是“虚罔空寂”，知道亲民却失之于谋权术，认为亲民是玩弄权谋之术的一个手段，缺少“仁爱恻怛之诚”，那也只能是以官谋利之辈。王阳明在《裁革文移》中告诫为官者：“凡我有官皆要诚心实意，一洗从前靡文粉饰之弊，各竭为德为民之心，共图正大光明之治。”②为官者要一洗之前“靡文粉饰之弊”，怀有“为德为民之心”，为民谋实事，“亲民”才不是一句空话，而是一句暗含着实事的实话。王阳明深知廉政便是“亲民”行为，为官者既要明心中之德，以诚待民，还需克勤细务，以实心修举，则“下民焉有不被其泽，风俗焉有不归于厚者乎！”③

我国是以马克思主义、毛泽东思想为指导的中国特色社会主义国家，马克思主义作为一种外来的科学理论，在中国得以生根发芽、开花结果，完成马克思主义中国化的转变，势必经历了与中国传统文化的冲突与融合，但二者可以在中国大地上完美结合，形成符合中国国情的新的马克思主义中国化的思想，就意味着二者在很多思想上存在可以交融之处，其中廉政思想便是一处，而“民本”思想便是其中的重要内容。“以民为本”的思想向来是中国传统儒家的基本政治主张之一。《尚书·五子之歌》中指出：“民可近，不可下，民惟邦本，本固邦宁。”民可以亲近，不可视之为下，民是国家得以稳定的基础，民稳固了，国家方可安定。在《孟子·尽心下》中更是提出“民为贵，社稷次之，君为轻。是故得乎丘民而为天子”的观点，民的地位较之于社稷更重，在儒家为政思想中“民”的地位可见一斑。马克思主义理论中虽未明确提出“以民为本”的命题，但却蕴含着浓浓的“以人为本”的思想内涵，这在马克思主义唯物史观的“人民群众是历史的创造者”、科学社会主义的“人的自由而全面的发展”中均可清晰地看到这一思想脉络。马克思、恩格斯虽

① 王阳明：《亲民堂记》，《王阳明全集（新编本）》卷七，吴光等编校，第267—268页。
② 王阳明：《裁革文移》，《王阳明全集（新编本）》卷十八，吴光等编校，第674页。
③ 王阳明：《揭阳县主簿季本乡约呈》，《王阳明全集（新编本）》卷十八，吴光等编校，第669页。

都不是出身于贫苦阶层，但观察并深刻地感受到被压迫阶级的困苦处境，同情他们的悲惨境遇，并以一种人类社会发展的高瞻远瞩和强烈的责任感，勇敢地站在了自己原有阶级的对立面，写出了《共产党宣言》，开启了国际共产主义的新纪元，并建立了马克思主义理论体系。马克思主义理论的最终目的是实现人的全面发展，达成从必然王国向自由王国的迈进。“旧唯物主义论哲学家不满意唯心论的这种抽象理解，他们把人看成有血有肉、有饮食男女需求的感性存在物。但是，他们只是把人理解为感性的存在物，而不是理解为从事感性的物质实践活动的存在物。”[①]这二者的理解看似相近，实则存在很大的差异：前者只是从生物学上理解人，将其落实到现实社会中仍是抽象的；后者则是从社会历史的意义上去理解人的存在，使人的存在由抽象发展为具体，体现了人的价值，也体现了马克思主义中所蕴含的人本主义的价值关怀。因而，作为中国传统儒家思想与马克思主义理论契合之处的“亲民”，在我国推动廉政建设中起着基础性的不可替代的作用。

在我国目前构建“不敢腐、不能腐、不想腐”的反腐败制度体系中，反腐败斗争已进入深水区，此时此刻，“亲民”可能对于廉政建设具有另一番特殊的意义。在反腐倡廉的高压下，守住“底线”，远离“红线”，不碰“高压线”成为基本行政规范。于是，在部分干部中出现了“不敢为”“不作为”“不想为”的思想和行为，认为“不为”就可以不触“线”，就是“廉”了。殊不知，“廉”作为一种高尚的“政德”是和“政行”分不开的。廉政建设不是画地为牢、不是坐地论道，更不是“不为”而“为”。无论是成就个体的廉德，还是构建廉政制度，都不能忘了全心全意为人民服务的宗旨和初心，因此，明廉德，为廉政就必须“亲民”，在为民所想，急民所急，为民办事中实现“德”“业”并进。正如王阳明之“明明德”与“亲民”的体用关系一样，“亲民”也是成就“廉”之用，“廉”是“亲民”之德性要求。廉与“仁智勇”三达德密切相关，也和“公平”“正义”等核心价值理念相连。如果没有“廉”，更无论“亲”民了。从阳明心学出发，或可以说，“亲民”以为廉。这正是王阳明关于“亲民”的有关论述对我们思考和解决当前廉政建设中出现的问题和现象的有益启示。

---

① 刘怀光、韩体现主编:《马克思主义基本原理》，黑龙江人民出版社1995年版，第391—392页。

三、"知行合一"：廉政建设的规范要求

在王阳明看来，"亲民"与"明明德"是统一的，但仅仅了解、知晓是远远不够的，还需将其付诸实践当中，"亲民"是王阳明施行廉政建设的基础，那么"知行合一"便是王阳明将"亲民"的廉政落到实处的规范、要求、手段与途径。

在王阳明看来，"知行合一"的"知"便是"良知"，是心的本然良知之心，而非局限于知识上的了解，"良知"是至善无恶的，其中天然含有辨别是非的能力，但这一能力在后天却受到了遮蔽，无法显示其本有的辨别能力。王阳明认为人后天所受的遮蔽皆来自"意"的影响，"意"有两层含义，一是"心之所发便是意"①，二是"其虚灵明觉之良知应感而动者，谓之意"②。前者是从内心发出的心之欲，后者是受物感召而产生的物欲。但需要注意的是，从心所发的欲，是依"良知"而行的，而非超出自已所需的欲，如"好好色，恶恶臭"等，是"良知"的自然发用，并非不应有之欲。在王阳明看来，"一念发动处，便即是行了"③，知中蕴含着行，行中蕴含着知，"知是行之始，行是知之成"④，知了便是行了。因此要时常自检、自觉，如若心中存有一处恶念便需及时去克除。王阳明的弟子徐爱曾经问王阳明，现在很多人都知道孝悌，却做不到孝悌，以此看来知行是否可以二分？王阳明回答道："此已被私欲隔断了，不是知行的本体了，未有知而不行者。知而不行，只是未知。"⑤如果知而未行，那么便不是真知，唯有真知、真行方为"知行合一"。

王阳明强调将"知行合一"贯彻于事上磨炼的功夫之中。心学功夫离不开事事物物，而非只求静养，若只求静养明心便只会"徒知存心之说，而未尝实加克治之功，故未能动静合一，而遇事辄有纷扰之患"⑥。日用之间，皆是做"知行合一"工夫的好场所。有一位官员时常听王阳明的讲学，便对王阳明说："此学甚好。只是簿书

---

① 王阳明：《传习录上》，《王阳明全集（新编本）》卷一，吴光等编校，第6页。
② 钱德洪：《年谱三》，王阳明：《王阳明全集（新编本）》卷三十四，吴光等编校，第1304页。
③ 王阳明：《传习录下》，《王阳明全集（新编本）》卷三，吴光等编校，第106页。
④ 王阳明：《传习录上》，《王阳明全集（新编本）》卷一，吴光等编校，第5页。
⑤ 王阳明：《传习录上》，《王阳明全集（新编本）》卷一，吴光等编校，第4页。
⑥ 王阳明：《与王纯甫二》，《王阳明全集（新编本）》卷四，吴光等编校，第168页。

讼狱繁难，不得为学。”王阳明听后便直言：“簿书讼狱之间，无非实学。若离了事物为学，却是著空。”[①] 若有官司之事，便在官司上为学，不可因其“应对无状”“言语圆转”“恶其嘱托”“因其请求”“事务烦冗”“谮毁罗织”等私意对其随意处置，而是对一思一念细细地进行省察克治，这才是格物，如此为之，“簿书讼狱之间”便都是实学。

王阳明除了对问政者、问学者教之以“知行合一”的思想，其自身也是“知行合一”思想的践行者。王阳明在二十九岁时出任刑部云南清吏司主事，年五十七岁之时于任上离世，为官几十年坚持践行“知行合一”的为学宗旨，去民之所恶，补民之不足，从民之所好，做到了“知之真切笃实处，即是行；行之明觉精察处，即是知”[②]。在王阳明的政治实践中，十分注重对官员或百姓的教化，对官员使其发现本有之良知，正其心，诚其善念，去其私欲，在潜移默化的教化下使其推行仁政；对百姓开设学堂，订立教约，以“良知”施教，晓之以理，动之以情，端正人心，正家风，移民风，使百姓可以安居乐业。

我们当今的社会教育、物质条件较之于古代确实有了很大的发展，但我们所面临的欲望诱惑也更多了，名利、权势、金钱、美食等无一不是诱惑，且其诱惑性更强，因为社会上的多数人对此都是趋之若鹜，在这种情况下想要独善其身似乎显得有些理想主义。但是廉政真的只能依靠外在的制度与规矩进行强有力的约束吗？如果只是依靠外界的强作用力，社会可能最终演变成死气沉沉的照章办事的机械廉洁社会，如果要构建健康的社会离不开对公职人员内心“良知”的唤醒，离不开坚持“知行合一”的执行者。如果只是机械地、毫无知觉地应付了事，就会如王阳明所举的“戏子”那样，“无心”为事，而不是顺心为事，就只有“行为的合法性”，而无“意向的道德性”。但是仅仅有真知、真行的信念是不够的，还需在事事为为中时刻坚持“知行合一”的原则，才能保证廉政建设的方针政策的具体落实。

---

① 王阳明：《传习录下》，《王阳明全集（新编本）》卷三，吴光等编校，第104页。
② 王阳明：《传习录中》，《王阳明全集（新编本）》卷二，吴光等编校，第46页。

四、廉政制度建设的心学实践启示

明孝宗弘治十年（1497），江西官员上书朝廷，奏请将赣闽粤湘四省边界地区的八府一州组成一个新的行政地区——南赣省，以利于当地的社会治理。然而，南赣因其特殊的地理位置导致人烟稀少，但这仅是原住民较少，也同样因其特殊的地理位置，而导致周边省的流民涌入。在这种情况下，原住民与涌入的流民混居于此，形成了一个成分十分复杂、流动性极强的社会。由于人员复杂、利益交杂，劫掠之事时有发生，严重影响了当地的社会秩序，造成了严重的社会问题。直至正德十年（1515），匪乱不仅未平，反而有愈演愈烈之势。正德十一年（1516），王阳明升任都察院左佥都御史，巡抚南赣汀漳等处，此时的局面依旧不容乐观。在了解了当地情况之后，王阳明迅速制定了战略方针，首先推行《十家牌法告谕父老子弟》收集当地居民信息，并对其行为进行记录与监视，如遇隐瞒，一旦发现，十家同罪。如果家中窝藏匪徒或家人为匪且不能使其限期回家的，十家同罪。此种举措虽然严厉，却十分有效，不仅短时间内便切断百姓与匪徒之间的联系，使山贼军心涣散，更是将百姓变为自己手下的兵。王阳明在《绥柔流贼》中便提到此法的妙处："诚使此法一行，则不待调发，而处处皆兵；不待屯聚，而家家皆兵；不待蓄养，而人人皆兵；无馈运之劳，而粮饷足；无关隘之设，而守御固；习之愈久，而法愈精；行之弥广，而功弥大。"[①]有了民兵为基础，王阳明便开始召集民兵实施"团练"以培养当地民兵，并上书朝廷扩大盐税的征收范围及税率，并主张在平定匪乱之前将盐税所得归于军费，为军费支出提供了稳定的经济来源，最终王阳明通过剿抚并施的方针平息了多年无法平定的匪乱。虽然军事上很快便取得了胜利，但现实情况依旧严峻，王阳明深感"破山中贼易，破心中贼难"[②]，如果不改变现有的民风，山贼必将重来。于是王阳明便借鉴宋代《吕氏乡约》，制定了《南赣乡约》，在乡约的第一部分就对乡约的建设提出了明确的规定，推动了当地的基层治理，重新构建了廉洁的基层组织，教化了百姓，整顿了民风。王阳明以官方

---

① 王阳明：《绥柔流贼》，《王阳明全集（新编本）》卷十八，吴光等编校，第690页。

② 王阳明：《与杨仕德薛尚谦》，《王阳明全集（新编本）》卷四，吴光等编校，第181页。

乡约的形式来教化民众，廉洁政府，提高政府执行力，达到了正风俗、安百姓、稳秩序的目的，为明代及我们当前的基层地方治理提供了丰富的经验。

王阳明的廉政思想虽然很完善，并且在当时也发挥了显著效用，但由于其上奏朝廷期望将此法推广到全国的奏疏并未获得批准，因而无法建立长期有效的实施，这也导致了其廉政思想无法稳定持久地发挥其效用。关于“制度”，各个领域的学者对其都有不同的界定，但无论怎样对“制度”进行界定，都强调了制度对人的约束作用，制度文明也是我国古代政治建设的重要特点。儒家向来注重“礼”，“礼”有两种含义：一是进行自我约束的道德原则，“不知礼，无以立”（《论语·尧曰》）；二是国家的制度，“名不正，则言不顺；言不顺，则事不成；事不成，则礼乐不兴；礼乐不兴，则刑罚不中；刑罚不中，则民无所措手足”（《论语·子路》）。虽然儒家对“礼”非常重视，并提出了丰富的思想作为理论支撑，但一旦涉及实践层面，其效用就开始大打折扣，其原因主要是古代社会是“人治”而非“法治”，在中国古代，法的作用始终不及人的权势与地位重要，像商鞅那样坚持“天子犯法与庶民同罪”思想的人是很少的，加之我国固有的人情社会特征，在古代能保持廉洁、坚决执法的官员就更是少之又少了。但是我们现在的境况有了明显的改观，法治成为社会公认的基本准则。我们可以通过完善法治，发挥制度优势，通过科学合理的制度规范来推进廉政建设。

习近平总书记在中央政治局第二十四次集体学习中指出：“铲除不良作风和腐败现象滋生蔓延的土壤，根本上要靠法规制度。要加强反腐倡廉法规制度建设，把法规制度建设贯穿到反腐倡廉各个领域、落实到制约和监督权力各个方面，发挥法规制度的激励约束作用，推动形成不敢腐不能腐不想腐的有效机制。”[①] 科学合理的制度规范是做好事前防范、从源头上预防和治理腐败的重要环节，若要建立科学合理、制约有效的权力运行机制，就必须按照权力运行的特点和决策、执行、监督既分离又相互协调的要求，把对权力的科学配置与建立健全依法行使权力的制度规范有

---

① 习近平：《习近平在中央政治局第二十四次集体学习时强调加强反腐倡廉法规制度建设 让法规制度的力量充分释放》，《人民日报》2015年6月28日。

机结合起来。确保公共权力依法有序地运行，用制度的规范作用防止腐败行为的发生，完善反腐败的体制机制，不为腐败分子的滋生与蔓延提供空间。为此，我们需要深入开展廉政建设，坚决与腐败分子作斗争，建立起一套完善、细致、行之有效的体制机制。这就需要我们一方面学习古代以德取士的经验，完善公职人员的聘用与晋升的考核体系，把公职人员的个人道德素养，尤其是对“廉”德的考察纳入考核指标，在道德上对公职人员提出更高的要求，提高公职人员的道德准入门槛。另一方面要发挥制度优势，建立健全职权的监督机制。权力是一把双刃剑，将其用于合适之处可能达到事半功倍的效果，如果将其放到不适之处，被权力所带来的假象所迷惑，那么将会反被其用，陷入贪腐的泥潭无法自拔。因此，对于权力的使用仅仅靠个人的自觉是远远不够的，对于权力的监督机制是必不可少的。

道德约束与监督都是需要制度规范的，只有建立和完善相关的体制机制，制定完善的官员廉洁从政的制度，把制度的“笼子”扎紧，才能真正实现以制保廉，使官员不能贪，进而不敢贪、不想贪。习近平总书记在中央政治局第二十四次集体学习时的讲话中强调要靠法规制度，铲除不良作风和腐败现象滋生蔓延的土壤，推动形成不敢腐、不能腐、不想腐的有效机制。可谓一语中的。

第二节 阳明学与当代商业伦理

王阳明依据“心即理”“知行合一”“致良知”的心学思想提出的“新四民观”对中晚明商品经济的发展起到了极大的促进作用，其思想更是跨越国界，对日本的商界产生了巨大的影响。阳明心学所蕴含的商业诚信、商业平等、商业责任等商业伦理思想更值得我们重视，或可对于我们促进现代社会的健康发展和推动社会主义核心价值观在商业领域的良好运用起到了重要的积极作用。

一、阳明心学与商业诚信

怎样理解“诚”?《说文解字》中将其解释为:“诚,信也。”[①]那怎样理解“信”?《说文解字》中解释道:“信,诚也。”[②]也就是说,“诚”“信”二字是可以互相注释的,那为什么还要分为诚信二字呢?因为“诚者,自成也”(《礼记·中庸》),诚更加注重的是自己,就是要做到自诚,因为主体自己是否待人真诚,只有自己知道。“信,诚也”,信就是要待别人真诚,才能取得别人的信任,树立起自己良好信誉的形象,也就是说,是否信,首先取决于主体自己是否真诚,但很重要的一点也在于主体之外的其他人的评价,所以“信”需要双方的参与。阳明将“心”视为本体,认为“吾心之良知,即所谓天理也”[③]。这就是说,阳明认为良知就是天理,天理不应该是外在于人的,应该内化于心。而天理是超验的道德理性,所以良知也是超验的、具有知善知恶的、能够为善去恶的形上本体,所以内在的良知与外在的天理在阳明看来应是合二为一的。阳明的思想中多次提到了“诚”,在笔者看来是更加侧重于“诚者,自成也”的主体自身的修养功夫,因为主体若不“自诚”,则无法做出以诚出发的“真行”,更无法取信于别人,所以阳明的“诚”必须付诸实践才能获得其实际意义,但最重要的,也是起决定作用的却在源头的“诚意”环节,如若做不到,那最终只能是乔装打扮的“戏子”。

在商业经营中,阳明的“良知”“诚意”等思想对企业的经营、发展起着重要的作用,最具代表性的就是在明治维新时期发展起来的日本企业。在明治维新时期,日本企业实践着“笃行”口号,不仅仅将阳明的良知置于内心的修养层面,更是将其与实践结合起来,做到真正的“致良知”。在日本企业中,从山田方谷提出“义利并举”观到三岛中洲的“义利合一论”,再到涩泽荣一“《论语》加算盘”的经营管理哲学就可以看出,日本的企业家将儒家的精神与西方的经济管理思想结合在一起,作为企业的经营管理理念。日本的经营之圣稻盛和夫将“敬天爱人——敬畏上天,关爱众人”[④]作为

---

① 许慎撰,徐铉校定:《说文解字》第三上,中华书局2013年版,第47页。

② 许慎撰,徐铉校定:《说文解字》第三上,第46页。

③ 王阳明:《传习录中》,《王阳明全集(新编本)》卷二,吴光等编校,第49页。

④ 稻盛和夫:《阿米巴经营》,陈忠译,中国大百科全书出版社2009年版,第5页。

自己的经营理念和人生的座右铭，“敬畏上天”就是要按照自然规律去做事，不违背规律；“关爱众人”就是要去做利于别人，利于大众的事情，不去坑害他人。稻盛和夫是一个阳明学者和企业家，他将两者完美地结合在一起，他曾说：“什么是企业经营？对于我来说，经营就是日益提高自己的哲学理念。”[①] 稻盛和夫认为，公司里的员工应和企业合为一体，将企业的荣辱得失视为自己的荣辱得失，在自己的岗位上知行合一地做事，寻求致良知，而不只是悬空思索。“我何尝教尔离了薄书讼狱，悬空去讲学？尔既有官司之事，便从官司的事上为学，才是真格物……须精细省察克治，惟恐此心有一毫偏倚，枉人是非。这便是格物致知。薄书讼狱之间，无非实学。若离了事物为学，却是着空。”[②] 由此可见，阳明认为格物、致知必须与实践结合起来，才具有现实意义，这对我们现代的企业经营具有一定的借鉴意义。企业中的员工就如阳明所说的属官一样，无需刻意向自己的工作之外去寻求致良知，只需在自己的本职工作中，将良知与工作结合起来，在工作中寻求自己被蒙蔽的本然良知，实践知行合一，最终实现致良知。因为良知可以辨别是非善恶，并且能够自发地去除恶念，让人的行为与良知一致，所以稻盛和夫的企业就是要将员工的良知唤醒，从良知出发去对待工作、经营企业。

诚信不仅是一个人的立身之本，更是一个企业得以健康、长久发展的根基，如若没有诚信，则“民无信不立”（《论语·颜渊》），企业也只会是昙花一现的结果。阳明的“致良知”要求主体通过自身的道德修养来体认良知。对于一个企业来说，在盈利的同时，更不能忘了良知，只有发明良知，才能做到童叟无欺的诚信。所以笔者认为，在商业经营管理中，不仅企业与企业之间要讲诚信，企业内部的员工之间、领导与下属之间更要讲诚信，对外的诚信便于扩大经营领域与树立良好的企业形象，属于“开疆扩土”；向内的诚信能凝聚起员工的核心精神与归属感，属于“扎稳根基”。所以，我们不能仅看到企业与企业之间诚信的重要性，更要看重企业内部“根基”的稳定性。

---

① 转引自孙丽娟：《阳明学在日本企业中的实践》，《文化学刊》2016年第10期。

② 王阳明：《传习录下》，《王阳明全集（新编本）》卷三，吴光等编校，第104页。

“言必信，行必果，使言行之合，犹合符节也，无言而不行也。”（《墨子·兼爱下》）中国传统文化比较注重个人的道德修养，认为只有个人将自身的道德修养做到之后，才能齐家、治国、乃至平天下。所以从西周开始，思想家们就认识到，统治者若想长治久安，就必须修养自身，用诚信来治理国家。在现代的企业经营中，我们不得不思考，企业的管理者是否以诚信来经营企业、对待下属？在现代化的模式中，我们似乎容易去思考企业之间的诚信问题，认为这是必不可少的经营理念，却缺乏对企业内部不平等的上下级关系之间的诚信缺失的思考，在企业内部的管理中，若管理者能通晓“破山中贼易，破心中贼难”的意蕴，从“诚”出发，以“诚”来感化人心，帮助员工发明其良知，使其发自内心自愿地与企业捆绑在一起，并且在工作行事中，时时刻刻不忘“诚意”，自觉地去做符合职业道德、职业规范的行为，实现高度的职场“自律”，这样就能将员工与企业凝聚在一起，在企业内部形成良好的、纯洁的企业风气，进而形成优秀的企业文化。

春秋时期，郑国丞相子产就曾提议郑桓公与商人订立“尔无我叛，我无强贾，毋或匄夺”（《左传·昭公十六年》）的盟约，据此维护公平诚信的商业环境。[①]在儒家看来，商人也应有商业道德，而商业道德的基础就是诚信，因为只有诚信，才能促进双方的交易达成，这对于国家的经济发展繁荣具有重要的积极意义。讲诚信、重道义的商德文化已经成为古代中国商业经营的理念之一。在宋代，随着商业经济的逐渐繁荣，出现了“赊购、贷款”等现象，这不但满足了人们的日常生活，更是对商业经营之间诚信的一种认可，诚信思想已经不仅仅是商户与商户之间，更是关系到每一个人的经世日用。现在的商业环境中，讲诚信、重道义的商德文化已经逐渐缺失，取而代之的是重功利、谋算计的商业环境，如若企业在谋求合作的过程中仅看重利益，而丧失了商业道德，那便很难知行合一地进行良好的企业经营，最终会成为一个没有灵魂的企业“空壳”，难逃被市场淘汰的厄运。

---

① 魏新强：《中国传统商德的三重向度及其当代传承》，《唐山学院学报》2015年第2期。

二、阳明心学与商业平等

阳明心学思想中也有部分涉及平等的观念，但阳明的平等观不同于西方提出的权利上的平等。阳明的平等观主要是继承、延续了儒家“一体之仁”的思想，“仁者以天地万物为一体，莫非己也”[①]“仁人之心，以天地万物为一体”[②]就是说，人的仁爱之德是与天地万物为一体的，而不仅仅存在人自身，所以这就要求，人要将自身的仁德、良知推己及人。从这里也能看出，在宋明时期，“仁”已经不再只是一种情感的表达，转而成为一种超越的、形上的以“仁”为本的“仁体”观，因为有了“仁体”的存在，所以天生万物皆具“仁德”。基于“万物一体之仁”的观点，阳明认为人我之间应是平等的关系，是人人皆具良知的“愚夫愚妇与圣人同”[③]。我们现在的商业环境中就缺乏平等观念，比如企业与企业之间的不平等、企业内部员工因任职而产生的不平等，所以在建设社会主义市场经济的今天，商业环境中的平等意识是格外珍贵的。

王阳明的平等观侧重于讲圣凡平等和社会分工的平等。“凡人而肯为学，使此心纯乎天理，则亦可为圣人；犹一两之金比之万镒，分两虽悬绝，而其到足色处可以无愧。”[④]这就是说，每个人的本性中都有成圣的潜质，不是能不能成圣的问题，而是想不想成圣的问题，因为愚夫愚妇与圣人在根本上是没有差异的，两者的区别只在良知已致与良知未致。这里尤其要指出的是：从管仲提出“四民之说”之后，重农抑商的思想就一直延续至中晚明时期，大家皆认为商贾是四民之末，直到阳明提出“新四民说”，才将商贾的地位提升到与士同等的水平——“虽终日做买卖，不害其为圣为贤”[⑤]。正因为阳明这样的平等观，所以他才成为大批商人的精神领袖。除此之外，阳明更是指出，虽社会上存在分工不同，但本质上并无贵贱之分：

当是之时，天下之人熙熙皞皞，皆相视如一家之亲。其才

① 王阳明：《书王嘉秀请益卷》，《王阳明全集（新编本）》卷八，吴光等编校，第289页。
② 王阳明：《与黄勉之二》，《王阳明全集（新编本）》卷五，吴光等编校，第207页。
③ 王阳明：《传习录中》，《王阳明全集（新编本）》卷二，吴光等编校，第54页。
④ 王阳明：《传习录上》，《王阳明全集（新编本）》卷一，吴光等编校，第30页。
⑤ 王阳明：《传习录拾遗》，《王阳明全集（新编本）》卷三十九，吴光等编校，第1550页。

质之下者，则安其农、工、商、贾之分，各勤其业以相生相养，而无有乎希高慕外之心……盖其心学纯明，而有以全其万物一体之仁，故其精神流贯，志气通达，而无有乎人己之分，物我之间。①

在阳明看来，民众虽有社会分工的不同，但却无贵贱之分，因为人人皆有此心，人人皆有良知，所以农工商贾之间是平等的。而且阳明不但这样论说，更是这样实践的，他的爱徒王艮就是富甲一方的盐商，阳明并没有因其商贾身份轻视他，而是与其讲学论道，用良知使其信服。刘少奇同志在接见时传祥时说，我当国家主席，你当掏粪工人，是社会分工不同，我们之间是平等的，没有高低贵贱之分。在建设社会主义市场经济的今天，这种基于人性的平等观念是非常珍贵的，随着社会分工的多元化，企业中因任职岗位高低的不同出现了等级划分、行业歧视等现象。在这种情况下，我们更应该强调阳明对于社会分工平等的积极思想，重在增强员工个人对自我价值的肯定和认可，只有这样，才能营造一个良好的工作环境，激发员工的劳动激情。

除了企业内部因分工不同而造成的不平等之外，我们还应该关注企业与企业之间在寻求合作与经营之间的平等关系，"战国时期，墨子提出'兼相爱，交相利'（《墨子·兼爱中》）的思想，其主要目的就是倡导人们恪守兼爱非攻，反对剥削欺弱。墨子的这一思想，体现了公平诚信的道德规范，因而受到当时中下层商人的普遍认同，并将其运用到商业活动中。"②在儒家看来，公平竞争也是商德的一个重要体现，"童叟无欺"的经商理念延续至今，更是要告诫众商人，不管与什么样的人做买卖，都不可以含有欺骗之意，双方在买卖过程或合作过程中，必须是平等的。笔者认为，这里的平等包含三个层面：第一，双方竞争权利的平等，市场经济需要一个公平的竞争环境；第二，买卖意愿中的平等，不能出现强买强卖的欺客行为，只有双方在平等的基础上，才会自愿地进行"资源让渡"行为；第三，双方获利的平等，买卖双方在进行交易或合作时，必然

① 王阳明：《传习录中》，《王阳明全集（新编本）》卷二，吴光等编校，第60页。
② 魏新强：《中国传统商德的三重向度及其当代传承》，《唐山学院学报》2015年第2期。

已形成预估的获利范围，在自愿平等的基础上进行交易，达到了自己的获利预期，合作便会平稳健康地延续下去，企业也能长期良好地发展。

三、阳明心学与商业责任

儒学思想家，自古以来就有强烈的责任意识，春秋战国时期，儒家对礼崩乐坏的社会环境感到忧虑，孔子说："君子忧道不忧贫"（《论语·卫灵公》），就体现出一种以天下为己任的责任意识。阳明所处的中晚明时期，内有宦官把守朝政，外有强寇侵犯国土，整个朝政处于一种政治昏暗、人心不稳的环境中。对此，王阳明怀有强烈的责任意识，他希望救民于水火之中，救国于昏暗之中，光明正统、安定国邦。在阳明的经典文献中，并没有将"责任"二字合为一个名词来讲，而是分为"责"和"任"单独的两个字来讲，因为在阳明看来，"责"和"任"应代表不同的语义："孟源有自是好名之病，先生屡责之。一日警责方已，一友自陈日来工夫请正。"[①] 显然，此处的"责"是指责备、训斥之意；"迨夫举德而任，则使之终身居其职而不易。"[②] 其中的"任"是任用、任免的意思；"仆之不肖，何敢以夫子之道为己任。"[③] 这里的"任"是责任的意思，阳明将传承夫子之道视为自己的责任。

阳明首先强调了"立志"的重要性，"夫学，莫先于立志。志之不立，犹不种其根而徒事培拥灌溉，劳苦无成矣。世之所以因循苟且，随俗习非，而卒归于污下者，凡以志之弗立也。故程子曰：'有求为圣人之治，然后可与共学。'"[④]在阳明看来，一个人要先立以天下为己任的志，拥有强烈的家国情怀，才能自愿承担相应的社会责任。"大人者，以天地万物为一体者也，其视天下犹一家，中国犹一人焉。"[⑤] 只有对家国天下具有强烈的责任意识，将其视为自身的一部分，才能成为"大人"。在企业的生存发展中，我们不但要树

---

① 王阳明：《传习录上》，《王阳明全集（新编本）》卷一，吴光等编校，第12页。
② 王阳明：《传习录中》，《王阳明全集（新编本）》卷二，吴光等编校，第59页。
③ 王阳明：《传习录中》，《王阳明全集（新编本）》卷二，吴光等编校，第88页。
④ 王阳明：《示弟立志说》，《王阳明全集（新编本）》卷七，吴光等编校，第276页。
⑤ 王阳明：《大学问》，《王阳明全集（新编本）》卷二十六，吴光等编校，第1015页。

立远大的志向，还要关心企业内部的员工，帮助员工树立远大的志向，充分调动他们的工作热情，提升他们的发展空间，增强他们的责任意识。就企业而言，作为市场经济体制下的一个组成部分，必须承担起对社会的责任和对国家的责任，立志做大做强，为社会和国家做出更多的贡献，形成积极向上的企业文化和企业精神，发显企业的行业“良知”，遵循行业“良知”生产发展。就企业内部员工而言，立志的重要性不言而喻，阳明认为不立志，则无事可成，立志为圣人便会成为圣人，立志为贤人便会成为贤人，最重要的还是立志。“其才能之异若皋、夔、稷、契者，则出而各效其能，若一家之务，或营其衣食，或通其有无，或备其器用，集谋并力，以求遂其仰事俯育之愿，惟恐当其事者之或怠而重己之累也。”① 在这里，阳明不但指出各司其职、各效其能的社会现状，其中“惟恐当其事者之或怠而重己之累也”更是为我们点明了各行各业应具备的责任意识，若没有责任意识，则难免会出现做事懒散怠慢、职责不明等情况。在阳明看来，一个人明确自己的责任，是不需要向外追求的，因为责任在我心：“仆之不肖，何敢以夫子之道为己任？顾其心亦已稍知疾痛之在身，是以彷徨四顾，将求其有助于我者，相与讲去其病耳。……今又既知其具之在我而无假于外求矣，循是而充，若决河注海，孰得而御哉？文蔚所谓‘一人信之不为少’，其又能逊以委之何人乎？”② 阳明认为自我的责任虽是传承夫子之道，但这种责任是自在我心的、不需向外寻求的，只需要明确自己的责任之心，顺势而为，自然而然地就会做合乎道义之事。

当然，阳明的责任意识更多的是强调主体自我内在的道德观，要求主体具有强烈的自律意识。阳明的这种责任意识与外在强制要求的责任意识不同，它是自我立责的自我意识，就是将责任内化于心，将责任视为自己的追求。“志不立，天下无可成之事，虽百工技艺，未有不本于志者。”③ 阳明再次论及了立志的重要性，在儒学思想史中，阳明第一次将“责”“志”二字系统地结合在一起，创造性地进行了“责志”的解释：

---

① 王阳明：《传习录中》，《王阳明全集（新编本）》卷二，吴光等编校，第60页。
② 王阳明：《传习录中》，《王阳明全集（新编本）》卷二，吴光等编校，第88—89页。
③ 王阳明：《教条示龙场诸生》，《王阳明全集（新编本）》卷二十六，吴光等编校，第1021页。

夫志，气之帅也，人之命也，木之根也，水之源也。源不浚则流息，根不植则木枯，命不续则人死，志不立则气昏。是以君子之学，无时无处而不以立志为事。正目而视之，无他见也；倾耳而听之，无他闻也。如猫捕鼠，如鸡覆卵，精神心思凝聚融结，而不复知有其他，然后此志常立，神气精明，义理昭著。一有私欲，即便知觉，自然容住不得矣。故凡一毫私欲之萌，只责此志不立，即私欲便退；听一毫客气之动，只责此志不立，即客气便消除。或怠心生，责此志，即不怠；忽心生，责此志，即不忽；懆心生，责此志，即不懆；妒心生，责此志，即不妒；忿心生，责此志，即不忿；贪心生，责此志，即不贪；傲心生，责此志，即不傲；吝心生，责此志，即不吝。盖无一息而非立志责志之时，无一事而非立志责志之地。故责志之功，其于去人欲，有如烈火之燎毛，太阳一出，而魍魉潜消也。[①]

阳明认为“责志”就是明确自己的志向，但值得注意的是，阳明在这段话中多次提及的“只责此志不立”。就是说，阳明认为，一个人要时刻责问自己的志向是否确立，并且要时刻进行自律、慎独，自我追责、自我监督，如若不此，便会出现“怠心、忽心、操心、妒心、忿心、贪心、傲心、吝心”等私欲。这就要求我们企业员工在工作时，要时刻注意“只责此志不立”的自我问责，只有这样才能形成高度的自觉自律精神。“人虽至愚，责人则明；虽有聪明，责己则昏。”[②]阳明在这里又明确指出“责人”与“责己”的区别，这就要求我们只有做到高度的自律，才能严于律己、宽以律人，在责己的时候自我约束、自我反思，这样不但避免在工作中出现失误，还能营造一个良好的工作环境；在责人的时候要宽容大度、心胸开阔，这样不但能够与人为善，更加能帮助自己成长。“学须反己。若徒责人，只见得人不是，不见自己非。若能反己，方见自己有许多未尽处，奚暇责人？”[③]对此，阳明提出了“反求诸己，反躬自身”的道德功夫论。所以，企业员工更需明确立志的重要性，树立自己的志向，明确自己

① 王阳明：《示弟立志说》，《王阳明全集（新编本）》卷七，吴光等编校，第277页。
② 王阳明：《南赣乡约》，《王阳明全集（新编本）》卷十七，吴光等编校，第635页。
③ 王阳明：《传习录下》，《王阳明全集（新编本）》卷三，吴光等编校，第111页。

的责任，使员工发自内心地爱企业、爱工作，自愿地承担起自己的岗位职责，恢复自己的岗位“良知”。当然，阳明虽然强调自我约束的重要性和对待他人予以宽容的胸襟，但对他人的错误或过失，阳明则认为应当给予批评指正，而不是一味地纵容。

> 孟源有自是好名之病，先生屡责之。一日警责方已，一友自陈日来工夫请正。源从傍曰：“此方是寻着源旧时家当。”先生曰：“尔病又发。”源色变，议拟欲有所辩。先生曰：“尔病又发。”[①]

阳明“责己”“责人”的思想对企业内部的管理具有一定的积极影响，就员工个人来说，一定要坚持“责己”，在工作岗位上做到严于律己、无愧于心；就企业内部的上下级关系来说，就要做到“责人”，宽容待人，营造一个良好的工作环境，但就如阳明所说，宽容不代表纵容，对于他人过失，应当进行批评教育，使其及时改正。

在“立志”之后，阳明更加强调的是将志向转化为实践，也就是使“知”转化为“行”，“知行合一”践行志向，最终实现致良知的过程。“吾辈今日用功，只是要为善之心真切。此心真切，见善即迁，有过即改，方是真切工夫。如此则人欲日消，天理日明。”[②]就是说，只有真切见善的心是不够的，还必须实施真切的功夫。若只有志向，并没有付诸实践，那也非“真知”；若没有按照岗位“良知”去做事，那也非“真行”。所以在阳明说道：“今时同志中，往往多以仰事俯育为进道之累，此亦只是进道之志不专一，不勇猛耳。若是进道之志果能勇猛专一，则仰事俯育之事莫非进道之资。”[③]也就是说，志要专一，还需要勇猛果敢的实践精神，才能将良知外化于行，实现内外合一的致良知。阳明的责任意识和“事上磨炼”的实践精神无疑可以为当代企业与员工所学习，就企业来说，不能只在口头上讲诚信、喊口号，最重要的就是要有责任意识，将诚信付诸实践，做诚信之事；就企业内部员工来说，更需要在自己的工作岗位上践行“知行合一”，树立责任意识，注重事上磨炼的重要性，

---

① 王阳明：《传习录上》，《王阳明全集（新编本）》卷一，吴光等编校，第12页。
② 王阳明：《传习录上》，《王阳明全集（新编本）》卷一，吴光等编校，第29—30页。
③ 王阳明：《与道通周冲书五通》，《王阳明全集（新编本）》卷三十九，吴光等编校，第1581—1582页。

视企业与每个员工个人为一体，只有这样，才能使企业责任与员工责任融为一体，实现企业与员工个人的完美融合。

四、阳明心学与商业伦理的当代价值

在经济社会全面发展的今天，企业既希望在商业环境中获得最大利益，又希望能长期健康稳定地生存发展，这就要求企业在获利的同时不能忘了“义”，必须遵循相应的商业伦理。人们普遍认为诚信是商业行为的根基，如果没有诚信，商业活动则很难继续维持下去。就拿众所周知的“毒奶粉”“地沟油”事件来说，就是因为企业失信于大众，破坏了市场的运作秩序，从而引发了大众对商业诚信的怀疑，同时也引发我们对商业诚信重要程度的必要思考。对此，我们要从道德和法律两个方面着手，“利用政府的公共权威，搭建区域性和全国性的统一诚信网络系统，对于一些违反商业诚信的行为给予网络通报，从而提高失信成本”[①]。只有这样，才能营造一个健康、良好的商业氛围。

诚信、平等、有责任感的商业氛围对当代的商业环境来说必不可少。首先，能促进社会稳定和谐、健康发展。纵观古今中外的企业发展，我们不难发现，只有遵守商业伦理的企业家才能保持持久的生命力，成为商业楷模，甚至成为商业天才，比如日本的山田方谷、稻盛和夫。因为若大众不信任企业，或企业没有平等意识，没有责任感，采取一些违背道德或违法的手段获得利益，大众的合法权益无法得到有效保障，那企业与社会大众之间就会处于对立状态，这不利于整个社会的和谐稳定，所以对商业伦理的重视能够有效地解决这个问题，保障和促进社会的健康发展。其次，能推动社会主义核心价值观在商业领域的良好运转。党的十八大报告明确提出了以“倡导富强、民主、文明、和谐；自由、平等、公正、法治；爱国、敬业、诚信、友善为基本内容的社会主义核心价值观”，我们能够发现，商业伦理中所倡导的诚信、平等、责任与社会主义核心价值观有着一致的价值取向。抑或说，在当代的商业经营环境中，遵守商业伦理，维护商业道德，是落实社会主义核心价值观重要体现。

---

① 孟洁：《中国传统诚信文化的历史透视及当代思考》，《云南社会主义学院学报》2018年第4期。

第三节　阳明学与当代生态文明

近年来，人们对于生态环境的问题开始加以重视，并开始思考人与自然之间的关系，希望从中国传统儒学中寻找养分。随着人们对生态环境问题的关注越来越多，许多研究者从不同的方面展开了对生态文明的研究。中国传统儒学思想中有许多都很重视人与自然的关系，王阳明心学便是其中之一。王阳明的心学思想显现出丰富的生态伦理思想：以心物关系作为其生态伦理的理论前提，以万物一体和仁爱的厚薄之分为其生态伦理的理论依据，以克己去私和知行合一为方法论原则，从而为当代生态文明建设提供参考价值和启示。

从先秦开始，儒家思想便开始注重人与自然的关系。孟子的“仁民爱物”（《孟子·尽心上》）和荀子的“礼有三本”（《荀子·礼论》），再到两宋时期张载的“民吾同胞，物吾与也”[①]和程颢的“仁者，以天地万物为一体”[②]，这些思想都体现出了人与自然和谐相处的道理。王阳明的心学继承并发展了儒家先贤的生态思想，他的心物关系、万物一体、差等之爱以及克己去私和知行合一的思想，都蕴含着丰富的生态伦理思想，这些思想无疑会对我们当代生态文明的建设提供宝贵的参考价值与意义。

一、心物合一：生态伦理的理论前提

心物关系的问题，对于探讨王阳明生态伦理学，是不可回避的。王阳明没有否认自然万物的客观性、实在性，而是在万物的客观性、实在性上赋予了人心的价值意义。一方面，这种意义世界的物的存在离不开人心；另一方面，人心也离不开物。

王阳明虽然认为“心外无物”，但是他并没有否认自然外物的客观性、实在性，而是将这些实在之物赋予了心之所向的价值意义。通过《传习录》中的“山中观花”的一段记载，我们更能体会到阳明心学心物关系的一种理论体系。《传习录》记载：

① 张载：《乾称》，《正蒙》，《张载集》，章锡琛点校，中华书局1978年版，第62页。

② 程颢、程颐：《河南程氏遗书》卷二上，《二程集》，王孝鱼点校，中华书局2004年版，第15页。

> 先生游南镇，一友指岩中花树问曰：“天下无心外之物，如此花树，在深山中自开自落，于我心亦何相关？”先生曰：“你未看此花时，此花与汝心同归于寂。你来看此花时，则此花颜色一时明白起来，便知此花不在你的心外。”①

从这一段我们可以看到，王阳明没有否认花的客观实在性，而是认为离开了“心”的花，是处于一种“寂”的状态的，也就没有了感应和呈现。而当人来观看此花的时候，此花也就被赋予了“心”的价值意义，这才是阳明所说的心外无物。在王阳明这里，“心”与“物”都不是独立而存在的，因此，王阳明并没有刻意强调人心的主体性以及花的客观性，其主要目的在于强调“心”与“花”的一种相互关联性，也就是“心”与“物”是不可分割的，我们不能离开“心”去谈“物”，同样也不能离开“物”去谈论“心”。王阳明说：“天没有我的灵明，谁去仰他高？地没有我的灵明，谁去俯他深？鬼神没有我的灵明，谁去辨他吉凶灾祥？天地鬼神万物离却我的灵明，便没有天地鬼神万物了。”②王阳明认为天地万物鬼神都必须得以人心之灵明才能有意义，人在这里对于天地万物是作为主体性而存在的，自然是作为客体而存在的。离却了人主体性的实践，自然万物便没有其作为自然万物的意义。天之所以高，是因为有一个“我”这样的主体，天才能有其高的意义；地之所以深，也是因为有一个“我”这样的主体，地才呈现出深的意义。如果离开了我，即使天地作为本然存在依旧在那儿，也无所谓高与深了。没有了意义与价值层面的“高”与“深”，而只有地理客观相对意义的“高”与“深”的天地对于人是没有意义的，自然也就无所谓天与地了。

王阳明的心物关系，是立足在“心”之上去谈论“物”的，这并不是抽象地去探求心物二者之间的关系，其目的在于将“物”与“心”结合，使得事物获得“心”的价值意义。此外，从物自身的内在价值来看，它对于人也是有其意义的。首先，人的最基本的生存资料便是需要从自然中去获取，王阳明曾说：“故五谷禽兽之类，皆

---

① 王阳明：《传习录下》，《王阳明全集（新编本）》卷三，吴光等编校，第118页。
② 王阳明：《传习录下》，《王阳明全集（新编本）》卷三，吴光等编校，第136页。

可以养人；药石之类，皆可以疗疾。”[①]其次，自然物对于人的感官的获取以及理性的思维也是有其价值意义的。王阳明说：“目无体，以万物之色为体；耳无体，以万物之声为体；鼻无体，以万物之臭为体；口无体，以万物之味为体。”[②]王阳明认为人的感觉器官的存在价值及其机能的实现都是需要自然物的。离却了自然万物，人身体的这些感觉器官便失去了其存在之意义，色、声、臭、味这些便也不会产生了。最后，王阳明认为吾心之灵明与天地万物是不可分割的，他说：“天地鬼神万物离却我的灵明，便没有天地鬼神万物了。我的灵明离却天地鬼神万物，亦没有我的灵明。”[③]“夫物理不外于吾心，外吾心而求物理，无物理矣；遗物理而求吾心，吾心又何物邪？”[④]王阳明认为，没有了天地万物，人心之灵明便也没有了其指向，人心灵明是需要天地万物充拓其中的，失去了万物的存在，空谈其心，其心便也不会有任何意义。所以，在阳明心学这里，自然万物无论是对于人的感觉机能还是对于人心的理性思维，都是有其无比重要的价值意义的。

总体而言，首先，王阳明的心物关系肯定了物的客观存在性。其次，在自然物客观存在的同时，需要在人的一个具体的实践活动中，自然物才能获得其价值意义，成为具有价值意义的物。最后，对于人而言，自然万物的内在价值也是有其意义的，即对于人的内在价值，不仅供养着人的机体，而且人的感官机能以及理性思维的发用都是以自然万物为基本对象的。所以，在王阳明这里，自然与人是不可分割的，我们无法离开人而去谈论自然万物所具有的意义，同理，离开了自然万物也无法谈人。从王阳明的心物关系中得出的人与物合一的关系，在他的晚年著作《大学问》中得以充分的发挥与延伸，即万物一体的命题。

二、万物一体：生态伦理的理论依据

“万物一体”的思想观念在王阳明之前就已经存在，王阳明继承

---

① 王阳明：《传习录下》，《王阳明全集（新编本）》卷三，吴光等编校，第118页。
② 王阳明：《传习录下》，《王阳明全集（新编本）》卷三，吴光等编校，第119页。
③ 王阳明：《传习录下》，《王阳明全集（新编本）》卷三，吴光等编校，第136页。
④ 王阳明：《传习录中》，《王阳明全集（新编本）》卷二，吴光等编校，第47页。

并发展了这一思想，其主要见于王阳明晚年所著的《大学问》中。“万物一体”在阳明这里不单单体现于人的道德伦理层面，更体现着人与自然万物的和谐共处。“万物一体”的思想观念启示着人与自然万物是一个整体，人类与自然的关系必须维持在一种和谐的状态之下。

王阳明认为“万物一体”是人的一个本然状态，其首先表现为一个有机的整体，世间的万物是人类自身的一部分。万物凭借着“气”与人的生命相通。《传习录》中有记载：

> 盖天地万物与人原是一体，其发窍之最精处，是人心一点灵明。风、雨、露、雷，日、月、星、辰，禽、兽、草、木、山、川、土、石，与人原只一体，故五谷禽兽之类，皆可以养人；药石之类，皆可以疗疾：只为同此一气，故能相通耳。①

王阳明认为人与万物本来就是一体的，这个整体之中最灵明之处便是本心也就是“良知”，并且，万物是凭借着“气”相通的。这里可以将“万物一体”的状态想象成人的一个躯体，人之四肢、眼、耳、鼻、舌等器官是凭借人身的血肉得以互通。万物也是通过“气”与人的生命达到一个形式层面（物质层面）的连通状态。

王阳明认为“万物一体”主要还是表现在人与万物在“良知”上的“一体”。《传习录》记载王阳明说：

> 人的良知，就是草、木、瓦、石的良知。若草、木、瓦、石无人的良知，不可以为草、木、瓦、石矣。岂惟草、木、瓦、石为然，天地无人的良知，亦不可为天地矣。盖天地万物与人原是一体，其发窍之最精处，是人心一点灵明。②

王阳明认为人与万物本然就是一体的，人之所以能够区别于万物而为人，完全是因为人心的一点灵明之所在，人心的灵明便是“良知”。那么既然“良知”是区别于万物而有的，那么为什么王阳明还要说人的“良知”，就是草木瓦石的“良知”？这里就关涉到

---

① 王阳明：《传习录下》，《王阳明全集（新编本）》卷三，吴光等编校，第118页。
② 王阳明：《传习录下》，《王阳明全集（新编本）》卷三，吴光等编校，第118页。

前面所论王阳明心学的心物关系，阳明所言之“物”不是一个客观物质的存在，而是被赋予了人的价值意义的存在，即物必须被人的“良知”赋予意义才能进入人的言说之域。所以，王阳明在这里所谈到的草木瓦石与天地当然都是被赋予价值意义的物，而不是客观实存的物质。

王阳明认为人的“良知”是天地间最灵明的，并且是天地万物的主宰。由此可以看出，王阳明在根本上是肯定了人的本体—主体地位的，万物被言说的前提在于良知意义的赋予，被言说之物其实已被消解了客观独立性，而成为与主体相关的类主体。在此意义上，物者，人也，物是人的映像，在物上，我们可以看到主体的影子，在主体身上，我们可以看到物与意义的承载及二者的对应性。阳明心学意义上的这种对主体性的充分肯定，并不是说人类就能控制自然、剥夺自然，相反，它更加表现在人类应该亲近自然、爱护自然。如同一国之君，他主宰着一个国家，更应该去亲近、爱护这个国家的民众，而不应该对百姓进行无尽的剥削和压迫，只有这样，这个国家才能更好地发展，国君才能得到民众的拥护。人类作为万物的主宰，对于自然的态度同样是要去亲近它、爱护它，只有人与自然和谐相处，人与万物才能更好地在这个世界中生存发展。

从价值获取的层面看，人与万物为一体，只有和谐相处才能获得更多的价值，以肆意剥夺、随意毁坏的态度去对待自然万物，就意味着对人类自身的剥夺和毁坏。但是从“万物一体”的道德伦理层面来看，人类亲近自然，爱护万物是人作为万物之灵明的一个本然存有的伦理价值取向。《大学问》中有记载：

> 大人者，以天地万物为一体者也，其视天下犹一家，中国犹一人焉。若夫间形骸而分尔我者，小人矣。大人之能以天地万物为一体也，非意之也，其心之仁本若是……见草木之摧折而必有悯恤之心焉，是其仁之与草木而为一体也；草木犹生意者也，见瓦石之毁坏而必有顾惜之心焉，是其仁之与瓦石为一体也。[①]

王阳明认为心中有仁德的人，将万物与己视为一体，并不是因

① 王阳明：《大学问》，《王阳明全集（新编本）》卷二十六，吴光等编校，第1015页。

为其他什么原因，而是因为心体之本然就是这个样子的。当他见到小孩将要受到伤害的时候，他的心自然就会产生恻隐之心，因为他的仁爱之心与小孩是一体的。当他听到飞鸟走兽悲哀的惨叫之时，他的心便会产生惋惜哀痛之情，因为他的仁爱之心与飞鸟走兽是一体的。王阳明认为“万物一体”是本然之心的仁爱导致的必然结果。所以，无论是对于人类这样一个特殊的群体，还是面对飞鸟走兽草木等动植物，甚至是对处于无机物存在的瓦石之类，这些都因为“良知”（心）之灵明而成为一个整体。作为天地之心的人，应当视万物为一体，应当爱人爱物。王阳明在这里不仅强调人与人的关系，同时也强调了人与自然万物的关系。从近年爆发的新冠肺炎疫情中，我们对王阳明的“万物一体”思想更是有所体会，对于人类与自然万物的关系，我们应该强调“人与万物的命运共同体”。人类生存于自然之中，对于自然界中的万物都应该有着仁爱之心，不能为了一己之私而去伤害它们。无论是对于他人还是对于有知觉的动物、有生命的植物甚至是瓦石这种无机物，我们都应持有仁爱之心。因为，万物与人类自身的生命实为一体，人类的命运与自然万物的命运是紧紧相连的，人类对自然万物的伤害也就是对人类自身的伤害，人类对自然万物的爱也就是对人类自身的爱。明白了人与万物这种“命运共同体”的关系，人类才能从心底去仁爱万物，才能真正地与万物和谐共生于自然之中。

王阳明的“万物一体”思想，以仁爱之心去对待世间万物，没有将世间万物看成人类的一个对立之面，也没有将人类视为高于万物之上的存在，而是将万物视为人类自身生命的组成部分。“万物一体”的思想体现了王阳明心学的生态伦理价值观，它指引着人类将人与万物视为一个命运共同体，在这个“命运共同体”之中，没有人己之差、物我之分，人类不以自我为中心去统治、剥夺万物，而是与万物处于一个和谐的共生状态。在这种共生的状态之下，人类才能更好地可持续向前发展，万物才能更好地、和谐地生存下去。

三、仁民爱物：生态伦理的自然条理

王阳明的“万物一体”观认为人与物是一个统一的整体，但是在这个整体之中，人对万物的爱也是有差等的。王阳明肯定“万物一体”的同时，也同时肯定人可以利用五谷禽兽养人，可以利用药石疗疾。阳明认为人对自然的消费，从那里获得需要的物质资料这本是自然的条理，无可厚非，需要注意的是要取之合理、用之适度。

《传习录》有一篇记载阳明的学生请教“万物一体”中的差等之爱的问题：

> 问：“大人与物同体，如何《大学》又说个厚薄？”
>
> 先生曰：“惟是道理，自有厚薄。比如身是一体，把手足捍头目，岂是偏要薄手足，其道理合如此。禽兽与草木同是爱的，把草木去养禽兽，心又忍得？人与禽兽同是爱的，宰禽兽以养亲与供祭祀、燕宾客，心又忍得？至亲与路人同是爱的，如箪食豆羹，得则生，不得则死，不能两全，宁救至亲，不救路人，心又忍得？这是道理合该如此。及至吾身与至亲，更不得分别彼此厚薄。盖以仁民爱物，皆从此出；此处可忍，更无所不忍矣。《大学》所谓厚薄，是良知上自然的条理，不可逾越，此便谓之义；顺这个条理，便谓之礼；知此条理，便谓之智；终始是这个条理，便谓之信。”①

王阳明认为《大学》中的厚薄之说、差等之爱只不过是“良知”上自然的条理罢了。虽然万物为一体，但是在这个一体之中也是有主要与次要的，就如同人的四肢与头目都属于人身，它们是一个整体，但是当头部将要受到伤害时，我们必然会用手足去保护头目，这就是自然的条理，这种区别与儒家所讲的仁爱是分不开的。儒家仁爱的基础来自亲亲，然后再一步一步地将爱外推，以至于对天地万物的爱。在《中庸》中便有“仁者，人也，亲亲为大”的说法，强调人对亲人之爱的重要。孟子也曾说过：“君子之于物也，爱之而弗仁；于民也，仁之而弗亲。亲亲而仁民，仁民而爱物。”（《孟子·尽心上》）孟子也认为，人首先应该亲亲，然后才能去仁民，进而去爱物。这种有次序的爱不仅仅是一个厚薄的区别，更为重要的在于儒家的这种差等之爱的内在逻辑。儒家认为仁爱之基础在于对亲人的爱即孝悌之爱，人如果缺少了孝悌之爱，其后面的仁民爱物

① 王阳明：《传习录下》，《王阳明全集（新编本）》卷三，吴光等编校，第118—119页。

就不会存在，也只有有了孝悌之爱之后，方能推己及人，最后达到对万物都有所爱之境界。可以说王阳明的“万物一体”说也是建立在此基础之上的，《传习录》有记载：

> 仁是造化生生不息之理，虽弥漫周遍，无处不是，然其流行发生，亦只有个渐，所以生生不息。如冬至一阳生，必自一阳生，而后渐渐至于六阳，若无一阳之生，岂有六阳？阴亦然。惟其渐，所以便有个发端处；惟其有个发端处，所以生；惟其生，所以不息。譬之木，其始抽芽，便是木之生意发端处；抽芽然后发干，发干然后生枝生叶，然后是生生不息。若无芽，何以有干有枝叶？能抽芽，必是下面有个根在。有根方生，无根便死。无根何从抽芽？父子兄弟之爱，便是人心生意发端处，如木之抽芽。自此而仁民，而爱物，便是发干生枝生叶。墨氏兼爱无差等，将自家父子兄弟与途人一般看，便自没了发端处；不抽芽便知得他无根，便不是生生不息，安得谓之仁？孝弟为仁之本，却是仁理从里面发生出来。①

王阳明认为，真正的仁爱是有次序的，这些次序是必不可少的，其最主要的在于对父母兄弟的孝悌之爱，孝悌之爱就像是树之根部，而后面的仁民爱物则是枝叶，假使将父母兄弟与路人一样看待的话便就没有了根基，没有根基的树就生长不出枝叶了，所以此孝悌之爱是一切爱之发端，如此差等之爱、厚薄之分便是自然的条理。

王阳明对仁爱厚薄之分的肯定，这就为人类对自然的取用提供了一定的合法性，王阳明肯定人可以从自然万物中获取物质资源，他说：“五谷禽兽之类，皆可以养人；药石之类，皆可以疗疾。”②王阳明既肯定“万物一体”，又肯定人对自然的消费，这就是说人类对于自然界既要懂得保护关爱，同样也可以从中获取物质资源。王阳明的这种观点与习近平总书记提出的“两山论”是基于同一角度来思考人与自然的关系的。习总书记说：“我们既要绿水青山，也要金山银山。宁要绿水青山，不要金山银山，而且绿水青山就是金山

---

① 王阳明：《传习录上》，《王阳明全集（新编本）》卷一，吴光等编校，第28—29页。

② 王阳明：《传习录下》，《王阳明全集（新编本）》卷三，吴光等编校，第118页。

银山。”[1] 首先，“绿水青山”是生态自然，“金山银山”便是人的生存发展，“既要绿水青山，也要金山银山”，这就肯定了人类生存发展对自然的合理需求，也就肯定了人类生存发展的正当性。从整个生物圈来看，人类对自然界的合理取用是对整个生物圈有利的，无论是食物链的顶层还是底层，对于整个生物圈都是必不可少的。但是从阳明心学中我们可以看到的是，当人类去对自然消费的时候，需要取之有度、用之有节，而不能肆意贪婪。人对禽兽与草木都是爱的，但是为了禽兽的生存，便需要取用草木去养之，这是可以为之的。同样，人对亲人与禽兽都是爱的，但是为了奉养亲人以及祭祀，需要取用禽兽，这也是可以为之的。王阳明认为对于万物的取用应当有着合理的目的，而不应该对动植物滥伐乱杀。除了合理有度地取用之外，王阳明还认为，在对万物取用的同时应当维护好万物繁衍再生的生态环境。他说：“天下之物，未有不得其养而能生者，虽草木之微，亦必有雨露之滋，寒暖之剂，而后得以遂其畅茂条达。”[2]王阳明认为天下之物都是需要养护才能生的，所以，人类在对自然万物取用之时，需要让万物有其繁衍再生的生态环境，需要对万物多加爱护，而不能做出焚林而猎、涸泽而渔这种不留余地的做法。人与自然是共生共存的，自然生态的良好建设是人类更好生存发展的前提与保障，也就是习近平总书记说的“绿水青山就是金山银山”。人类文明的发展都是建立在自然万物之上的，所以，人类文明的终极归属也就是王阳明所说的万物一体，也就是儒家思想所说的“天人合一”，人与自然处于一种和谐共生的状态之下。所以，人类在对自然的取用上，要尽量将眼光放长远，这既是对自然万物的一种保护，更是对人类自身的一种爱护。

王阳明的“万物一体”思想与其差等之爱思想并没有矛盾之处，人类首先将万物看成与自己是一个整体，然后在这个整体之中，万物需要分一个主次而已。从儒家道德与秩序建构的角度看，人对自己的亲人的爱，推而广之到对万物的爱，这样有层次厚薄的爱更加具有现实可行性，也更具操作性。所以，人类对自然生物的合理取用，并不是违背“万物一体”的原则，反而是遵循这个自然条理的

---

① 习近平:《弘扬人民友谊 共同建设“丝绸之路经济带”》,《人民日报》2013年9月8日。
② 王阳明:《人君之心惟在所养》,《王阳明全集(新编本)》卷二十二，吴光等编校，第894页。

一种表现。

四、工夫方法：生态伦理的实践措施

从工夫论的角度来看，阳明心学对于当代生态文明的建设也是有着许多启示和参考价值。王阳明认为想要达到“万物一体”之境界，第一，就是要去除“良知”上私欲的遮蔽，这就要求人类不能过度地为了物质的需求而去剥夺自然；第二，人类在生态文明建设的时候，应当做到知行合一，将真知真行运用在人类保护环境的实践活动中去。这些都是阳明心学给我们当代生态文明建设的具体启示。

王阳明认为大人都是视万物为一体的，但是小人却往往不能够做到此等境界，这主要是因为他们的“良知”被私欲所遮蔽了。这就要求我们在具体的实践活动中，去除物质的私欲，才能恢复“良知”的灵明。王阳明说：“是故苟无私欲之蔽，则虽小人之心，而其一体之仁犹大人也；一有私欲之蔽，则虽大人之心，而其分隔隘陋犹小人矣。故夫为大人之学者，亦惟去其私欲之蔽，以自明其明德，复其天地万物一体之本然而已耳。”[①] 大人视万物为一体，而小人却往往按照形体区分你我。小人之所以不能够视万物为一体，那是因为他们的心被分隔而变得狭隘了，当小人狭隘的心被私欲所遮蔽时，往往就会做出一些有害的事情。被私欲遮蔽的心体不仅会对外物造成伤害，而且还会对自身身体造成损害。王阳明说：“‘美色令人目盲，美声令人耳聋，美味令人口爽，驰骋田猎令人发狂’，这都是害汝耳目口鼻四肢的，岂得是为汝耳目口鼻四肢？……汝今终日向外驰求，为名为利，这都是为着躯壳外面的物事。”[②] 他认为对色、声、味等感官需求过度地追求，会对人自身和人的感官机能造成损伤。人在追求物质利益的同时，或可享受着短暂的快感，但长期下来，这种对人身体的过度透支不仅会对自然万物造成过度消费，而且对人自身身体也是一个巨大的损伤。

当今世界，生态环境恶劣的一个主要原因便是从西方工业革命开始，逐渐席卷全球的工业技术的发展与使用。在这个过程中，人

---

① 王阳明：《大学问》，《王阳明全集（新编本）》卷二十六，吴光等编校，第1015页。
② 王阳明：《传习录上》，《王阳明全集（新编本）》卷一，吴光等编校，第39页。

们过度地去追求产业的利益，过分地从自然万物中获取超过大自然承受限度的物质资源，这种对物质的过度追求便对生态环境与生态平衡造成巨大的损害。随之而来的，便是大自然对人类的报复。长此以往，这种恶性循环只会越陷越深。从阳明心学出发，我们可以看到，对于物质欲望的过分追求会造成一种害物害己的结果，所以我们应当克制物欲，使人心恢复其灵明，使生态恢复其生机。

当代生态问题不是自然的问题，归根结底，生态问题是人类自身的问题。当代生态文明的建设也是需要人类自身的努力才行。我们需要克制心中产生的物质奢欲，需要节制对自然的消费，需要树立起正确的自然观、取用观。除此之外，阳明心学工夫论的知行合一也对当代的生态文明建设有着重要的启示。

王阳明的“知行合一”强调“真知”“真行”，知与行是不可分割的。王阳明说：“知之真切笃实处，即是行，行之明觉精察处，即是知。”[①]“知是行的主意，行是知的功夫；知是行之始，行是知之成。”[②]我们从这里可以看到，阳明“知行合一”的“知”指的不是简单的知识，而是指的“良知”，王阳明认为人的良知发用之时，便就是行了。这种将人的本然“良知”发展到明觉之知的过程便是知行合一的过程，且这一过程中，二者不是单向的，而是可以相互转化的，即德行与德性的统一。[③]

将王阳明的“知行合一”的思想运用到生态伦理学上，表现为人类已经意识到生态问题的严重性，关于生态环境的讨论也越来越多，小到乡村的环境治理，大到世界性的生态环境问题的会议。但是从宏观的世界生态环境来看，人类保护生态的实践活动并不算多，地球生态环境也没有得到明显的改良。王阳明的“知行合一”说便是要求我们，不仅仅要有维护生态环境的意识，而且还要将人类内心深处的生态良知唤醒，并在具体的保护生态环境的活动中得以实践。这大体可以从两个方面实施：一为加强宣传，使民众的生态良知得以显现；二为落实于具体的生态环境的保护活动。这两条也是“知行合一”的两个方面。首先，加强生态文明意识的宣传。只有让

① 王阳明：《传习录中》，《王阳明全集（新编本）》卷二，吴光等编校，第46页。
② 王阳明：《传习录上》，《王阳明全集（新编本）》卷一，吴光等编校，第5页。
③ 参见杨国荣：《心学之思：王阳明哲学的阐释》，中国人民大学出版社2009年版，第143页。

越来越多的人懂得生态文明的重要性，使他们内心深处的生态良知被唤醒，正确的生态文明理念才会得以深入人心，也只有这样，才能使当下社会那些有违生态文明理念的观念得以纠正。其次，需要真真切切的实际行动去显现心中的生态良知。无论是个人还是集体，对于生态问题绝不能仅仅是有所意识，而不去实践。假使缺少了具体的保护生态的实践活动，便没有真正显现生态之知，因为缺少了行的知便不是真知。

总而言之，要改善当下的生态问题，首先，人类应该克除心之私欲，对于物质的需求不能够贪婪。假如任其私欲的扩大，不仅会造成对自然无止境的剥夺，对生态环境造成巨大的损害，而且会使人类自身变得物质化；其次，人类在生态问题上应当做到“知行合一”，唤醒人类内心深处的生态良知，并且实践到具体保护生态环境的活动中，做到真正的“知行合一”方能使人类当代生态问题日益减少，人与自然万物才能更好、更长远地共生共存。

第四章

阳明学与当代生活文化建设

生活文化抑或可称为行为文化，其主体有群体和个体之别，但最终具体落实为个体的生活样态。每一个个体都是独特性的，同时又是具有普遍性的。所谓独特性侧重指行为方式，所谓普遍性指行为意义。从意义出发，生活不再是一种庸长的过程，而是一种哲学的存在。于此，阳明学和生活文化便有了契合之处。当代生活文化呈现出多元性和个性化的特征，但作为主体的“人”及体现主体意义的“人之为人”是不变的，这正是我们探讨阳明学有益于当代生活文化建设的切入点。

第一节 阳明学与自我情感理性

王阳明以“心”为切入点构建了被体验着的内部和外部世界，在他的思想脉络中可求见一种基于主体逆觉体证的道德学说，以及察悉出一种万物一体的生命共同体。这样的思想特征，使本章能借以米歇尔·昂立的情感现象学角度，来剖析他思想背后的文化逻辑以及深层意识，从而能得以在现代阐释中探索其伦理哲学的“唯情”性，揭示其心学背后的“心”所蕴涵着的情感观。

一、情本体：道德情感的存在者

“以性统情”是宋明理学在性情关系理解上所建构的一种主流思想架构，故王阳明也承袭了朱子这一特点，由此说道：

> 喜怒哀乐之与思与知觉，皆心之所发。心统性情。性，心体也；情，心用也。程子云：“心，一也。有指体而言者，寂然不动是也；有指用而言者，感而遂通是也。”斯言既无以加矣，执事姑求之体用之说。夫体用一源也。知体之所以为用，则知用之所以为体者矣。[①]

① 王阳明：《答汪石潭内翰》，《王阳明全集（新编本）》卷四，吴光等编校，第159页。

这便可以看出王阳明的情论观也并未脱离当时的时代背景。但王阳明虽讲“心统性情”，然而他却视“心”为绝对本体，即“源”，在心学中呈现了“体用一源”的哲学思想。故他言“心之本体即是天理”[①]，“吾心之良知，即所谓天理”[②]，并未将“心”“性”“情”三分。

可以说王阳明反对朱子分心之“已发”“未发”的性情论，其“反动”主要体现在他用“良知统性情”取代了“以性统情”的性情论，从而在工夫论上便是以“知行合一”取代了“格物致知”。至此王阳明重新调整了宋明理学以来的性情关系，一改宋明理学中形而下之“情”，建构了“体用一源”的性情一元论，谋求出另一种思想路径。而本章将研究路径分为本体论、实践论以及境界论三个部分，以此阐释王阳明的“性情论”，即“情感”的道德学说。

众所周知，“心”乃是王阳明学说的内核，“心即理”乃是其学说的基础性命题，就此而言，王阳明是在本体论意义上来建构“心”的内涵的。因此，考察其情感道德学说体系时，我们必须理解王阳明的本体论所具有的重要意义——它不仅为这套工夫论之成立提供了重要理论依据，是其理论预设，更是在心体和本体的动态关系中肯定了实践论的具体性和实在性。因此本章以此为切入点来考察阳明所构建“情”本体世界的基本架构。如此一来，关于“心”的释义，我们首先要知其含本体之意，即“心”与“天”“理”相通义。

> 心即理也。天下又有心外之事，心外之理乎？[③]
> 心之本体即是天理。[④]
> 心即天，言心则天地万物皆举之矣。[⑤]

“心即理”乃是阳明哲学中的一个重要命题，以至于被放在《传习录》的开篇之处。究其背景而言，它是在当时宋明儒学的哲学语境中被提出的。宋明儒学的哲学话语表述是围绕“理”这一范畴的，

---

① 王阳明:《传习录中》,《王阳明全集（新编本）》卷二，吴光等编校，第63页。
② 王阳明:《传习录中》,《王阳明全集（新编本）》卷二，吴光等编校，第49页。
③ 王阳明:《传习录上》,《王阳明全集（新编本）》卷一，吴光等编校，第2页。
④ 王阳明:《传习录中》,《王阳明全集（新编本）》卷二，吴光等编校，第63页。
⑤ 王阳明:《答季明德》,《王阳明全集（新编本）》卷六，吴光等编校，第228页。

而“理”指向着超越一切有形事物并使之得以形成的自为的实体。因此，王阳明也是在此背景下确立了自己“心即理”的基本立场，他将“理”作为“心”的内涵，从此层意义上说本体性便是“心”的基本内涵，从“仁是造化生生不息之理”[①]亦可看到这一点，至此，“心”具有一种形而上的本源意义。可以说王阳明是以“心”作为核心范畴导入哲学世界的，而之所以“心”呈现出本源性意义，乃是他受到以“理”为中心的哲学表述语境的影响，并在继承传统儒学精神上，即“天人一体”论来调和朱子学“理一分殊”现象，可以说“心理合一”的提出是逻辑思辨的必然产物。

上文已指出，“心”这一范畴含有本体性的意义，然而王阳明不仅视本体之“心”为万物的“存在之理”，而且将其纳入价值论中作为主体德性的“当然之理”。此外，王阳明不仅将“心”预设为万物之本源，他还始终将“心”“理”与“德性”紧扣并视它们为一物，所以他在本体论上的预设实则是为了奠基他的德性论。这一点可从《传习录》的开篇中看出：“如事父不成，去父上求个孝的理？事君不成，去君上求个忠的理？交友治民不成，去友上、民上求个信与仁的理？都只在此心。心即理也。”[②]故接下来我们开始对“心”的另一层意义的展开分析，即本体论视域下的伦理性。

> 心之体，性也，性即理也。故有孝亲之心，即有孝之理，无孝亲之心，则无孝之理矣。有忠君之心，即有忠之理，无忠君之心，则无忠之理矣。理岂外于吾心邪？[③]

上面的引文中提及了孝、忠、信、仁之“理”，就“理”在句中的语义蕴含来看，是指普遍适用的自在的道德之“理”，它具体地呈现在主体内在的先天自我感触中，并非外在的规范主体行为的道德之“理”，故“孝亲之心”之所以是“孝之理”为真的依据，乃是由于“孝”作为先于存在者的源初性情感，它是先天存在的，它在自我感触、自我体验中便呈现为一种意向性的情感活动。由此，活动所导向的行为就变成外在的规范之“理”，可以说正是王阳明的这

① 王阳明：《传习录上》，《王阳明全集（新编本）》卷一，吴光等编校，第28页。
② 王阳明：《传习录上》，《王阳明全集（新编本）》卷一，吴光等编校，第2—3页。
③ 王阳明：《传习录中》，《王阳明全集（新编本）》卷二，吴光等编校，第47页。

种逆觉体证的具体活动，才构成了这句话的语义基础。另外，他不仅在人性论中为人之“心”确立一个本体的位置，他也在社会层面论证本体之“心”的伦理价值，比如：“天命之性具于吾心，其浑然全体之中，而条理节目，森然毕具，是故谓之天理。天理之条理谓之礼。”[①]这里王阳明将人间道德规约之“礼”与“天理”同提，并做出“天理之条理谓之礼”的判断，乃是由于他将个体之心与本体之心合一，即他将人的“心体”拔高为本源性的位置，赋予个体之心以主体性，故他也言“吾心之天理”。所以人世间的“礼”之所以能有与万物的“天理”互通的可能，必是以先天的“心体”为前提。因为生于本源之“心”的心体必然是“合乎天理”的，那么基于本体论的脉络来看，以心为导向的“行”必然也是顺事顺物亦顺“理”了。不仅如此，依此行而制得的“礼”亦便也是“理”。可以说王阳明将主体内在“心体”安顿在本体之“心”中，而人“心体”的扩展便构成了万物一体之仁。王阳明借由“心”作为万物之根据并且由此建构了天、万物、人同一的共同体结构，所以这一“心”指涉着“宇宙之心”“万物之心”“人之心”，究其根本，它们同是一种心，而伦理价值乃是此“心”的根本特性，所以此心与天理对应时，它便是一种至善的理念；与主体对应时，它便是一种先天内在的伦理之心。

总之，王阳明赋予了“心即理”这一命题一种伦理价值，确立人在道德活动中的主体性地位。不仅如此，王阳明心学还具有传统儒学的重情思想，并且这一点是中国儒学最显著的特征，如梁漱溟所说，“孔子学派以敦勉孝弟和一切仁厚肫挚之情为其最大特色”[②]，不能否认儒家的“仁”乃是基于主体情感体验的一种深情，而阳明的“万物一体之仁”便是将具体之“仁”扩充为一种超越性的恻隐与共的情感，即自我与他者在共情交互中构成了一种生命共同体。故笔者认为“情”是此伦理之心的本质，心体乃是一种“情本体”，而所谓“情本体”是将“情”确认为主体之所以为主体的根据、根本。以王阳明在为徐爱讲“求心”为例：

---

① 王阳明：《博约说》，《王阳明全集（新编本）》卷七，吴光等编校，第283页。

② 梁漱溟：《中国文化要义》，《梁漱溟全集》（第3卷），山东人民出版社2005年版，第120页。

> 此心若无人欲，纯是天理，是个诚于孝亲的心，冬时自然思量父母的寒，便自要求去个温的道理……譬之树木，这诚孝的心便是根，许多条件便是枝叶，须先有根，然后有枝叶，不是先寻了枝叶，然后去种根。《礼记》言："孝子之有深爱者，必有和气；有和气者，必有愉色；有愉色者，必有婉容。"须是有个深爱做根，便自然如此。[①]

由上我们可看出"心体"包含了两层意义，一是描述出主体之本然状态；二是指出主体逆身求本然之心时呈现出的一种先天道德情感的感受力。在黄玉顺看来此状态必然是情感状态，"假如没有母爱的显现，母亲不成其为一个母亲"[②]，就此可说存在者是在本源性的情感中被给予。同样米歇尔·昂立指出"存在者以存在的显现为基础……是存在者显现的本质"[③]，而情感性、内在性、不可见性便是存在所显现出的特性。由此，心体便是一种源初性情感，它昭示着主体基本存在的状态，即主体是作为情感而存在的主体。昂立还进一步揭示了主体的存在方式，他主张主体先天具有一种先于对象化意识的非意向性，即情感体验。情感体验的非对象性，要求它不以"观看"来显现对象，那么它也就不同于意向性意识依赖着一种"可见"的外部对象，相反它作为一种"给予"，构成了意向性意识的内容。同样，情感的自发性和源初性，使得它仅服从自身，强调主体的自我体验，自我呈现。正如孝心是主体本然之情的自我呈现，主体在当下境遇中（面对父母之寒）直接经验到自身情感，当下的它作为一种涌现的源初性情感，必将是搁置了"先验自我"，自己纯粹地呈现着自己，既无观念的预设，又无对象的区别，所以我与父母之痛苦交互感应时，我内在真实地体验着这种痛苦。我们必然不能说这种情感是源于被"看见"的痛苦，因为将情感指向某个对象同时，也就将情感的本质放置于主体之外，此时痛苦的情感作为被认识到的"痛苦"，它已然不具有真实性了，那么主体又怎么可能真正地体验到对方的痛苦呢？

另一方面看，建立在前设性的观点上来理解情感时，你便会思

① 王阳明：《传习录上》，《王阳明全集（新编本）》卷一，吴光等编校，第3页。
② 黄玉顺：《爱与思：生活儒学的观念》，四川人民出版社2017年，第21页。
③ Michel Henry, *The Essence of Manifestation*（Heidelberg：Springer Netherlands,1973）, 140.

考你为什么会痛苦，此刻你又怎能说它是无人欲的呢？所以只有当心体作为主体本然具有的源初性情感时，主体才能剥离外物之欲的牵绊，真正与万物同体，才能与阳明共情，理解他的“夫人者，天地之心，天地万物，本吾一体者也。生民之困苦荼毒，孰非疾痛之切于吾身者乎？”[①]只不过这种自我的痛苦，从其外部表现来看是一种具有“孝”意义的恻隐之情。当然在不同关系中它自然具有不同伦理意义，所以“心在事父则为孝，在事君则为忠”[②]。可以说王阳明在对生命的深切感悟中，解读出孝心隐含着的情感性，即一种“深爱”之情。正是由于生命的情感性使得我感受到他者的痛苦，这是由于我能感受我自己的痛苦，情感成为我能感受的基础，“孝”的意义便在情感交互中被给出了，因此在情感之中自我与他者构成了一种伦理关系。并且也只有这样我们才能理解为什么“须是有个深爱做根”。故此，我们不能否认王阳明的心体乃是一种情本体，情感性便是主体，是其所是的根源，自然也是一种“纯天理”的。并且只有源于生命的自发性之情，才能具有“见草木之摧折而必有悯恤之心焉，是其仁之与草木而为一体也”[③]，“是以每念斯民之陷溺，则为之戚然痛心，忘其身之不肖，而思以此救之”[④]这种浩大的悲悯世人、超越个人境遇的普罗天下的情怀。显然，此情感亦是一种超越性的伦理之情。

同样，这种情感性的体验性便自然要求以主体的情感感受力为条件，黄玉顺称其为“感触”，“‘乍见孺子将入于井’那样的本源情景，这个‘见’就是最初的感触”。[⑤]不同于黄玉顺将情感结构化，视感触为情感初期的显现，昂立认为主体内在情感具有绝对的一致性。“主体自身先天情感的自我呈现乃是指向世界之前的前提，与此同时，主体内在的一种源初性的自我显现得以实现。所以当我们希望能够切实地感受到我们自身是什么的时候，就需要一种新的范畴、新的思维、新的现象学。”昂立在此基础上提出了“自感性情感”（auto-affection），它体现为一种“我能”（*je peux*），即身体呈现自

① 王阳明：《传习录中》，《王阳明全集（新编本）》卷二，吴光等编校，第86页。
② 王阳明：《传习录下》，《王阳明全集（新编本）》卷三，吴光等编校，第133页。
③ 王阳明：《大学问》，《王阳明全集（新编本）》卷二十六，吴光等编校，第1015页。
④ 王阳明：《传习录中》，《王阳明全集（新编本）》卷二，吴光等编校，第87页。
⑤ 黄玉顺：《爱与思：生活儒学的观念》，第78页。

身的能力。在他看来，自感性情体现着一种双重性，即被动性和主动性。自感性情感是在情感中被呈现的，即我内在感触于自己的情感，同时我被自己的情感所给予，由此自感能力获得了显现。并且情感之所以能够给予自感性情感，又在于它具有“我能”这种感受力，同时在情感的自感中必然伴随着对自感活动本身的感触，这也是一种确认能力，即“我能”清楚地感触到正在感触的过程。可以说源初性情感和情感的自感能力是同时发生的，并且相互以对方为基础又作用着对方。

“深爱”便是这种自感性的情感。当下的我（面对父母时）既不是先意识到自己流出了泪水或听到了自己的啜泣声，也不是由于意识到父母正在痛苦时我才痛苦，乃是由于主体置身在当下处境时，其源初情感自发性地触动出“我正痛苦着他人的痛苦”这种情感，同时主体在自感中确认到“我正在痛苦着”，之后才具有“我正在因他人痛苦而痛苦”这样的意识。这就是为什么说王阳明思想源于他的“逆觉体证”或者说是“逆身体证”之工夫。在他看来，“心不是一块血肉，凡知觉处便是心”[①]，此处作出的性质判断将“知觉”与“心”这两个概念统合在一起，其句义背后强调着一种主体内在的身体的经验性。昂立认为这种经验性只能出于主体的自发自感，“我们的身体被一个先天的内在经验所限制，自己是直接被自己所知到的”[②]。同样王阳明也意识到心体的自我感触能力，所以下一句说到“手足之知痛痒，此知觉便是心也”[③]。这里明显地将“知觉”与“我思”撇清，它只能是与“我心”相关的“觉”，由心发端的它的“知”自然只能是“体觉”的“知”，所以是自感性的“知”，故才能与“手足之知痛痒”相互承接。任何主体只有在这层意义上才能确认到，自己是“实在实体”的存在者，并真实地“知觉”着一切。这不正是一种自我体证吗?

上述关于“孝”的自感性情感便是如此，由于主体“体觉”自感到自身的痛苦之深切，才意识到爱亲之情的深切，所以才敢说是“深爱”。所以，王阳明将这种自感性而发的深爱理解为孝之根，其

① 王阳明:《传习录下》,《王阳明全集（新编本）》卷三，吴光等编校，第133页。

② Michel Henry, *Philosophie et phénoménologie du corps: Essai sur l'ontologie biranienne* (Paris: Presses Universitaires de France, 1965), 128.

③ 王阳明:《传习录下》,《王阳明全集（新编本）》卷三，吴光等编校，第133页。

与昂立取向相同。而这种解读只有建立在我们深入到表层句子背后的语义基础上，也就是说，在明白语言使用者的生活感受和现实体验构成了他的语言、言语的基础上，才能理解“心”与“知觉”的关系、“深爱”被提出时所基于的立场。正如朱晓进所说：“我们看到的将不再仅仅是语言自身的东西……使用该语言人的文化心态……折射出语言使用者特有的思维方式。”[①] 可以说，王阳明同昂立一样在对生命的感发中揭示出主体存在状态，即作为道德情感的存在者，要求主体返归自身，在生命的临界线中体验着自己生命内在的原动力——情感，并在情感自我感触中意识到他者与我的同一性，就此阐明了主体的德性乃是主体先天具有并存在着的，情感便是它的根。

二、情意向：恻隐与共的伦理共同体

通过以上的论述，我们可以看出王阳明以“心即理”的命题昭示出主体的情本性以及主体的情能力，揭示了情感作为源初性的存在决定着主体存在的方式，即一切有生命的主体都是自身实现自身的、自身呈现着自身的，这是一种源初的纯粹呈现。然而作为生活在当下处境中的主体，他必然以为他存在提供所需条件的外部世界为基础，在生命的内在实践形式中一定体现着意向性，“我们必须清晰认识到，对人类来说，情感性生命追求着一种清楚明白的确认，即将源初性情感转化为再现（representation）”[②]。所以生命要朝向自身之外的世界不断扩展着自己，因此，源初生命表现出一种双重性。一方面，它是一种非意向性的内在情感体验，“意向性模式以生命自我呈现即情感为基础”[③]，是意向性活动的质料；一方面，它又以“意向性”形式被表现，内在生命诉诸着外部现实，以此来实现自身的呈现。而这种意向性之源就是王阳明的“良知”。王阳明在提及“良知”时作过如下论述：“知是心之本体，心自然会知：见父自

① 朱晓进：《文化自觉与文学研究》，中国文史出版社2017年版，第5页。

② Frédéric Seyler, “From Life to Existence: A Reconsideration of the Question of Intentionality in Michel Henry's Ethics,” *Journal of French and Francophone Philosophy*, no. 2 (2012):105.

③ Seyler, “From Life to Existence: A Reconsideration of the Question of Intentionality in Michel Henry's Ethics,” 107.

然知孝，见兄自然知弟，见孺子入井自然知恻隐。此便是良知，不假外求。”[①]在这里我们可以看出，“良知”作为一种先天情感感受力的同时，又体现出一种意向性、实践性。

王阳明对“良知”的理解，我们可从中国传统思维文化中得以察悉。从“知”一词的结构上看，它是由声符“矢”和义符“口”两个部分组合而成，在甲骨文中写为 ，即“矢、于、口”三个字符构成了“知”[②]，《说文解字》中说“知”是“从口，从失”[③]，王世伟认为它表示“憭于心并疾于口的智慧……从口矢表示内心明知而表达敏捷”[④]。可以说，传统中国将“知”视为人本身具有的天植灵根，是自然具有的明觉之先天能力。然而，我们始终将这种能力关涉于道德领域之中。正如梁漱溟说中国人“数千年知识学问之累积，皆在人事一方面”[⑤]。可以说，我们的文化特征决定着我们对“知”的理解，并且梁漱溟认为中国社会文化是重情的伦理文化，道德规范不过是家庭成员之间相互真切情感缠结推演出的结果，他曾言：“中国之以伦理组织社会，最初是有眼光的人看出人类真切美善的感情，发端在家庭，培养在家庭。”[⑥]所以引文中的“良知”正是在此种文化逻辑的熏陶下被提出的，那么我们谈及王阳明的“良知”时，又怎能脱离中国自古以来的重情文化现象，忽略它的情感性呢？

就“良知”一词的造词结构上看，它是偏正结构的复合词，是以“良”作“知”的定语修饰着“知”，《说文解字》云“良，善也”[⑦]，因此“良知”便是一种“善知”。既然是“善知”，其词义揭示出它必然关乎着价值判断，具有伦理意义，所以最早提出“良知”的孟子举“孩提之童，无不知爱其亲者；及其长也，无不知敬其兄也”（《孟子·尽心上》）之例来解释何为“良知”。就他将“知”“爱”与“敬”并提这一点上看，孟子不也正是自觉到“知”

---

① 王阳明：《传习录上》，《王阳明全集（新编本）》卷一，吴光等编校，第7页。
② 高明、涂白奎编著：《古文字类编》，上海古籍出版社2008年版，第811页。
③ 许慎撰，徐铉校定：《说文解字》第五下，第105页。
④ 王世伟：《智库之“智”的多重内涵》，《专业智库研究》，上海社会科学院出版社2018年版，第4页。
⑤ 梁漱溟：《中国文化要义》，《梁漱溟全集》（第3卷），第228页。
⑥ 梁漱溟：《中国文化要义》，《梁漱溟全集》（第3卷），第90页。
⑦ 许慎撰，徐铉校定：《说文解字》第五下，第106页。

的情感性和内在性吗？那么承袭了孟子良知观的王阳明必然不会脱离这层意义来谈良知。在引文中，他又以“自然”来突出、强调“知”的自在性，说它是“不假外求”的，那么“见父自然知孝，见兄自然知弟，见孺子入井自然知恻隐”隐含着这样的逻辑，即“良知”是先天固有并且是主体能够感知的一种“知”，其本质便是一种情感感受力，即自感性情感。在先前我们已经说过阳明的“心”学来自他对生命的自我感触，而生命形态本身表现为一种情感的呈现，因此，关于象征生命的“心”的“知”不是基于对象意识去把握的，它只能是一种情感性的感受力，也只能在情感的体验活动中得以显现。“知”便是一种自感性情感，其双重性不仅体现在与源初性情感的相互关系中，并且也呈现在与对象之间的共联互促之中，如昂立说“意向性从被动性中做出绝对主体性的一种生命样态”①。所以“良知”之“良”在于我面对不同的对象时，被触发的自感性的“知”能够做出意向性的动作，即我不仅是在自感中确认到自己的，也是在与对象相互关系中确认到的，因此我在被动性的自感和主动性即意向性中扩充了自身，我与对象获得了同一，那么我“自然”清楚明白关于这个对象，我应该做什么，所以才能“见父自然知孝，见兄自然知弟，见孺子入井自然知恻隐”。

不仅如此，昂立认为自感所呈现出的连续性，赋予了生命间构成一个生命共同体的可能，即“恻隐与共”（pathos with）的共同体。他认为从意向性中把握与他者之间的关系前，便存在了独立于这种形式的感知，自我和他者之间共同实在的存在，便意味着对所有他者的经验，都是在我们内在以自感形式来进行着的。融入他者的根据不是意向性对象的显现，也不是意向作用的显现。这是存在于先天情感之中的，植根于生命活动自身中的一种被给予的能力。作为根源性的存在，普遍的先天的他者经验绝不是在意向性或构成中形成的，而是生命或生命内在本质之中固有的。Jaegher认为这种自感性情感是主体间的基础，它促使生命在每一个生命之中显现出。一个生命体现着另一个生命，自我和他者之间以源初形态的方式被联系起来，这是一种直接根本的先于意识的联系。在这一联系下，他者之间直接参与进入了对方的生命，生命之间相互共享着。在此意义上，自我与他者之间便

① Henry, *Philosophie et phénoménologie du corps: Essai sur l'ontologie biranienne*, 224.

具有构成一种恻隐与共的生命共同体的可能。

如王阳明所说："人的良知，就是草、木、瓦、石的良知。若草、木、瓦、石无人的良知，不可以为草、木、瓦、石矣。"[①]主体之所以能感受到草木对自我情感产生一种触动，乃由于我在动情之中显现出我自身，我从草木之中体验到生命的本性以及生命本身的规律，主体能够在自感之中体验到草木同我一样呈现为一种生命的存在。同时共同性让生命的自我的体验也呈现在草木之中，"源初的身体并不是受触摸的手所局限的身体，这手作用在我们的身体或其他物体来限定轮廓时，这个触摸着的身体同时也是这个手"[②]，草木之所以为草木，是因为我的生命体验对它也做出了呈现，它在我的呈现中呈现着自身，此刻我们共同分享生命，这同一种东西，那么我即是草木，草木也即是我。这便是"良知"，一种落实在真实生活中"知"着生命本性的"知"，我们在这一过程中体验到生命的共性让"每个人从这一源泉中喝同样的水，在此之中并没有区别自我与他者之间的知识"[③]。一种生命之间的纯粹且源初性的情感发生着交感，使自我直接参与了对象的生命，故"君臣也、夫妇也、朋友也，以至于山川草木鬼神鸟兽也，莫不实有以亲之，以达吾一体之仁"[④]。可以说王阳明以源初性的"心"为人确立了存在方式，又以源初能力的"良知"融贯了主体与万物，构建了一种生命伦理共同体。至此，王阳明向主体敞开了一条通向无限通感、圆融于天地的生命境界，而"一体之仁"便正是他所追求的这种境界。

三、有无之境：复归生命本源的主体

王阳明晚年伤世风之败坏，哀世民处境之凄苦，力陈万物一体之旨，以此教人恢复心之澄明，求得终极生命境界，实现天下之大同。他曾言：

> 夫圣人之心以天地万物为一体，其视天下之人无外内远近，

---

① 王阳明：《传习录下》，《王阳明全集（新编本）》卷三，吴光等编校，第118页。

② Henry, *Philosophie et phénoménologie du corps: Essai sur l'ontologie biranienne,* 181.

③ Michel Henry, *Material Phenomenology,* trans. Scott Davidson (New York: Fordham University Press, 2008), 133.

④ 王阳明：《大学问》，《王阳明全集（新编本）》卷二十六，吴光等编校，第1016页。

凡有血气，皆其昆弟赤子之亲，莫不欲安全而教养之，以遂其万物一体之念。天下之人心，其始亦非有异于圣人也，特其间于有我之私，隔于物欲之蔽，大者以小，通者以塞，人各有心，至有视其父子兄弟如仇雠者。①

陈来先生认为王阳明心学体现出一种“有无”之境，而他的万物一体观将“有”“无”之间的互动推向了极致，可以说“万物一体”论乃是他复归到源初性生命活动中，只有作为纯粹的主体时，才能领悟得出的。Hanne De Jaegher指出昂立强调在一切生命的活动中，存在一种“纯粹性”，在他看来，感性情感乃是一种纯粹的自感，是一种自我相关的情感和内在运动，体现出一种纯粹的主体性。纯粹主体必然是脱离了“现象学距离”（phenomenological distance），逾越了可见世界所提供的表象，并复归到生命的本根的真实主体。主体在生命活动所建构出的零距离（without distance）中，仿若置身在一种“若思若无思”的状态。然而所谓的“思”中必然不是“有我思”的存在者，因为之所能“思”在于“我能感”，即“我感到我思故我在”。② 所以主体是在彻底临在性中、活生生的主体，他以生命所要求的方式不断自我感触、自我经验、自我启示，继而脱离外物遮蔽，由此求得了一个“无”字，即主体无私欲间隔，返归到生命自生自化的、“无我”的、源初的境界。故王阳明才说“心一也”“初非有二心也”③，人心与圣心并无二致，只不过人受“我思”这一先验意识所限制，招致主体“特其间于有我之私，隔于物欲之蔽”，从而生命自身被异化，自我与他者之间被异化。可以说源初生命境态就是一种“无我”之境，一种自如的生命境界。此刻，主体是摒除了格外物的“我思”，忘却了有形之体，从而脱离了“有我”的自然之境，当下的主体是直接圆融于生命本真的主体，生命体验着生命自身，“故不知何者为我，何者为物”④。然而，无我之境的修得，需有真正的“有我”之悟。

那么何来“有我”之悟？昂立认为生命的共同性，使得主体与

① 王阳明：《传习录中》，《王阳明全集（新编本）》卷二，吴光等编校，第59页。

② Henry Michel, *The Genealogy of Psychoanalysis,* trans.Douglas Brick (California: Stanford University Press,1993), 30.

③ 王阳明：《传习录上》，《王阳明全集（新编本）》卷一，吴光等编校，第8页。

④ 王国维：《人间词话》，彭玉平评注，中华书局2014年版，第4页。

他者交感互促成为可能，并且生命要求主体诉诸外部来实现自身："我们彼此分享，彼此自感，不仅仅因为我们都是作为被生命赋予存在的存在者，更重要的是，自我呈现和自我自感的实现必须以他者为条件。"[①]因此在"无我"层次上又确认到"有我"的存在，也就是说，只有当主体真实地与对象相融贯通，无对象之别、无他我之分时，主体才真正获得了内在性，真正确认到自己的"有"，体察出万物"皆吾心体"。因为生命具有要求主体不断向外部扩展，以维持自身存在、实现自我呈现的冲动。昂立指出："人类被理解为一个存在于世界之中的主体，从而被理解为存在于一种共联关系之中的主体。"[②]因此主体将自身推向外部世界，乃是因为自我呈现的需要。"有"便在生命的自我感发中迸发出来。因此，主体在"有"的驱动下，理解了世间一切自生自化的万物，彼此都在生命呈现模式中被给予着，在生命自身力量的推动下脉络纵深交错着、融贯着。因此只有当主体"去其私欲之蔽"，才能"洞见天地万物"，察悉出"皆吾心体"，[③]同时也就能体悟出"天地之塞吾其体，天地之帅吾其性"[④]，从而在与万物融为一体时才能感发出"皆其昆弟赤子之亲""其视天下之人无外内远近"，达到"以天地万物为一体"的自如生命境界，复归到源初生命境界的主体，在生命自身的呈现方式要求下，他从被动性的自我感触中，又逆转为对于外部世界的双重深度感触。因此，主体在"有""无"之境的交融中，圆融于自身以及世间万物，但又从未离开过源初性生命，并在生命的要求中自感自发，体认万物，这就是自如的生命境界，一种无你我之别，却又你我互"合"的至善境界。

可以说王阳明之所以能提出"万物一体之念"，正是由于他理解到过分格外物之理所招致的主体性的消解，理解到了与自我之间的、与他者之间的异化，所以才以心为起点，要求主体自我体验的同时，还要进入并体验着外部世界，与其达成内在性的沟通。因此他用纯粹的主体性取代客体性，以情本体取代理智本体，以被动反身

---

① Michel, *The Genealogy of Psychoanalysis*, 126.

② Hanne De Jaegher, "How We Affect Each Other: Michel Henry's 'Pathos-With' and the Enactive Approach to Intersubjectivity," *Journal of Consciousness Studies* 22, no. 1–2 (2015): 116.

③ 胡直:《困学记》，黄宗羲:《江右王门学案七》,《明儒学案》卷二十二，沈芝盈点校，第521页。

④ 张载:《乾称篇》,《正蒙》,《张载集》，章锡琛点校，第62页。

体验取代对象意识。如同昂立指出的那样“情感性的世界是实在的世界”，主体只有在生命的体验中才体悟出“盖天地万物与人原是一体，其发窍之最精处，是人心一点灵明。风、雨、露、雷，日、月、星、辰，禽、兽、草、木，山、川、土、石，与人原只是一体”[①]，达到“有”“无”交互的生命境界。源初性的情感并非如黑格尔所说“是心灵中的不确定的模糊隐约的部分”[②]，它彰显出了生命本身的能力，源初性生命呈现的模式使主体在感触“无我”的生命活动的同时，又使得主体在与他者之间交互中呈现为“有我”的意向性活动。生命让每一个主体都成为作为生命而存在着的主体，将他们推向对方，以此构成了生命的共同体，而其本质又是自感性的。因此自我和他者共同感受着、被情感给予着，在这同一性的关系中，我感受着因他的痛苦，而被触动出我的痛苦。痛苦即是因他而呈现，也是因我而呈现，在“有”“无”的交互中，主体到达了“盖天地万物与人原是一体”的至善境界。

第二节 阳明学与自我行为规范

随着社会的快速发展，自我行为冲突的矛盾日益显现，出现了一系列自我行为的问题。为了解决这一问题，我们需要寻找出一条新的道路。当我们通过阳明学的视角来看待当代自我行为的矛盾时，就会发现心学体系中关于“良知”学说、“知行合一”理论等都能够为自我行为规范带来新的思考。通过对“良知”“致良知”以及“知行合一”理论的进一步探究，有助于规范自我行为、提升自我道德修养。

当前在社会主义核心价值观的引领下，我们越来越重视自我行为的规范性。但是，不难发现，现代社会的个体在自我行为上依然存在一系列问题。特别在自我行为上，人们越来越难做到在行为与道德理念的统一，即德行与德性的统一。做到自我主体行为的规范，

---

① 王阳明：《传习录下》，《王阳明全集（新编本）》卷三，吴光等编校，第118页。
② 黑格尔：《美学》（第1卷），朱光潜译，重庆出版社2008年版，第39页。

首先就是要保证其主体德行与德性的统一性。在阳明学的领域中，我们可以理解为知与行的统一性。在现实生活中，人们理想中的境界其实就是在于德行与德性的统一。但是在生活中，越来越多的人很难做到这一点，他们的德行与德性是处在一种激烈的斗争之中，即不能做到完全的真正意义上的知行合一。当今社会，我国的社会道德主要来自两个方面：一方面是对我国传统道德的传承；另一方面，又受到外来文化特别是西方关于道德文化的冲击。在这两个方面的影响之下，我国的社会道德始终处于一个整合阶段，那么作为社会道德包含下的单个道德主体以及行为主体也正是在整合中，不断调整规范自我行为。

一、德性与德行的冲突：自我行为的失范

在现代社会生活中，人们所面临的不仅是社会价值的多元化，还受到来自各种利益的诱惑。于是，个体道德行为的矛盾与冲突也表现出复杂的局面。值得注意的是，我们在这里提出的关于自我行为冲突主要指的是道德个体的德性与德行的冲突，即知与行的冲突与矛盾。

首先，无德性，无德行。现代化的不断发展，人们越来越注重对物质生活的追求，过度的物欲带来的则是道德的滑坡。在生活中，可以发现，存在这样的一群人，他们将个人利益置于最前列，时刻奉行功利主义思想，将实用思想发挥到极致，贯彻“道德无用论”。在这些人的眼里，道德价值或道德原则是空有的、虚无的，藐视一切道德规范，反将自身利益置于一切事物之上。在典型的利己主义原则下，他们既没有对德性的认知，自然也失去了德行。为了能自身利益最大化而不惜一切，甚至触犯法律底线，例如抢劫、危害他人生命等恶行。这种极端的无视一切道德原则的行为，不仅影响个人道德行为习惯的培养，也会对社会造成重大危害。所以说，他们自我的良知完全被私欲所蒙蔽，那么这样的人做出的行为自然是无德性的，他们的行为本身也就脱离了德性。

其次，有对德性的认识，却脱离了德行。这又分为两种表现，一方面是由于对良知认识得不够，所以并不能有效地指导其行。在伦理学领域，可以解释为：道德认识是德性形成和德行发生的前提

条件，或者囿于较低的文化素养，或者执着于传统狭隘的道德价值而缺乏正确完善的道德认识，即使有善良的本意，也难以在现代生活中作出正确的道德行为选择，德性与德行的冲突在所难免。[①] 譬如，对良知认识的主体性差异，圣人、贤人、君子、普通人的认识自然不同。另一方面是虽然具有本然良知，却并不能运用在行为上，不能做到在事事物物显现良知。

在社会上的一些特定的人，他们既代表着社会道德价值，又需要起到一定的宣传作用。那么这些人在自我行为规范上就要起到带头作用，使自己的德性与德行相一致，即知行合一。这样才能真正成为社会道德模范。但是，我们发现，在现实生活中，有许多人的德性与德行并不能做到一致，他们空谈德性，却不落实到具体行为上，这就类似于阳明所说的空谈心性，却并不能落实到事事物物上，从而落入蹈空之学。总之，这两个方面，可以理解为并不是真知。因为真知必然包含着行的，真行也必然包含着知的。

最后，有“为德”之行，却未必有德性。在这一方面，我们可以对应到现代社会上的一种现象——为了做好事而去做好事。这些人在选择做出某种善的行为时，往往不是纯正的顺应本心而发的行为，而是出于某种目的，或者获得荣誉、免于压力等。这些行为看似是德行，但是推究起来，是真的“德行”吗？在阳明学的视域中来解释，其实这不算是一种“德行”，即不是真行。真知中是一定包含着行的，那么反过来，真行中也一定包含着知。否则，就谈不上真正的真知或真行。在现实中，某些单位在社会上开展的一些关于学习雷锋的活动，其实就是为了学习雷锋而学习，离开了与利益或荣誉挂钩的强制性规定，这些活动就难以继续。

综上，随着社会的快速发展，物质生活日益丰富，人们越来越注重对物质的追求，而过度的物欲追求带来的则是越来越多的道德问题。毋庸置疑，面对物欲的冲击，越来越多的人处于道德危机中，人们的道德意识被一步步吞噬，德性被物欲所蒙蔽。当主体的德性被不同程度蒙蔽时，又会出现德性与行为的冲突，知行不一的问题，即自我行为的失范。与之相对应的就是，人们的自我行为显现出了一系列问题，自我行为的矛盾与冲突已经日益显现出来。面对这些

① 王素萍：《论德性与德行的冲突与一致》，广西师范大学硕士学位论文，2007年，第20页。

关于主体自我行为的冲突，我们需要提出一种新出路，来平衡自我主体行为，规范自我行为。而阳明学恰恰为实现自我行为规范提供了一些新思路。

二、依良知而行：自我行为的原则

“良知”最早出现在《孟子》一书中：“人之所不学而能者，其良能也；所不虑而知者，其良知也。孩提之童无不知爱其亲者，及其长也，无不知敬其兄也。亲亲，仁也；敬长，义也；无他，达之天下也。”（《孟子・尽心上》）在这里其实就已经肯定了良知、良能具有先天道德性，人自有良知、良能，所以能够做到“爱其亲”“及其长”“敬其兄”，能够做到仁义礼智信。后世思想家把良知与太极、太虚相联系，直至阳明，直接用良知取代太极，良知就成为宇宙本体。这样，良知就具有主体即本体的特征了。王阳明继承了孟子所说的良知的内涵，认为良知具有先天至善性，可以“随时知是知非”。另外，良知在王阳明这里是具有二重性的。一方面，良知具有普遍性：“性无不善，故知无不良，良知即是未发之中，即是廓然大公，寂然不动之本体，人人之所同具者也。但不能不昏蔽于物欲，故须学以去其昏蔽。”[①]所谓良知是人人具有的，“这良知人人皆有，圣人只是保全，无些障蔽”[②]。另一方面，良知具有主体性：“良知发用之思，自然明白简易，良知亦自能知得”[③]，“尔那一点良知，是尔自家底准则”[④]，“良知即是天植灵根，自生生不息”[⑤]。良知是可以自知、自检、自生的，并且它本身就是道德的标准。既然良知本就具有至善之性且人人自得，那么它与天理、心又是什么关系呢？

与程朱理学家有所不同的是，在阳明这里，“心”是万物的主宰，他直接将“理”等同于“心”，心与理直接合一，把“心”上升到本体的高度。阳明在《传习录》中说：“心即理也。天下又有心外之

---

① 王阳明：《传习录中》，《王阳明全集（新编本）》卷二，吴光等编校，第68页。
② 王阳明：《传习录下》，《王阳明全集（新编本）》卷三，吴光等编校，第105页。
③ 王阳明：《传习录中》，《王阳明全集（新编本）》卷二，吴光等编校，第78页。
④ 王阳明：《传习录下》，《王阳明全集（新编本）》卷三，吴光等编校，第102页。
⑤ 王阳明：《传习录下》，《王阳明全集（新编本）》卷三，吴光等编校，第111页。

事，心外之理乎……且如事父不成，去父上求个孝的理？事君不成，去君上求个忠的理？交友治民不成，去友上、民上求个信与仁的理？都只在此心。心即理也。此心无私欲之蔽，即是天理，不须外面添一分。”[①] 在这里，阳明将“心即理”三字提出，认为“心”本就无私无欲，是至善的，既然“心”具有至善性，它当然就等同于“天理”。王阳明又说：“此心无私欲之蔽，即是天理，不须外面添一分。以此纯乎天理之心，发之事父便是孝，发之事君便是忠，发之交友治民便是信与仁。”[②] 强调心本身就蕴含着仁、义、礼、智、孝的内容，顺应心之发展，就是顺乎天理。由此，我们可以看出，其实在阳明这里，是无所谓将良知与心区别开来的，良知与心就是相等同的。良知，即本体即主体。本体是具有先验性、天赋的；主体具有能动性，能自知、辨别是非善恶。良知就是心，心就是良知。

综上，在阳明那里，首先，良知具有先在性，人在出生之时，良知就已经存在了，是活泼泼的本然存在。即行为主体本身其实就已然具有良知。其次，良知具有普遍性，人人生而具有良知。也就是说，社会上的任何行为主体，都具有本然良知。最后，良知具有永恒性，它是不随时间、空间的转移而转移的。所以，从良知的先在性、普遍性、永恒性来看，自我行为主体的人在本然和应然上应该是一个自足的存在——即内外一致、知行一致、德性与德行统一。但是在物欲的冲击下，本然良知被遮蔽，作为道德行为主体的德性被遮蔽，那自然就达不到良知的自知自足，从而造成德性与德行的割裂、知与行的割裂，导致自我行为失范。所以，阳明提出要致良知。通过致良知的功夫，让本然良知得以显现。在阳明看来，圣人虽与常人所禀受的良知都是完完全全的，但常人却又与圣人不同。其原因是圣人之心、圣人之良知是纯然的、合乎天理的，无一丝一毫的私欲间杂。但是反观常人，“常人不能无私意障碍”[③]，常人之心总是夹杂着私意，所以常人的良知其实是被遮蔽的，于是造成凡圣之别。王阳明在《传习录》中其实给了详细的解释。阳明用了“意”这个范畴来解释良知会被遮蔽的情况。“身之主宰便是心，

---

① 王阳明：《传习录上》，《王阳明全集（新编本）》卷一，吴光等编校，第2—3页。
② 王阳明：《传习录上》，《王阳明全集（新编本）》卷一，吴光等编校，第3页。
③ 王阳明：《传习录上》，《王阳明全集（新编本）》卷一，吴光等编校，第7页。

心之所发便是意，意之本体便是知，意之所在便是物。”[①] 从心体出发的“意”首先是善的，因为心体本身就具有至善性。但“意”从心体、良知中发用出来，必然是需要有一个指向性的物的，那么此时“意”就自然地和物具有某种联系。与物产生了联系后，此时的“意”便是有善有恶了。所以，作为有善有恶的“意”，特别是其“恶意”就会对本然良知产生遮蔽。当本然良知被遮蔽了，自然需要做一系列功夫，即致良知的功夫，让本然良知得以显现。致良知也是包含两个方面的，不仅是需要我们向内致良知，通过去蔽、正心，来成就自身的德性，而且也需要向外致良知，在事事物物中推致良知。

王阳明以《大学》中“好好色，恶恶臭”为例，犹如见到漂亮的颜色便喜欢，见到恶臭便生讨厌之情一般，良知本身也是具有这种自我判断能力的，强调良知具有对是非善恶进行判断的能力。这里所说的“好”和“恶”，就喻指良知的判断能力，同时也指良知的道德动力。在王阳明看来，良知就是一种直接的源自本心的道德动力。所以，致良知也可以理解为就是顺心而为的过程，即“依良知而行”。

结合现今关于自我行为来看，自我行为的规范其实就是要求行为主体能够做到内外一致，即德性与德行的一致，这是符合阳明学、符合人全面发展的要求的。从这种要求出发，就是要求实然存在的人要依良知而行。在上文我们已经提到关于自我行为的失范，其中就有关于“有‘为德’之行，却无德性”的表现，造成这种行为的原因很大程度上就是他们不懂得“依良知而行”，而把致良知简单地理解为只要去做善的行为就是在致良知，为了做好事而做好事，其实在此基础上是又重新“立心”而为，就是说在这个时候，人依旧是有自己的私欲的。即在此时，致良知并不再是“依良知而行”，而转化成了“以良知而行”。那么显然已经脱离了阳明所说的关于致良知的含义。

阳明关于良知的学说，特别是在致良知、依良知而行的方面，是值得我们借鉴的，为主体的自我行为规范提供了一种新思路。首

---

① 王阳明:《传习录上》,《王阳明全集（新编本）》卷一，吴光等编校，第6页。

先，作为行为主体的自我，我们是具有本然良知的，只不过良知所发之意与物相通后，出现了恶的部分，那恶的部分便会遮蔽本然良知，就需要我们主体本身来做工夫，存善去恶，让良知得以显现。其次，作为行为主体，我们在致良知的过程中，既要向内正心，即“成己”；又要向外推致，即“成物”，特别要注意在事事物物上磨炼。通过后天的工夫，一方面让良知至极，另一方面是去除私欲让本然良知得以显现。最后，特别需要作为行为主体的我们注意的是，我们要做到“依良知而行”，而不要带着某种行为目的而“以良知而行”。现实生活中，许多人往往存在一种“说一套，做一套”的现象，有些所谓的公益项目，也只是为了慈善而进行慈善，本身就是带有某种私欲的。所以说，在王阳明的“良知”“致良知”学说中，我们发现，我们既要扩充自己的良知，也要知道在王阳明这里，人人顺良知而为是其“致良知”的根本性目的。也就是说，人们在做任何事情的时候，顺应本心而行才是至关重要的。而这里的“本心”即是阳明所说的“心之本体”，就是“良知”。当你的行为所发是出自本然之心，那此时良知的践行就是由内而外展开的，也只有这样才是真正的“致良知”。因此，我们在判断个体行为是否规范，检验个体行为是否符合道德时，要从行为的动机上判断他的行为是否真正从本心出发，不违道德，也不加任何“意”“必”“故”“我”。

三、德性与德行的统一：自我行为规范的要求

自我行为规范的原则是依良知而行；那自我行为规范的要求则是德性与德行的统一。德性与德行的统一，在阳明的视域中可以理解为知行合一，既要行为主体内在意识层面的知行合一，体现为自我修养行为方面，又要注重外在行为实践的知行合一，体现为生活行为、社会行为等方面。

（一）知行合一

对于“知”“行”问题的讨论，在中国哲学史上是非常广泛的。特别是到了明朝，王阳明在吸收借鉴前人学说的基础上，提出了关于“知”“行”问题的新解，逐步形成了独特的“知行合一”思想体系，也使得“知”与“行”的问题走上一个新的台阶。王阳

明在其“心即理”的基础上提出了“知行合一”的思想，并在良知学说上进一步展开。在“知行合一”理论中，王阳明将“成圣”作为最终的道德目标，将“天人合一”作为所追求的最高境界，并且提出了具体的实现路径，即立志为学、事上磨炼、省察克治、躬身践行。

1.在自我修养、行为方面的知行合一。王阳明在《传习录》中说：“吾心之良知，即所谓天理也。致吾心良知之天理于事事物物，则事事物物皆得其理矣。”[①]这里的“致”可以理解为推致。所以，王阳明提出要将“良知”推致到世间事事物物上，格物诚意，让事事物物各得其理。“良知”虽然是人人生而有之，但是现实之人则依旧存在圣凡之别。那么，良知在作为道德判断标准时，也会因为主体的差异而有所不同。所以，当“良知”作为主体的道德判断标准时，这种能力是需要行为主体在进行道德实践的过程中去学习的。个体行为主体在道德实践中去探究学习的过程，就是“致知”的过程。道德行为主体如果仅仅知道该如何孝敬父母、侍奉君主、与人相处，这样并不算“致知”，而只是停留在“知”的阶段。只有行为主体将孝敬父母、侍奉君主、与他人友好相处真正落实到具体的行为中去，才算到达了“致知”。并且在“致知”的过程中，自我必须按照“良知”而行，顺心而行，没有一丝丝偏差。这种真正的“致良知”的过程，与朱熹的“格物致知”也是有所相同的，只不过二者的进路不同。王阳明在良知与致良知的学说中，始终贯彻着“知行合一”的维度。值得注意的是，在阳明学的视域里，这里的“知”并非我们现在所理解的“知识”，而是“良知”，指的是良知的德性含义。这里的“行”就类同于“致良知”中的“致”，指的是良知的落实处，致良知与知行合一是具有一致性的。在这里，当行为主体在进行行为实践时，始终是依良知而行，德性与德行就会得到统一，而在行为实践的过程中，又使自己的良知不断得到涵养、扩充，修养自身的德性，从而规范自我的行为。

2.在外在行为实践方面的知行合一。王阳明在与徐爱谈论“知行合一”之训时，提到“未有知而不行者；知而不行，只是未知”，又提到“知是行的主意，行是知的功夫。知是行之始，行是知之

---

① 王阳明：《传习录中》，《王阳明全集（新编本）》卷二，吴光等编校，第49—50页。

成”。[①]所以，良知是行为的主意，良知之行则是良知的落实，也就是说，一旦良知的道德意识启动，其良知就已经落实到主体的行为之中了，即良知之行是良知的具体落实。

首先，知行合一就可以理解为上文提到的“依良知而行”，就是顺心而为的过程，如“好好色，恶恶臭”。又如阳明与徐爱所讨论的关于戏子行孝的问题，戏子虽然行孝，但不知孝，此亦不算知行。行为的合法性如果失去了意识的道德性，便不是真行，所以，由此可以看出“心”或者“良知”的重要性。

其次，所谓真知、真行，必然就是包含着知行合一的，否则就不能称为真知、真行。阳明在论述“知行合一”中提到“真知即所以为行，不行不足谓之知”[②]，这句话表明，“真知”必然包含着“行”，如果不包含“行”的“知”，就不是“真知”。也就是说，如果一个人有真正的“知”，那么他一定是会具体实行的。否则，就不是“真知”，就会陷入只谈“知”而不“行”的“妄想”。阳明在《传习录》中多次列举了关于孝顺父母、尊敬兄长的例子，就是为了提醒人们注重知与行的合一，即德性与德行的一致。如果一个人只知道说一些关于孝顺父母的话，而不落实到孝顺父母的行为中去，那么显然他已经割裂了知与行的关系，我们自然不会认为他是一个真正懂得孝悌的人。只有当自我行为主体知道如何去孝顺父母、如何去敬爱兄长，并且将这些所知具体落实到孝顺父母、尊重兄长的道德行为外在实践中去，才是真正懂得孝悌之道，即真知。

最后，就知行本体来说，徐爱在与王阳明讨论时谈到当时出现了一种社会现象，例如社会上有些人是知道要孝顺父母的道理的，但是落实到行为上，却做不到真正的孝顺父母。阳明对于此种社会现象给出了解释。阳明首先是承认这种现象的存在。紧接着解释说，这种社会现象出现的原因是行为主体的“本心”被私欲所遮蔽，而不是因为知与行是两件事。正是由于道德行为主体的“本心”被私欲隔断，导致知与行的关系被割裂开来，此时已不再是知行的本体。所以，阳明才提出作为道德行为主体的人需要在“知行合一”上做功夫，去除私欲对于本心的遮蔽，从而还原知行本体。另外，关于

---

① 王阳明：《传习录上》，《王阳明全集（新编本）》卷一，吴光等编校，第5页。
② 王阳明：《传习录中》，《王阳明全集（新编本）》卷二，吴光等编校，第46页。

知行本体，陈来先生在《有无之境：王阳明哲学的精神》一书中也做了解释，他认为所谓的知行本体，其实就是真知、真行。真知必然包含行，真行也必然包含着知。知与行本就相互关联、相互包含，二者本就不可割裂开来。王阳明在讨论二者的关系时也举了如果将知行割裂开的后果，“故遂终身不行，亦遂终身不知”①。所以，行为主体在进行个体的生活行为、社会行为等行为实践时，更要注重知与行的统一，即德性与德行的一致。否则，就会陷入自我行为矛盾的冲突。

（二）自我德性与德行的统一

阳明学关于知行合一的论述，同样也为自我行为规范提供了借鉴。作为行为主体的自我来说，我们既要摒弃那种空谈德性却不做出实际德行的思想，也要摒弃为了德行而有所为，却浑然不知德性的行为。在平时的行为实践中践行知行合一，达到德性与德行的统一。前文所提到关于自我行为冲突的表现形式，其实都是割裂了知行关系的结果。在王阳明看来，“行”是“知”的具体落实，“行”体现“知”，不能离开“知”而单独存在。同样，“知”需要通过“行”而有所显现，不能离“行”而独立存在。“知”与“行”本就不可分离、互相依赖。具体到现代生活中，就好比道德主体仅仅学习关于社会主义核心价值观的理论是远远不够的，还需要将这些理论的具体内涵通过道德实践活动展现，即阳明所说的“事上磨炼”。同样，这也与习近平总书记所提倡的关于“知行合一”的理念相符合，即从落小、落实、落细三方面贯彻“知行合一”。

首先，实现自我行为规范，自然要从自我行为的主体即自身做起。具体来说就是从日常生活的小事、从力所能及之事开始做起。在社会生活中，我们每一个具体的人都处在自己的位置上，有着各自所确定的角色，同时承担着各自相应的责任，包括道德责任。就像作为一名医生，所担负的责任就是救死扶伤；作为一名教师，就应该教书育人；作为一名从商人员，就要讲求诚信。具体的行为主体所相应的社会身份与道德责任各不相同，那么在其具体行为规范上的要求也会有所不同。所以，这就需要每一个行为主体将其自身

① 钱德洪：《年谱一》，王阳明：《王阳明全集（新编本）》卷三十二，吴光等编校，第1236页。

的道德要求贯彻到自身的行为实践中去，从自身出发，从每一件小事出发，一步步脚踏实地向前迈进。道德行为主体通过将这些道德要求与自身行为实践相融合，从而强化自身行为的道德实践能力，规范自身行为。

其次，党的十八大以来，习近平总书记多次提出社会主义核心价值观，表明了党中央对于社会主义核心价值观的重视。社会主义核心价值观为自我行为规范提供了方向，其二十四字的内涵对道德行为主体进行道德实践具有积极的引导作用。并且，社会主义核心价值观的内容也反映了道德行为主体作为具体的人在进行自身道德实践活动的不同目标与要求。具体的道德行为主体在进行道德实践时的能力水平是各不相同的，所以，如果简单地以呆板一致的标准规范所有道德行为主体的具体道德实践行为，显然是不科学的。如果一味强制要求，也不利于自我道德实践能力的提高。同时，道德行为主体要对自身的行为有一个清楚的认识，将自身所设定的道德目标与自身实践能力统一起来，这也就要求我们在进行道德实践时要量力而行，从自身实际出发，切实完善自我道德认知，提升自身道德实践能力，从而更好地规范自我行为。

最后，道德主体进行道德实践时，需要认真专注、一步一个脚印，不仅要追求自我行为的道德目标，也要从具体道德实践中的细节出发，做到无所偏差。王阳明所讲的“格物致知”中的“格物”本身就包含着一毫不苟、极致认真的态度，所谓“致知”就是要在具体的生活实践中落实“知”。而知行合一更是如此，自我行为的道德实践中，知与行必须是统一的，缺少知行的任何一面都不是真知、真行。规范自我行为，道德行为主体需要始终保持一种认真、负责的态度，使自己的一言一行符合自身内心的道德原则，要在生活的各个方面体现出具体的道德要求，让道德要求落实到实际。要坚决抵制自欺欺人的做法，即仅仅只是知道德性，而不去践行德性，停留在“纸上谈兵”的阶段，这样对我们规范自身道德行为是没有任何意义的，并且长此以往可能会带来更为严重的后果。同时，道德行为主体在进行具体的道德实践过程中，必须以严格的道德标准要求自己，规范自身行为。我们只有在规范自身行为上做到真正的一丝不苟、严于律己，才能有效控制自身道德行为，促使德性与德行相统一，使自身行为更加规范。

总之，在阳明学的视域中，每个人都是具有良知的，但是也存在圣凡之别。凡人之所以是凡人，是因为凡人的良知是极容易被私欲所遮蔽的，那么要想由凡人到圣人，就需要我们通过做功夫将遮蔽良知的私欲去除，从而使良知得以扩充至极。作为现实生活中的行为主体，同样也需要做功夫来去除私欲，使本然良知得以显现。具体到自我行为实践中，我们要做的恰恰就是需要刨除极端的个人主义，克制住那些过度的欲望，来完善自身行为，修养自己。值得注意的是，王阳明并不是要求人们去除生活中的一切欲望，他所强调的克制私欲，指的是克除过多的、没有必要的欲望。人作为现实生活中的一部分，其满足自身生活的基本欲望是必然需要的，例如衣、食、住、行等方面的欲望自然是不可去除的。人人生而具有良知，之所以会有恶的出现，正是由于人的私欲过多。人们只有去除过度的私欲，破“心中贼”，扩充自身的良知，才能促进自身行为与德性的统一，彰显人之德性，恢复人所特有的精神气质。

作为心学的集大成者，阳明的一生其实都是在践行着他的心学思想，践行他的“致良知”的学说。在阳明看来，“致良知”思想的核心在于践行，在于道德主体能够做到知行合一，做到真正意义的顺应本心而为。现在社会上虽然非常流行“知行合一”的说法，应用也是十分广泛，但是更多是从知识层面讲“知行合一”，其本质内涵已与阳明学所说的“知行合一”相差甚远了。当然我们并不否认知识层面所谈到的“知行合一”，只是更为重要的是从伦理价值、德性价值来看待“知行合一”。正确理解关于“致良知”“知行合一”的实质内涵，在一定程度上有助于我们规范自我行为，提高个人道德素质与修养。

当然，阳明学的所有理论也并非都是至理名言，我们需要辩证地吸收借鉴阳明学中的理论，取其精华，运用到自我行为实践中去，从而有效地规范自我行为。

第三节 阳明学与人际关系调适

阳明学对当代人的人际关系调适具有重要的价值和启示意义。

当代日益加快的生活节奏、人际关系评价标准的物质化和生活领域的日益私人化，使人与人之间的关系日益淡漠、功利化和隔阂，阳明学的心物合一、知行合一、万物一体的思想，对于现代人际关系的调适具有重要的理论指导和思想启发意义，对构建和谐社会发挥着深厚的文化底蕴功能。

儒家学说一直以“人”为着眼点，把人作为整个学说的核心，阳明心学作为宋明儒学经典人性哲学的集大成，其思想蕴含的旨意更是以人为出发点，以人为落脚处，它关注现实人生、注重现世人事、孜孜不倦于对人之本性及人与人相互关系的探求，在此意义下，阳明“心”学亦是“人”学，是王阳明“仁”且“知”的一生的总结，其博大精微的义理及丰富的人文思想跨越了历史，对当代人际关系问题的调适，仍然具有深刻的启迪和借鉴作用。

一、心物合一：走出冷漠的人际关系

心物合一是阳明心学的本体论中的核心问题之一，王阳明对于心物关系的论断简单明确：“心外无物，心外无理”。在王阳明看来，世界本体就只是一心，心与万物直面贯通，心念发动万物觉应，这是体证又是顿悟，是心觉而后觉物，物不自觉乃由心觉，物觉觉于心应，犹山中花树，人不来时花无自知，寂寂然无所谓花落花开，无人来时花树是死的，连同它背后的山野河流，只有人来时，山川花木，颜色才一时明白起来！是心性觉知了万物之灵，心达万物、心通万物、心融万物，心物乃大一统。阳明之“物”是与“心”关照而立的意义之物，是人主体性的关涉存在，但他从未否定“物”之客观存在，他不否定物之本然，只是当本然之物未进入人之域，未被人之意向性活动关涉时，它是处于“寂”的状态，花物“寂”着，便是本然，它潜隐着“明”，却只待人来，而当人不在场，物便只是物，我只是我，物我两相隔，心物便不明，心不予物明，心与物便处于彼此原初的漠然。在这样的本体意义上恰切人与人之间的关系，个体的人相对于他人都是彼此意义上的“山中花”，当我们不相遇不交流，彼此是本然意义上的各自存在，我们只是作为“寂而未明”的单个的存在，这种单个的个体之“寂”，在当今社会现状下被放大、被凸显，城镇化的推进和科学技术的发展，使人们得以空间群聚但却心灵疏远，世界缩小了真实的距离，网络模糊了虚拟的现实，陌生的人彼此不了解也不会主动去了解，世界正在变得小众而同质化，人们不愿主动花费精力去了解周围的人或事，也不愿和与自己不同特质的人或事交流。城市的高楼变成意象的孤岛，将人与人隔离，人与人之间变得彼此生疏、冷漠，快节奏下的人们变得自我和封闭，没有交往的热情，没有交流的欲望，人们更愿意各自为政、自我奋斗而不屑于合作与分享，人们之间变得越来越游离和隔膜，人们主观的“心”与客观的物完全隔绝开来，使“身、心、意、知、物”分离，也就是说，人们变成了各自孤立隔绝的单独个人，人与人之间由“心物不明”而成为彼此个体精神上的孤岛。

这是生活现象层面人与人个体心灵间漠然而凉薄的精神状态，但在王阳明心物本体意义下，心物从未分开，心物从其来处即是一体。只要有人，人必然会有意象明觉，当意象发动，人必然会关照在彼此的意象世界之下，人们必然会发现彼此、看见彼此，这时的人则犹如那被人看到的“山中花树”，在彼此的眼中、在彼此的心念之当下，必是“颜色一时明白起来”，这时的人们，被对方照亮，被彼此关照了意象，人便活跃明亮起来。王阳明“心”的世界是“心外无物，心物一体”，一切从心而来，一切融注于一心。其心物关系的实质其实只是一个心，世界只一心足矣！而“物”是心之言说对象所指的感通，心发动，物才应，心念发动万物生，世间所有都在心中，心包万物是王阳明关于世间存在的哲学意境，在言说空间上，物，是虚化了的心内之物。那开在山中的花，在现实层面他是承认的，而认识花树时，他的回答则不适用于实存之外在的“花树”，而是转向了“观花”“看花”之时的人的内在心理路径，他限制了“物”的意义范围，把花之客观的事物性存在转化为对象性存在，他回避花本身，他不谈物和心之间的贯通，[①]而是让它们直接地交融，心和物之间是包含与被包含的关系。这样王阳明心物之“物”是在认识论上被消解了实物的客观存在，而直接融通于其大一统的心，从而“物”成为“心”的内涵与自洽，“物”是隐于心物关系之虚化的对象性的“事物”。这时候王阳明心外无物的“物”便作为心内

① 如若说贯通，其内在逻辑上便还是承认心物之间早已有主客、有差别、有先后、有内外，但王阳明的心物，从一开始即是圆融无分别。

之物，物不自存，它在心的意识发端里，由心来开启而得意，由心念发出而呈显。物在心体里成为意念之物，其地位被虚化，被消解而最终被容融于一心之内。关于心物关系，王阳明明确阐发说："身之主宰便是心，心之所发便是意，意之本体便是知，意之所在便是物。如意在于事亲，即事亲便是一物，意在于事君，即事君便是一物，意在于仁民爱物，即仁民爱物便是一物，意在于视听言动，即视听言动便是一物。所以某说无心外之理，无心外之物。"①在王阳明看来，从来就没有心外之物，由心之所发在意，到意之所在物事，物事便自然地涵摄于心，在此心物容融统一的关系下，人们彼此认识对方，彼此明觉自己。人与人之间因共于这"不在之外"的心物之中而通其共有之性。这是本然的世界，它本然的样子就是心物合一，或者说本无心物，何必言合？世界本然就只是一个心，就该是这"一"的样子，所以人与人在本然上就是彼此合一，从未疏离，也不会疏离，以此解读本体视域下的人际关系，人与人的关系即是心与物的关系，彼此无论熟悉或是陌生，我们都在这整体的心之内，我们从来就没有真正地离开过彼此之心物，在意向意义与本然之意下（而本然统摄了意向），在心物不二的形上本体中，人与人在心物本质上本就是关联的、相通的，人们走不出各自的心物，走不出彼此的心物，或者根本就是走不出这融通与共的心物合一的关系。人们在彼此的心物之中同生、相连，你不在我之外，我本就是你眼中之"花"，我们同一于这心物的本体之源。这人与人间的交往之道，便是从心而来，人们交流认识，便是相处有道，沟通畅达，人们心怀善意，人们能够从心里真正地接纳对方而彼此有爱，这是人际的交往在本体上的自洽和回归，这是人性之暖的本然恢复和当然之显。在此意义下，人与人之间能够走出冷漠走向熟识、走出疏离走向关爱，这便是人际关系本质中的应有之义也是可能之意。由此，我们有理由相信，当代社会人际关系中存有的问题一定能够解决，人们一定能够走出冷漠走向温情，并且我们将对未来人情关系之可以亲密友好而保有永远的乐观和希望。

在王阳明，其本体论即是心性论，这贯通世界的能力人人生而

---

① 王阳明：《传习录上》，《王阳明全集（新编本）》卷一，吴光等编校，第6页。

有之，它叫良知，所以这世界其实非常简单，打开心知便觉通万物，万物纳于我心，我亦与万物融。这“心”即是“理”，所以理不必外寻，纵一理万理，皆在一心之内，循心而动便是依理而行。王阳明的认识的主体是人，以心为开端，由内向外开视，接纳融通心外之物再回返于心内。心内之理依然存，心存理而有理，理可无限有无限扩，而无限的心承接理随之延扩而包容，延扩和包容都无限，于无限处心理同一，心理同在，而此在处，心即理！认识与认识物亦融通为一。物之存是因他物之存，物物有相对，存在才可以发生，而物之觉则只是由人之觉。存在是在关系缘构中实现，王阳明的存在里，人总是主体性的存在，心与物对成，心、物，便在二者缘构的关系中呈显，所以万物因心是统，心物乃一体。心物合一之下的心即“心理”，王阳明之“心即理”，人心与天地万物乃一理，人与人之“心”便亦具同理，人们通过对自身本心之“明明德”来明晰、把握天理，把握共同的人性之理，此理于万物万人同，同“理”之心下，人们以心物之“通”、以心物之“同”而深刻反思，便知人与人之间实在是同根同源、同宗同祖，人与人之间实在当是彼此映照、彼此关联。以此，当代人们的交往便理当循人际之正道，相亲相好、相融相就，从而在根本上走出这淡漠的人际关系。

二、知行合一：建构德性化的人际关系

王阳明知行合一的思想充满了哲性思辨，它既是本体又是工夫。心学本体下王阳明的知行合一来源于孟子的心性思想，孟子说：“人之所不学而能者，其良能也，所不虑而知者，其良知也。孩提之童无不知爱其亲者，及其长也，无不知敬其兄也。亲亲，仁也；敬长，义也；无他，达之于天下。”（《孟子·尽心上》）这里阳明之“知”即是道德“良知”，“行”即是“躬行”发用。这是阳明对孟子之“心”学思想的继承和发展，也是他在对二程“知先行后”“先事后得、先得后事”以及朱熹“知行互发并进”的批判之上提出的。王阳明肯定了良知的德性内涵和先天性，他直接用良知代替了先前儒家的本体——“太极”，使良知成为宇宙本体，他承接陈献章，认为太极已经不是客观实体，而是普遍化、绝对化的主观观念，也就是心之太虚。“良知之虚，便是天之太虚；良知之无，便是太虚之无形。

日、月、风、雷、山、川、民、物，凡有貌象形色，皆在太虚无形中发用流行，未尝作得天的障碍。圣人只是顺其良知之发用，天地万物，俱在我良知的发用流行中，何尝又有一物超于良知之外，能作得障碍？”[①]良知本体发用于万物，良知与躬行合一，王阳明的知行思想是真正意义上的知行合一，他高扬德性，强调真知，以道德统领知识与价值。他说：“知之真切笃实处，便是行；行之明觉精察处，便是知。”[②]知行没有分隔、没有断离，在这里阳明不说“知和行”，是因为在他的知行关系里，知行本就是一气贯通，不可分别的，“知是行的主意，行是知的工夫；知是行之始，行是知之成。若会得时，只说一个知，已自有行在；只说一个行，已自有知在”[③]。知行合一不可断章取义理解为知后另有一行，行前也不可能无知，知行必是同时发用，他批判朱熹的知行二分、心物为二，“知行原是两个字说一个工夫”[④]。王阳明说：“今人学问，只因知行分作两件，故有一念发动，虽是不善，然却未曾行，便不去禁止。我今说过‘知行合一’，正要人晓得一念发动处，便即是行了。发动处有不善，就将这不善的念克倒了。须要彻根彻底，不使那一念不善潜伏在胸中。此是我立言宗旨。”[⑤]王阳明以彻底的知行合一批判朱熹之知行二分，使其不善之念没有了“意”之可藏处。他还强调：“真知即所以为行，不行不足谓之知，此为学者吃紧立教，俾务躬行则可。若真谓行即是知，恐其专求本心，遂遗物理，必有暗而不达之处。抑岂圣门知行并进之成法哉？……知行工夫本不可离。只为后世学者分作两截用功，失却知行本体，故有合一并进之说。”[⑥]

知行本为一，只是后人将其作两截用，阳明才特别提出了“知行合一”，“知行合一”是为了致知求善，而求善是为了行善，由行善而潜在地喻示着能善，也就是说，“知行合一”是站在圣人的高度提出的工夫修养标准，圣人能够践行真知真行，圣人之知行工夫顺畅自然，知行合一、人性向善体现了对行为主体性的强调，而恰

① 王阳明：《传习录下》，《王阳明全集（新编本）》卷三，吴光等编校，第117页。
② 王阳明：《答友人问》，《王阳明全集（新编本）》卷六，吴光等编校，第223页。
③ 王阳明：《传习录上》，《王阳明全集（新编本）》卷一，吴光等编校，第5页。
④ 王阳明：《答友人问》，《王阳明全集（新编本）》卷六，吴光等编校，第223页。
⑤ 王阳明：《传习录下》，《王阳明全集（新编本）》卷三，吴光等编校，第106页。
⑥ 王阳明：《传习录中》，《王阳明全集（新编本）》卷二，吴光等编校，第46页。

恰是其鲜明的主体性彰显出了道德自由的成立，圣人知行合一逻辑含蕴着工夫道德主体的自由性，因为知行从心而来，是良知本体的自然发用，即是孔子所言“从心所欲，不逾矩”（《论语·为政》）。知行合一的良知本体揭示了主体道德向善的心理根源，它是孟子式的道德自律的自由，因为依心而来，心无所役，自律是自觉于心，自律便是自由的体现，这不同于程朱理学的功夫修养方法，程朱的知行依从天理的道德规范，而天理在心之外，道德主体因缺乏了心的知行自由而表现为对天理的被动服从。王阳明知行合一的本体自由在内涵上自洽了知行修养于伦理道德的自由，知行合一为构建德性人际关系自由提供了本体的依据。

知行合一的伦理道德自由，在人际交往自由上得以体现，知行合一是人与人交往秉持的总原则。人们日常交往中的“言而有信”“言必行、行必果”“重信守诺”的道德伦理是知行合一原则的道德体现，它是人际交往道德、信任感建立的基础。知行合一下的人际交往是自由的，因为知行是从心而来的顺畅和愉悦，它不为外力所拘，不为外理所束，知行本自由，由知而行，由行而知，且知且行，知行一体而来，它是开阔的、旷达的、怡性的，人际交往自由之显现首先是人可以自由选择：在某一个交往的当下，你可以选择交流也可以选择不交流；可以选择与谁交流，选择不与谁相往来，可以相交于心性相近之人，志向、兴趣、品性相投可趋之，或者虽相反却有趣便可交往以互补；交往对象也是自由的，可以交往于陌生人而逐渐熟悉，也可由熟悉慢慢淡薄而成为熟悉的陌生人；交往的程度可以自由选择，有些人是一生的挚交而有些人仅淡淡的相识，有些是人亲密无间而有些人是远远的疏离，有些人可以一见如故而有的人则是拒之千里。人际交往的具体内容也是自由的，比如因着工作、学习而确定的同事、同学的交往，因着思想信仰的交流而成为知己朋友，还有就是仅限于生活中日常交往的一般人际关系，比如大众朋友圈中的家常谈论、琐事往来、吃喝住行的展示、人情世故的表达，不一而足，人际交往像是水波的涟漪，在每个人的交往心圈中划分出无形的界限，它无形有度但却是自由的，皆因着知行从心上来，人际的交往便是自由的。交往对象广泛与多样，交往的具体对象可以是任何事物，由知行合一内在要求的本然和自由呈显，人与人交往的自由得以能够最大的发挥。因为它从心而发，良知要求符合人性交往的内在心理需求，当然这样的自由是建立在符合道德规范的原则之下的，即道德良善的一念而起，它是王阳明“知行合一”下真知真行的真正的合一。

王阳明的“知行合一”逻辑地包含于致良知的内涵，良知即是本然良善之心，良知人人具足。良知的内涵在某种意义上意味着良知之行。

（一）良知本体的绝对性

良知绝对性体现在“心”之绝对统一性。王阳明这里表达良知本体为“心即理”，他言简意赅，心就是理，心等同理。在阳明，心和理毫无差别。在心和理之间不通过任何的中介，心直贯理，这与朱熹不同，朱熹在其心理之间是要通过一个“性”来上达。阳明之心是本然良知，它是一体之心，只一心为绝对的本体，他不同于朱熹将“道心”与“人心”作分别。《传习录》记载，徐爱问：“‘道心常为一心之主，而人心每听命。’以先生‘精一’之训推之，此语似有弊。”阳明回答说：

> 心一也，未杂于人谓之道心，杂以人伪谓之人心。人心之得其正者即道心，道心之失其正者即人心，初非有二心也。程子谓“人心即人欲，道心即天理”，语若分析而意实得之。今曰“道心为主，人心听命”，是二心也。天理、人欲不并立，安有天理为主，人欲又从而听命者？[①]

阳明的良知本体之心“至善”。至善是无善无恶的，关于良知至善，管志道说：“性，太极也；善恶，阴阳也。阴必与阳对，善必与恶对。……言太极必在阴阳未判之先，言真性必在善恶未分之始……”[②]这里“性”为本体，是“太极”，性、太极在善恶未分之始，王阳明的本体是良知，良知本体即是其本性，它是至善。《大学问》中记载：“天命之性粹然至善，其灵昭不昧者，此其至善之发见，是乃明德之本体，而即所谓良知者也。”[③]至善的良知本体纯粹自然，

---

① 王阳明：《传习录上》，《王阳明全集（新编本）》卷一，吴光等编校，第7—8页。
② 顾宪成：《质疑上》，《证性编》卷五，《顾端文公遗书》，清光绪三年刻本，第2—3页。
③ 王阳明：《大学问》，《王阳明全集（新编本）》卷二十六，吴光等编校，第1016页。

良知先验，人人具足，良知普遍，无论圣凡："良知在人，随你如何，不能泯灭，虽盗贼亦自知不当为盗，唤他作贼，他还忸怩。"① 人人具有良知，且良知本体都一样，呈显的差别在于圣人能够保持原本的澄明状态，普通人的良知已经有所蒙蔽，人人都可以通过"致良知"的工夫成为圣人。由良知本体的绝对性，良知本善，良知人人具有，则天然存于人性的至善给人们的交往提供了"和"的根基，"和"的交往原则从本性良知的善而来，便是有了最本质的人与人交往关系的最根本上的源头。人们交往以和为贵，"和"是达于人际关系的最放松最舒适的心理空间和感受，孔子说："君子和而不同，小人同而不和。"（《论语·子路》）君子之"和"光明磊落，是于大"道"上的志同道合，而可以并且乐见于每个人的不同个性、不同风格的多样表达，小人为了表象趋同而随声附和，在内在品性上却是趋炎附势，与君子之风大相径庭，孔子以君子之"和"为推崇的交往原则，从本善、良知、自由而发，而"诚"也是从本体至善性呈现出的人性美好的品质，诚信、真诚也是人际交往中的基本道德原则，人的本性自足了诚，人们的交往以诚相待，诚信为人，信义做事，善意的释放像流水一样自然而然，是谓人际交往中的从善如流。

（二）良知本体的经验性

经验性的良知本体与外在事物联系，为外物善恶所遮蔽，由此而发善恶之念，良知所发之意不同，呈现出来的良知本体也便不同。良知本体至善，但因物所蔽，至善的呈现却是有善有恶。良知遮蔽呈善恶，便需在经验中作修养功夫以去蔽除恶，除去私欲私心恢复本体良知的粹然澄明。良知经验性在现实经验活动中是渐次呈现的，就像万物造化的天理之"仁"，"仁"的流动萌生是逐渐出现，有开端处，才能够持续生发而生生不息。儒家之仁是有次第的差等之爱，有差别、有时位，才可以名副其实，这种分别之差是本体在经验性上的呈现，良知亦是在现实活动中找到它的"发端处"，然后逐渐展开。良知本体的经验性在人际关系中发挥其调适作用，在现实人际交往中，应该注意人际交往的距离和把握分寸感，人和人因为熟悉

① 王阳明：《传习录下》，《王阳明全集（新编本）》卷三，吴光等编校，第102页。

度不同，因为身份、场合不同，人们的交往方式就该有所差别。正是良知本体经验性的内在性作用，外化于人际关系上的呈现便是交往关系的亲疏、交往态度的差别，人与人的关系有远近、浓淡之别，这是正常而必须的，因为这符合人性本质上的心体理路，正是有了这差等之分别，才是正当于人际相处之道，所谓各在其时、各处其位，正常的交往才可以持续和良性发展。在最恰当的时位，做最适宜的人际应照，这正是从其本体经验性而来，对人际关系的这种现实之别，要给予心理的认可和行为的自觉维系。

（三）良知本体的明觉性

良知本体具有明觉性，灵明的良知可辨是非、可觉善恶。王阳明说："盖吾良知之体，本自聪明睿知，本自宽裕温柔。"[①] 阳明认为人人具有的良知是睿智聪明的，它本然具足，可自省自悟、自察自明，这本然的灵明良知从心而发，在事物与事事中自然发用，而明觉的自发呈现也需保持良知的透彻。对于良知明觉的是非善恶，阳明曾有一段教导陈九川的话："尔那一点良知，是尔自家底准则。尔意念着处，他是便知是，非便知非，更瞒他一些不得。"[②] 此外，阳明在《大学问》有言："凡意念之发，吾心之良知无有不自知者。其善欤，惟吾心之良知自知之；其不善欤，亦惟吾心之良知自知之；是皆无所与于他人者也。"[③] 意念发动，善恶自知，善与不善都在一个自觉的心里，与他人无关。修养工夫中"慎独"在明觉中便是格外的重要，独处的能力，独处中的自我观照能力是道德修为中自我磨砺之道，因为独之处，只是面对着一个自我本心，面对纯粹真实的自我，道德的自发修为才可以显示出最真实的力量。"七情有着，俱谓之欲，俱为良知之蔽；然才有着时，良知亦自会觉，觉即蔽去，复其体矣！"[④] 心中一念产生，若是私欲恶念，良知是能够为明觉辨知的，所以要时刻保有警醒，以去蔽复明。明觉性之发用在人际交往上便表现为人之可贵的自知之明，良知本体的自觉自明使

① 王阳明：《答南元善》，《王阳明全集（新编本）》卷六，吴光等编校，第224页。
② 王阳明：《传习录下》，《王阳明全集（新编本）》卷三，吴光等编校，第102页。
③ 王阳明：《大学问》，《王阳明全集（新编本）》卷二十六，吴光等编校，第1019页。
④ 王阳明：《传习录下》，《王阳明全集（新编本）》卷三，吴光等编校，第122页。

人能够随时保持自省体察的能力，使人能够辨别交往方式是否得体，审视社交礼仪是否恰当，能察觉交往过程中的变化，能根据变化适时、适度调整交往形式、交往尺度，良知明觉使人有能力有悟性实现自我判明、自我调控，在人际关系中做到自察自觉，来对交往关系做出恰当确切的调适。

（四）良知本体的实践性

良知实践性的表达形式是“致良知”，致良知统摄于“知行合一”，“致”便是知行的实践，是知行实现的进路过程，知而行、行而知，皆于“致”中达成，王阳明义理上阐发知行合一、知行不分，在实践上突出了行，针对当时社会上存在的华而不实、知行不一的世风，他高扬“心”对“行”的意义的赋予，要求德性与德行的统一，“知而不行，只是未知”①，“真知即所以为行，不行不足以谓知”②。“致良知”之“致”也是强调良知的实践性，“实实落落依着他做去”③，便是阳明实践良知的要求。由良知实践而来，人际交往中的实践性便是实践交往中人当具有的践行品格，与人交往需诚实做人、踏实做事，脚踏实地、勤勉躬行，不好高骛远、不浮夸、不浮华，交往实践中要积极热情，主动维系好健康的人际关系，摒弃改善不良的人际交往，增强交往能力，学习社交礼则，学习人际交往的技巧和公共交往的规范，在交往行为中掌握交往的分寸，在行中学，在学中用，提高人际交往的品质，在与人交流实践中释放善意和友好，营造良好的交往氛围，努力给自身人际交往生活带来愉悦和充实。

三、万物一体：打破人际关系的隔膜

王阳明晚年居越讲学，在《大学问》中全面阐发了其“万物一体”的思想。阳明的“万物一体”以其宇宙的视角，视万物为同体，在他的眼中，天地万物的一切，人、草木、山川、河流、禽兽、土

---

① 王阳明：《传习录上》，《王阳明全集（新编本）》卷一，吴光等编校，第5页。
② 王阳明：《传习录中》，《王阳明全集（新编本）》卷二，吴光等编校，第46页。
③ 王阳明：《传习录下》，《王阳明全集（新编本）》卷三，吴光等编校，第102页。

石、瓦砾同构于自然，万物自然都是由“气”构成，构成的同类性是万物一体的基础，万物由气同构，万物在“气”之层 面上便实现了万物同，所以，万物“故能相通耳”！这是王阳明在认识论层面上对自然论的回应。阳明以气贯通万物，贯通人与万物的大同，因着人的在场，宇宙便生出无限之活泼泼来，宇宙万物得以有机化、生命化，在生命的意义之下，人与万物在本然之态上有了内在的关联，这种关联性，为人与万物上下一体同流做了理论上的基奠。因着这万物同体，所以，“夫圣人之心，以天地万物为一体，其视天下之人，无外内远近，凡有血气，皆其昆弟赤子之亲，莫不欲安全而教养之，以遂其万物一体之念”[①]。以圣人之心怀，以圣人之视域观，物我相通，物我同体，则“安全教养昆弟赤子”就只是“遂于万物一体之念”而已。圣人之所以为圣在于圣人保有澄明的良知，在于圣人保有发窍之最精处人心的一点灵明。人以良知明觉万物，故万物与我同，王阳明说：“人的良知，就是草、木、瓦、石的良知。若草、木、瓦、石无人的良知，不可以为草、木、瓦、石矣。岂惟草、木、瓦、石为然，天地无人的良知，亦不可为天地矣。盖天地万物与人原是一体，其发窍之最精处，是人心一点灵明。风、雨、露、雷、日、月、星、辰，禽、兽、草、木、山、川、土、石，与人原只一体。故五谷禽兽之类，皆可以养人；药石之类，皆可以疗疾：只为同此一气，故能相通耳。”[②]圣人以灵明的良知，以其一体之仁以应万物，这便转向了万物一体的价值层面，圣人的灵明觉知使天地万物有了生气，万物便具有了生命质态的鲜活，万物与人相视相应，人与万物相依相通，人以良知的本体在意识的觉醒处与万物之体同。圣人之所以为圣在于他们能够视“天下一家、国家一人”，大人视天下为一体，万物同体，而万物与我共，大人雄阔的视域将万物揽于一己，大人以天地万物为一体，这种一体表现为万物相互之间诚爱无私，“其精神流贯，志气通达，而无有乎人己之分，物我之间”[③]，“其元气充周，血脉条畅。是以痒疴呼吸，感触神应，有不言而喻之妙”[④]。在大人的一体之仁下，万物息息相关，融为一个整体，这一

① 王阳明：《传习录中》，《王阳明全集（新编本）》卷二，吴光等编校，第59页。
② 王阳明：《传习录下》，《王阳明全集（新编本）》卷三，吴光等编校，第118页。
③ 王阳明：《传习录中》，《王阳明全集（新编本）》卷二，吴光等编校，第60页。
④ 钱德洪：《年谱三》，王阳明：《王阳明全集（新编本）》卷三十四，吴光等编校，第1306页。

体即为大己，成己而成物，这是道德境界的仁。阳明认为大人的心之仁体本如此，“大人之能以天地万物为一体也，非意之也，其心之仁本若是，其与天地万物而为一也，岂惟大人，虽小人之心亦莫不然，彼顾自小之耳”[①]。大人、小人都同有此仁心，但小人不能同万物一体，在于他们被“我私”“物欲”所蒙蔽，在于他们被外物形骸所隔，而大人能以一体之仁贯彻万物，与万物休戚与共、同流生生，大人之爱乃大仁之爱，在此意之下，人与自然万物通为一体，人与自然、人与万物便进入了其本然之态下的良性互动。在社会伦理的生活中，大人之爱的一体之仁，若发用于每一个个体，每个人自觉于一体之爱，爱人、爱万物、爱自然，那么社会秩序必然井然祥和，人文生态必然生生不息，这是儒家之“仁”的理想状态。但儒家之爱有差等，儒家之仁从心而来，这与王阳明良知先验性的精神实体性质相吻合，王阳明强调仁爱差等是道理合该如此，良知仁爱的发动本然而自然，不受外物的强加，这种有级次的、有分别的仁爱克服了仁的泛化，使儒家之仁爱在现实性的层面上更易落实。万物一体是精神的本然，但它不是乌托邦的大同理想世界，它也不同于墨家之兼爱，阳明说：“爱之本体固可谓之仁，但亦有爱得是与不是者，须爱得是方是爱之本体，方可谓之仁。若只知博爱而不论是与不是，亦便有差处。吾尝谓博字不若公字为尽。”[②]“爱的差等并不是儒学一定要为实践对象规定这种差别，以减杀一视同仁的崇高性，它既是对义务冲突境遇的一种分疏，又是仁与义的协调，同时也体现了理想主义的儒家内在地具有现实主义性格。”[③]王阳明万物一体之仁作为道德修养的精神境界，最终是要落实到人的内心生活上来的。人们以一体之仁的价值理想，以“亲民”之实践，以明“明德”来实现人与万物交流互动的真实状态。王阳明的万物一体之仁心，在本体良知意义上人人具有，而仁心本身也是和畅快乐的。个体之人，只要回复自身“心体”，以良知觉万物，以宽和博大之心体，怀天下小物我，就能进入物我相通人事相嵌的“万物一体”的境界。

王阳明“万物一体”学说以他圣人的胸次和视野将宇宙万物视

---

① 王阳明：《大学问》,《王阳明全集（新编本）》卷二十六，吴光等编校，第1015页。

② 王阳明：《与黄勉之二》,《王阳明全集（新编本）》卷五，吴光等编校，第208页。

③ 陈来：《有无之境：王阳明哲学的精神》，第252页。

作一整体，在本然同体之意义下，人与万物因相同而相通，人与花木同呼吸，人与鱼鸟同翔游，人与自然相关照。在一体之仁下，万物山川，日月同辉、水天共色，而人一自然中独得钟灵的人，在以人合天中，与天地合德、与日月合明、与四时合序、与鬼神合吉凶，最终人与万物本体内洽，本然融通为一体，人与万物和。那么人与人呢，在万物一体之下，人离不开万物，人与万事万物早已是应然的浑然一体。而在人际交往关系中，基于这万物一体的思想，人与人之间必当相互关联，人与人在人文伦常之内相互联系，人人在良知本然的至善中，亦必当消除隔膜，走向融合。人们的交往互通互动，在沟通中解决问题，除却淡漠，以美好寻求友善，以坦率互动明朗。王阳明的“万物一体”思想，让人们重新审视自身，回返本心，人与人之间不可孤立隔膜，人们应该走出封闭的内心，以人间暖意和人性之光，将人与人、人与万物以本然之心相联结，万物与我视作一体。在世界的视域之下，人们同心同德，从而达到人际关系的和谐、和美，以至最终的和合。

第五章

阳明学的当代化及其践行

在城市化快速发展的今天，中国传统的乡村文化的主体地位已经让位于都市文化。在某种意义上，都市文化代表了当代人的物质与精神的双重诉求，体现了“心”与“物”的对立紧张而又追求统一的要求。在物质化的当代，物质对于精神的挤压是不可否认的事实，这一方面造成人的同质化，另一方面也成为人精神“出走”、追求自我的原因，而出走之地就是与城市相对的乡村，乡村在某种意义上成为闲适文化的符号。当代乡村文化虽已不可能保留传统的原貌，并已呈现出被都市文化逐步渗透的特征，但相较于都市文化，在整体上体现出“心”对“物”的涵摄。心物关系是阳明心学的主题之一，当代都市文化和乡村文化在某种意义上正是在践行这一主题。纵观历史，每一个时代对阳明学思想内涵的价值诉求是不同的，也因此形成不同面向的阳明学热。特别是在当代多元化语境中，阳明心学一方面积极发挥着其正向建构的实践能力，另一方面也同时被对象化，成为消费的对象。这两种相反向度的文化现象本身仍体现为“心”与“物”之间的张力，但又同处于当下的时代，值得探讨与反思。

第一节　阳明学与当代都市文化

当前世界的发展已经走向全球化，不仅经济全球化，知识、信息的全球化也接踵而来。都市随着全球化的发展在当代具有举足轻重的位置，在此过程中形成的都市文化，其影响更是无处不在。通过追溯都市文化的历史源流，了解当代都市文化的现状，不仅可以阐述出都市文化的质的规定性，还可以揭示出都市文化蕴含的深层次矛盾。全球化发展促进了多元化的形成，在良知的观照下协调主体行为的多元性与都市文化的同质化之间的矛盾，提高人们的幸福感，成为心学践行研究的思考方向之一。阳明心学的良知本体与致良知工夫的统一或可对促进当代都市文化的整体发展具有重要启示意义。

学者们依自身学术之所长和所处之环境对当代都市文化做了很多研究，主要集中在两大话语体系：一个是以经济学、社会学等为核心的社会科学研究。其研究主要集中在经济社会发展方面，认为都市文化是以经济为基础的文化，伴随着都市经济的发展而出现掣动，认为都市文化是经济的产物而忽略了人文精神层面的建构。另一个是以各种文化、艺术为主流的人文学科研究。其研究主要集中在文化、艺术表现的浅层次现象，没有深入考量社会现象背后蕴含的发生原理、作用机制等问题，所以不能完成解释现象的发生及批判任务。在哲学方面，一些学者把都市文化和马克思主义理论进行过融合，研究目的主要是解决都市社会中存在的显性的且具有普遍性的问题，忽略了人在都市化发展中产生的异化问题。以马克思关于社会生产、消费、人的全面发展等论述为理论基础，都市文化研究的主要任务是为当代人提供一种理性的方法、观念、理论与解释框架，用来整理他们在都市化进程中混乱的生命体验与杂乱的社会经验，帮助他们在生命主体与都市社会之间建立起真实的社会关系与现实联系，以期在重重矛盾与困惑中为当代人实现他们的生命自由与本质力量揭示一条历史必由之路。[①]这在都市文化的研究中与涉及较少的哲学融合是一项突破，更丰富了都市文化的理论内涵。

不过，值得注意的是，当今世界的全球化加速了人口、文化、资源的流动，经济的发展促使人们的生活水平不断提高，逐渐形成了丰富多彩而又各具特色的都市文化。多元性成为都市文化的重要特征，随着物质水平的提高，人们对精神文化的需求日益突出，并且主体对象的需求呈现多元性的特点，但随着都市空间的简化和社会的明确分工，人们行为模式逐渐趋同，满足方式在都市文化的规范下变得一致。于是，个体的悸动与逐渐趋同的行为模式发生冲突，矛盾逐渐凸显。虽然有探讨马克思主义理论减少都市文化中人自身的异化，却容易过于强调普遍性而忽略了人内在的自主性特点，难免有些“隔阂肤廓之论”的嫌疑。正是在此基础之上，从阳明心学之良知的普遍性和个体性入手，以良知本体与工夫的统一角度，将都市文化放入哲学语境之中，尝试深化都市文化与哲学的融合，以此寻求解决之道，以促进当代都市文化的整体发展成为在生活文化层面实践传统哲学的方向之一。

① 刘士林：《文化都市的界定与阐释》，《上海大学学报（社会科学版）》2008年第3期。

一、当代都市文化的存在基础

在都市文化的基本结构要素里，首先与其相关联的就是“城市”，不研究城市的产生、发展以及在不同时期和区域所表现的形态，就无法认识城市自身的发展规律与特殊性。并且都市文化是以城市为依托产生出来的一种特殊文化形态，没有城市的存在，就不可能有都市文化生产出来。尽管我国历史上自古就有关于城市的描述，对于城市的定义却一直没有定论。但我们从具体的城市经验和文化中能深切地感受到：都市文化承载了文化形式的多样性，通过非物质形态的符号表现出来，而这种非物质形态的符号就体现了对我们在制度、行为方面的规范性。所以，我们可以把城市理解为一种大型的通过人口集中形成起来的聚落，并且以非农业活动为主，集政治、经济、文化为一体的空间系统。城市是人类为了满足自身需要而创造的，又不同于同样是人工创造的园林、庄园，因此对城市的界定，要具有历史意识和比较意识。

都市环境产生了都市文化，人类历史上出现了多种文化形态。都市文化是在岁月流逝、社会变迁、城市不断发展的过程中逐渐积淀而形成的，不是孤立存在的。具体说来，都市文化是人类在都市环境中和发展过程中，生产、消费的物质成果与精神成果的总和。它是一种生活方式，与人们息息相关，所形成的普遍社会心理深深地影响、规范着人的内心追求和外在行为。人们不断地向都市聚集的过程中，社会分工也越来越明显。“蔡尔德指出，固定的劳动分工的概念，把许多自然活动固定为一种终身职业的概念，束缚于某种单一技艺的概念，大约都起源于城市确立的过程中。”① 因为人们的活动逐渐集中于自己所从事的职业或劳动，进而丧失了其他活动的潜在能力。也就是说，人们处在都市中，自身的完整性已经被割裂，是在一定程度上以牺牲了自身的个体性为代价，从而保障都市文化作为一个整体的稳定和协调。都市生活由密集的人口组织起来，有着不同的思想、行为和个体性，需要制度来协调、保障都市生活的有序性，这种制度也是都市文化的体现。但是，人类活动的固定化

---

① 刘易斯·芒福德：《城市发展史：起源、演变和前景》，宋俊岭、倪文彦译，中国建筑工业出版社1985年版，第109页。

倾向于简化，简化活动的外在形式会限制城市活动的多样化，导致都市文化的内在活力和机能被损坏。在都市文化多样性的背后隐含着的是人们的精神、生活需求，虽然这种需求是多样性的，但满足方式却同质化。多样性和同质化的矛盾在都市文化的发展中进一步加深，表面看似丰富的都市文化实质隐含着人们的精神空虚。所以，首要的是要确立人在都市文化中的主体性地位，满足主体在都市文化中的高层次需求，进而实现个体与规范的统一，才能促进当代都市文化的发展。

二、良知观照下当代都市文化的规范性与个性解放

当代都市文化中主体的自我情感意欲和普遍的规范、礼仪具体表现为何种关系呢？如何才能使主体的行为符合规范制度又不失个体的多样化，同时也不损害都市的活力和机能呢？首先，王阳明指出："心之本体即是天理。"[①]用"天理"来定义"心体"，把心提高到天的地位，确立了心的本体地位。而心是人的一部分，所以确定了"心"的主体性，也就确立了人的主体性。"见父自然知孝，见兄自然知弟，见孺子入井自然知恻隐。此便是良知，不假外求。"[②]可见，心还是道德的、价值的存在。当心体发用于"见父""见兄""见孺子"之时，心体便自然会作出"孝""弟""恻隐"的道德判断。所以，一般的制度规范作为行为的调节者，不是在主体之外寻找准则，而是内在于主体"心"中与"心"融为一体，才能切实有效地规范和调节主体的行为，并充分体现其自愿性。通过这种融合，主体在都市文化中以此获得了双重规定性：一方面是以外在的制度、礼仪为内容，具有普遍性的品格；另一方面又带有主体的个体形式，呈现出个体解放的态势。在以制度、礼仪规范都市人的同时，王阳明肯定了主体具有个体性的方面。首先，个体性通过"自思"表现出来，"使人自思得之，更觉意味深长也"[③]。自思在主体活动过程中有不可忽视的作用，只有通过自思才能对外在的制度、礼仪规范有深刻的认识。其次，主体意识表现在意欲、情感方面。"喜、怒、哀、惧、爱、恶、欲，谓之

---

① 王阳明:《传习录中》,《王阳明全集（新编本）》卷二，吴光等编校，第63页。
② 王阳明:《传习录上》,《王阳明全集（新编本）》卷一，吴光等编校，第7页。
③ 钱德洪:《年谱二》，王阳明:《王阳明全集（新编本）》卷三十三，吴光等编校，第1289页。

七情。七者俱是人心合有的，但要认得良知明白。”[①] 主体情感欲望的表现具有因境而异的特点，所以不具有重复性，也正是这样才从另一面构成了主体意识的个体性。

王阳明的良知是普遍的规范与个体意识的合一。就其本质而言，主体内在的准则不同于外在的规范，它并不是以强制的方式让主体接受都市文化形成的规范，也只有把都市文化的规范变成普遍的道德律并转化为个体的内在道德意识，才可以使规范获得内在的力量，才能有效地制约主体的行为。如果将道德准则置于主体的对立面，那么普遍的制度、礼仪也就同时蜕变成为毫无生命力的抽象训条。不以普遍的制度排斥、抑制人心，王阳明的良知就肯定了这种普遍规范与个体意识的统一，旨在使人们自觉地遵守当代都市文化中的制度、礼仪。

一般而言，主体行为常常表现为个体行为的个体性和社会行为规范的普遍性的统一。一方面，都市文化的普遍规范只有转化在个体之中，才能为现实的行为提供能力，如果离开了主体的意识，则它对主体来说只是不显象的存在；另一方面，个体只有与普遍的规范相融合，才能真正获得理性的品格，使现实的行为符合制度规范。所以要把外在的规范与主体内在的意识从抽象的统一上升为具体的统一。在阳明学里，具体体现为通过天赋而达到的吾心与普遍之理的合一，“此心在物则为理。如此心在事父则为孝，在事君则为忠之类。”[②] 天赋于“心”的“理”，在事父、事君的过程逐渐展开，表现为具体的“孝”“忠”的道德意识，这个过程就是普遍与个体从抽象的统一上升为了具体的统一。“如今应事接物的心，亦是循此天理。”[③] 也就是说，循理的过程就是规范性与个体意识的统一开始摆脱了抽象的形式。规范性通过对主体的制约使自身达到具有普遍性的现实内容；主体通过循理，又使自身得到了提升。于是，王阳明实现了普遍之理与“心”的合一经由抽象转化为具体的合一。如果仅仅把统一停留在抽象的阶段，而没有将其具体化，则会导向“专求本心”。因此，在当代都市文化中也具有同样的道理，在把外在的

① 王阳明：《传习录下》，《王阳明全集（新编本）》卷三，吴光等编校，第122页。
② 王阳明：《传习录下》，《王阳明全集（新编本）》卷三，吴光等编校，第133页。
③ 王阳明：《传习录下》，《王阳明全集（新编本）》卷三，吴光等编校，第107页。

规范内化于个体之中后，还要通过现实的行为把外在的规范与主体内在的意识从抽象的统一上升为具体的统一，才能把外在制度规范的强制性转化为主体内在的制约性。

主体同样具有二重属性，个体性与普遍性的统一在本质上不是两者相加的直接统一，它只有通过辩证的进展才能获得具体的规定，而这种辩证进展又往往以对普遍规范的认知在主体认知、评判过程中逐渐展开的形式表现出来。正是在这种实践的辩证进展中，对普遍规范的认知逐渐展示其丰富的规定，普遍规范通过主体的体认融入于主体意识中，并构成其具体的内容。若离开了这样的辩证过程来理解普遍性与个体性的关系，会导致普遍性被个体性消融，或者仅仅停留在抽象的普遍性上。王阳明的良知通过对心即理的具体规定，扬弃了普遍性与个体性抽象的统一，也避免了两者的分离。王阳明的良知作为心与理的统一，为主体提供了内在的判断标准。他首先强调，良知作为判断是非善恶的准则："尔那一点良知，是尔自家底准则。尔意念着处，他是便知是，非便知非，更瞒他一些不得。"[①] 良知作为人内在判断是非善恶准则的体系，具有判断、评价作用。"凡意念之发，吾心之良知无有不自知者。其善欤，惟吾心之良知自知之；其不善欤，亦惟吾心之良知自知之，是皆无所与于他人者也。"[②] 主体行为的动机，并不取决于外在的规范，而主要依靠自身内在的评判标准。也就是说，行为及动机千差万别、形式多样，普遍的规范虽然能为评价提供一般的准则，但它们无法穷尽一切具体行为，这就决定了自我判断不可能完全根据外在的条件进行，它更多地与个体意愿、动机联系在一起，这一点尤其突出了主体性在都市文化中的重要性。

但是突出了个体性的重要性，又难免陷入一己私念之中。因为在过于强调个体性之中就容易单纯地从个体意识出发，而无法做出具有普遍意义的判断。比如"天地生意，花草一般，何曾有善恶之分？子欲观花，则以花为善，以草为恶；如欲用草时，复以草为善矣。此等善恶，皆由汝心好恶所生，故知是错"[③]。也就是说，一旦把内在准则等同于自身，则会对同一对象做出是非善恶的相对主义

① 王阳明：《传习录下》，《王阳明全集（新编本）》卷三，吴光等编校，第102页。
② 王阳明：《大学问》，《王阳明全集（新编本）》卷二十六，吴光等编校，第1019页。
③ 王阳明：《传习录上》，《王阳明全集（新编本）》卷一，吴光等编校，第31—32页。

判断，这不仅会造成阳明学理论上的矛盾，而且在实践上也会导致各行其是。所以，个体性的行为动机和评判标准必须与普遍性的规范联系起来。正如王阳明所说的："是非之心，不虑而知，不学而能，所谓良知也。良知之在人心，无间于圣愚，天下古今之所同也。世之君子惟务致其良知，则自能公是非，同好恶……"[①]依良知准则做出是非善恶的判断，而这种判断又以良知"天下古今之所同也"为前提。换言之，每个人都是独立的个体，即带有主体的形式，但同时又要与外在的制度、礼仪合一，故具有普遍制约性，于是主体就超越自我界限成为"公是非，同好恶"的标准。

当普遍性和个体性从抽象的统一转换到具体的统一后，主体以普遍的制度、礼仪为内容，就必须自觉地遵循内在的规范，这就体现了自觉自愿的原则。王阳明对主体行为的自愿选择提供了这样的依据："君子之酬酢万变，当行则行，当止则止，当生则生，当死则死，斟酌调停，无非是致其良知，以求自慊而已。"[②]其中"当行则行，当止则止"就体现了主体自觉地以普遍的制度、礼仪为内容规范自己的行为；而"自慊"是主体内在意愿落实到实践后产生的一种自我满足感。主体的行为应该出自自身内在的意愿，而不是被强迫地遵守某些规范制度，只有按内在的意愿自主的行为，才能体现主体的真心。换言之，这种自主自愿的关系表现为：自愿总是以自主为前提，主体的真心就是自主选择的体现，如果主体完全被外在的规范所强制，那就无自愿可言。只有尊重主体的内在意愿，充分调动其积极性，才能使当代都市文化日有所进。这就是自愿原则："人但得好善如好好色，恶恶如恶恶臭，便是圣人。"[③]承认主体的自主性，是对主体行为评价的基本前提。只有当主体的行为不受外在的强制，而是出于自愿的选择时，才能对该行为做出是非善恶的判断。马克思也曾尖锐地指出："对于个人愿望的软弱就会变成对于这些个人本质的残酷，变成对于体现在伦理关系中的个人的伦理理性的残酷。"[④]所以，自主性必须与自愿性相结合才不会否定主体，

① 王阳明：《传习录中》，《王阳明全集（新编本）》卷二，吴光等编校，第86页。
② 王阳明：《传习录中》，《王阳明全集（新编本）》卷二，吴光等编校，第79页。
③ 王阳明：《传习录上》，《王阳明全集（新编本）》卷一，吴光等编校，第107页。
④ 中共中央马克思恩格斯列宁斯大林著作编译局编译：《马克思恩格斯全集》（第1卷），人民出版社1956年版，第185页。

抑制主体的内在意愿。

三、良知本体与功夫的统一促进当代都市文化的发展

主体的行为有符合当代都市文化的制度规范的，也有不符合的。当这种外在的制度只处于本然的状态时，并未为主体所自觉，因为外在的制度还未转化为自觉意识，所以主体虽然明白有制度规范的约束，行为却难免与都市文化的制度规范不符。这就需要通过主体的后天工夫修养，自为的意识才能由暗而明为自觉的意识。这一过程可以用良知的呈现来体现出来："昏暗之士，果能随事随物精察此心之天理，以致其本然之良知，则虽愚必明，虽柔必强。"[①] 良知只有通过后天的致良知工夫才能由暗而明。实际上，王阳明做了本然良知和自觉良知的区分：对先天良知的自觉把握必须借助后天的致知活动，通过致良知完成从本然良知到自觉良知的转变。换言之，把都市文化外在的具有强制性的规范转化为内在的制约之后，再借助于主体的行为表现出来，而使主体的行为充分地符合制度又不失自主性。

肯定主体的行为必须出于主体的内在自愿，意味着肯定了个体具有独立的人格，个体的独立人格是相对于都市文化整体而言的，由此就有了"己"与社会的关系问题。关于"己"，王阳明明确提出过："人须有为己之心，方能克己；能克己，方能成己。"[②] "为己"是从主体自身出发，不依附于他人，以此来体现对自我的肯定和重视;"克己"是抑制私己，这里的"己"和成己之"己"不同,"成己"是主体的自我造就。"成己"是"为己"的目标,"克己"是实现"成己"的手段。人格体现了主体的独特性，是拥有权利和义务的依据。都市文化的发展以都市为依托，随着都市文化的不断发展和进步，人们得到了更丰富的都市文化的内在精神与灵魂，而与此同时人们也面临着巨大的危险和挑战。在当今社会之中，人格在都市的发展中不断地受到侵蚀。人们总是处于两个极端：人们的道德意识逐渐被过多的私欲蒙蔽，过多地沉溺于对物质和精神欲望的过度奢求；抑或是处于都市环境中时，以牺牲个体性保障都市整体的稳定和协

① 王阳明:《传习录中》,《王阳明全集（新编本）》卷二，吴光等编校，第52页。
② 王阳明:《传习录上》,《王阳明全集（新编本）》卷一，吴光等编校，第38—39页。

调。不管是哪种生存方式，都无法从积极的方面促进当代都市文化的发展。在一定程度上，当代都市文化已经失去了其内在的活力和机能，多样性和同质化的矛盾就更为凸显。

王阳明的致良知是具有生命的“真己”工夫，它是不能停留在嘴上说，不能停留在训诂、考据的辨析上，也不能停留在理论的凭空想象上，而是必须落实到人的现实生存之践履上。于是，王阳明把致良知的实践过程分了两个维度和三个层次。首先要建立起个体的“主体性”，为“个体”转向“主体”提供条件，在人格上才能获得独立、完整。然后通过主体的行为活动把它呈现出来，把它切实地体现到都市文化的日常生活、生产中，体现到各种对象交往关系的情景中。这样，主体经历着自我解放、自我完善、自我发展的过程也促进着当代都市文化的发展。而致良知的三个层次则体现了主体认识水平的逐渐深化：

> 譬之行路，尽心知天者，如年力壮健之人，既能奔走往来于数千百里之间者也；存心事天者，如童稚之年，使之学习步趋于庭除之间者也；“夭寿不贰，修身以俟”者，如襁褓之孩，方使之扶墙傍壁而渐学起立移步者也。既已能奔走往来于数千里之间者，则不必更使之于庭除之间而学步趋，而步趋于庭除之间自无弗能矣；既已能步趋于庭除之间，则不必更使之扶墙傍壁而学起立移步，而起立移步自无弗能矣。然学起立移步，便是学步趋庭除之始；学步趋庭除，便是学奔走往来于数千里之基，固非有二事。但其工夫之难易，则相去悬绝矣。①

一方面，致良知是连续不断的。今天致良知只代表今天修养的长进，不代表明天不需要做，致良知是一个过程，要不断地做功夫。另一方面，在不同阶段，主体的认识水平不同。整个过程是循序渐进、不能超越的。也就是说，主体对当代都市文化的体认在一定意义上表现为从低级阶段到高级阶段的过程，当认识日积月累达到飞跃时，不是说认识就终止了，而是进入了新的境界，对当代都市文

① 王阳明：《传习录中》，《王阳明全集（新编本）》卷二，吴光等编校，第94页。

化的体认达到新的境界时反过来再影响着个体的行为能力，从而达到促进当代都市文化发展的目的。

但现实生活中有很多人往往是“说一套，做一套”，没有把自己内在的规范切实地表现出来。这是因为“致良知”的能力不是人人都具有的，“致良知”是功夫过程，具有过程性。王阳明曾表示：“道无精粗，人之所见有精粗。如这一间房，人初进来，只见一个大规模如此；处久，便柱壁之类一一看明白；再久，如柱上有些文藻，细细都看得出来。然只是一间房。”[1]这是在说主体对它的把握，总是由粗入精，具体就是“初—久—再久”这样一个过程，致良知的过程与内容的深化是一个相互关联的过程。也就是说，在当代都市文化里，个体的认识能力的发展与对规范制度的体认的深化是存在于同一过程的两个方面。主体的内在规范由潜在转化为现实，具体即表现为“见道日精”，而这种深入又伴随着潜在的内在规范展开。所以，这样就把主体的内在规范切实地表现出来，并不断深化。

总之，当代都市文化在良知以及致良知的观照下，建立起了个体的“主体性”，不仅展现出了其内在的张力和活力，还在当代都市文化和主体的辩证关系中，实现了主体的自我解放、自我完善、自我发展的提升，达到了主体促进当代都市文化发展的目的。当代都市文化为主体提供了一个认识与研究文化的新的空间视域，还为人们的精神世界提供了对象。世界的全球化加速了人口、文化、资源的流动，逐渐形成了丰富多彩而又各具特色的都市文化，随着都市化进程的不断扩大与深入，如何在都市化进程中，减少主体行为的多元性与在都市文化的规范性下形成的同质化之间的矛盾，并充分发挥主体自觉自愿的原则，实现个体与都市文化的和谐发展，是研究都市文化应当解决的深层次问题。以阳明学关于良知及致良知论述为理论基础，为当代人提供了一种理性的方法、观念、理论与解释框架，用来整理在都市化进程中混乱的个体与普遍的规范制度的关系，帮助人们在生命主体与都市社会之间建立起真实的社会关系与现实联系，以期在重重矛盾与困惑中为当代人实现他们的生命自由与本质力量揭示一条历史必由之路。

---

① 王阳明：《传习录上》，《王阳明全集（新编本）》卷一，吴光等编校，第22页。

第二节 阳明学与当代乡贤文化

乡贤文化是中国民间的一种文化传统，随着时代发展，自有其古今之别。乡贤文化中的乡贤，最初是指饱读诗书却没有出仕为官的乡绅人士。学界对乡贤的概念界定并不是特别的清晰，所以研究中普遍采用“乡绅”“乡村精英”“士绅”等近义词来代表乡贤。在中国传统社会中，乡贤群体主要指远离庙堂，居于乡间，而道德高尚、优秀贤明、具有传统士大夫精神的群体，他们立足于乡村，对中国传统乡村社会的发展贡献出了特有的力量。在此过程中，乡贤群体在乡土社会中形成了一种博施济众，择善而从的乡贤文化。2016年，在国家“十三五”规划中，明确提出了“新乡贤”这个概念。所谓当代新乡贤不仅仅指道德高尚的知识分子，还有心系家乡的企业家、致力于投身新农村建设的能人等，与传统乡贤群体相比，新乡贤文化群体的范围更广。借助于当代信息、交通、传播等途径和技术手段，当代新乡贤文化的外延也进一步扩大。当代乡贤文化不再仅仅局限于一村一社的睦邻友好、和谐向善等以传统血缘关系为基础的农耕文明，而是以社会主义核心价值观为内核，立足于新农村建设的时代新文化。当代乡贤文化与传统乡贤文化产生于不同的文化语境中，也因此打上了各自时代的烙印，但两者的基本文化与精神立场是一致的，如倡导以德为先的文化风尚，致力于基层社会治理和经济发展，促进乡村文化教育发展等，从精神资源而言，当代乡贤文化和传统乡贤文化是一脉相承的，而又有继承、有发展。

王阳明说“风俗不美，乱所由兴”[①]，美化风俗，德教治乱，这正是乡贤文化建设的出发点。从文化形态而言，阳明学和传统乡贤文化具有更多的关联。首先，二者都属于传统文化类型，在根本上都是传统士大夫文化，并表达传统士人的文化精神与社会理想。其次，在理论视域内，二者都属于中国传统社会典型的德性文化，属于修养论的文化范畴，其价值是建立在道德基础上的。最后，在实践路径上，二者也有相似之处。乡贤文化以乡间实践为主，如兴社学、立乡约、行义赈等，阳明学以“觉民行道”为实践路径，以

① 王阳明:《告谕》,《王阳明全集（新编本）》卷十六，吴光等编校，第598页。

“四民”为教化对象，具有天然的平民色彩。而且王阳明的军事之外的很多事功，如讲学化民、兴学设教、立约善俗等和乡贤文化息息相通。所以，同时空下的阳明学和传统乡贤文化在文化性质、价值诉求、实践路径上有着自然的融合。

当代乡贤文化作为对传统乡贤文化的继承和发展，其中自然也融入了阳明学的基因。作为两种相对独立的完整的思想体系，阳明学是以整体的思想和价值体系融入乡贤文化的。鉴于上文对阳明学和其他文化形态关系的分析较多从个别哲学命题或理论出发，本节作为阳明学与当代文化关系探讨的最后一节，是从“综合”的角度，即文化价值与精神的角度展开讨论。

作为中国传统哲学形态，阳明学的最高诉求无外乎“内圣外王”的经典命题。所谓“内圣外王”在王阳明这里的表现即是“立德”“立言”“立功”的“三不朽”精神，“纵观中国历史上的人物，能够做到道德、学问和事功三者兼备的只有三人——三国的诸葛亮、明朝的王阳明、清朝的曾国藩”①。关于“三不朽者”的评价，仁者见仁，智者见智，我们姑且不论。但关于“三不朽”，作为中国传统儒家圣人人格的理想典范是不容置疑的。这一点作为儒家文化的思想底色在古代或当代乡贤身上都有体现，也构成当代乡贤文化的基本思想内涵。但随着时代语境的转变，“立德”“立言”“立功”的内涵也是有创新和发展的。

一、立德：当代乡贤文化之本

所谓“三不朽”，出自《左传·襄公二十四年》：“‘太上有立德，其次有立功，其次有立言。’虽久不废，此之谓三不朽。”所谓“立德”即是标立高尚的道德，对此，中国传统儒家言之甚多。孟子的“富贵不能淫，贫贱不能移，威武不能屈，此之谓大丈夫”“舍生而取义”，司马迁的“人固有一死，或重于泰山，或轻于鸿毛”，陶渊明的“不为五斗米折腰”，文天祥的“人生自古谁无死，留取丹心照汗青”，林则徐的“苟利国家生死以，岂因祸福避趋之”等等，虽然所论不同，但以德为先的基本精神是一贯的。王阳明对此理想人格

① 地山：《东亚文化圈里的“阳明热”》，《廉政瞭望（上半月）》2019年第3期。

也有所论述，如他标举“君子”“狂者”“圣人”三种人格典范，[①]其标准就在于对至善良知的自觉自为地践行，抑或说是以道德为最高评价标准的。王阳明自龙场大悟“圣人之道，吾性自足”，确立了心的本体地位、确证了德性内涵的圆满自足，并继承和丰富了孟子的良知内涵，提出了致良知说。良知“本心”的提出确证了人在根本上的至善性和自足性，确立了人之为人的边界，这也是儒家以“德”论人的传统的发扬。从良知出发，王阳明对“行”也提出了依于“德”的要求，即知行合一，依良知而行，这样，王阳明就建构了以良知为核心的德性意义世界。这种意义世界在乡贤文化中体现非常明显，甚或说，乡贤文化本身所呈现的就是一个德性意义世界，体现出道德对于社会治理、邻里和谐、孝悌礼仪的重要性，乃至在民间矛盾处理中的积极作用。可以说，德性的意义，从它成为价值尺度时就一直存在于乡贤文化之中，并日益发挥着重大的作用。

传统乡贤文化是连接乡情乡愁的精神纽带，是传承道德文明的重要方式。乡贤文化在善俗化民、文教乡里、团结人心等方面发挥着重要作用，具有明显的血缘乡土性、道德引导性、和睦亲民性等特点。伴随着我国城市化进程的加快，乡村的人员结构、组织形式、数量规模都发生了变化，乡贤文化的存在基础的改变，导致乡贤文化由传统向现代转化，即新型乡贤文化的出现。

在当前的新农村建设中，党的十六届五中全会提出了“生产发展、生活宽裕、乡风文明、村容整洁、管理民主”的二十字方针。在这二十字方针中，集中体现了物质文明、精神文明和政治文明建设三部分内容，其中后两者正是当代乡贤文化中“道德”层面的内涵。政治是王阳明基层治理思想中的重要维度之一，传统乡贤文化亦然。王阳明“觉民行道”的“道”指天下之道，既有“仁者与万物为一体”道德关切，也有“家国同构”的情怀。中国特色的新农村建设需要大量的新乡贤为家乡建设奉献力量。新时代的新乡贤文化是中国特色社会主义文化的一部分，是社会主义核心价值观、党的执政理念的落实处。所以，在当代文化语境下，新时代乡贤文化的“德”的内涵已有所扩展，但“德”在当代乡贤文化中的根本地位没有改变。

---

① 参见陆永胜：《试析王阳明心学视域中的三种人格典范——兼论王阳明的理想人格》，《贵阳学院学报（社会科学版）》2008年第3期。

二、立功：当代乡贤文化之基

所谓“立功”，最显著的当然是维护道统赓续、朝政稳定的军功。在乡贤文化中，“立功”自然没有了那种扭转乾坤的恢宏气势，但其价值意义亦是重要的。

在传统社会中，乡贤文化的“立功”在“德为先”的思想指引下主要体现为民间社会秩序的建构，这主要表现为两个方面：第一，民间伦理秩序的建构；第二，民间运行秩序的建构。前者主要体现为常态下的家风、民风的塑造；后者主要体现为危机下的社会良性运转秩序维护，如办义仓赈济灾民、除暴安良等。这种传统的乡贤事功思想，最集中地体现在传统乡约中。乡约是在特定区域内，自下而上发起，由乡民们共同遵守，具有一定约束力的行为规范。这里所谓的自下而上，主要是从发起人和对象的角度言，一般而言，乡约的发起人就是所谓的乡贤。但乡约表达的意志，在主观上讲体现为乡民的愿望，在客观上讲体现为统治阶级的意志，这二者的完满对接，才是乡贤“立功”的基本前提。我国最早的乡约可以追溯到《周礼》，其中有关于乡里敬老、睦邻和谐的约定性习俗。《吕氏乡约》由“蓝田四吕”于北宋神宗熙宁九年（1076）所制订和实施，其中的“德业相劝，过失相规，礼俗相交，患难相恤”四项内容对中国传统社会的乡村治理模式具有重要的里程碑意义。王阳明在巡抚南赣时，针对当时当地混乱的社会秩序，也制定了“《南赣乡约》与《十家牌法》，同时，推行保甲弭盗安民，设立社学推行教化，设立社仓以济灾荒，从而构建起官府主导推行的乡约、保甲、社学、社仓四者合一的乡治模式”[①]。《南赣乡约》的核心理念就是以道德和民生为中心，劝民向善，鼓励以自我约制为途径，实现民间秩序治理。这种基层社会治理模式在中国传统社会中具有很大的普遍性，因此也构成乡贤文化“立功”的重要内容。乡约的目的在于使乡民“各安生理……勤尔农业，守尔门户，爱尔身命，保尔室家，孝顺尔父母，抚养尔子孙”[②]，避免“以众暴寡，以强凌弱”，使民“永为善良”，“父慈子孝，兄友弟恭，夫和妇从，长惠幼顺，勤俭以守家

---

① 刘志松：《乡规民约与乡村振兴》，《农家书屋》2018年第9期。

② 王阳明：《告谕新民》，《王阳明全集（新编本）》卷十六，吴光等编校，第570页。

业，谦和以处乡里”[①]，从而“兴礼让之风”，“成敦厚之俗”，实现社会的长治久安。王阳明推行的乡治，使当时的南赣地区风气焕然一新，“民无重赋，家有田耕，城廓乡村，一派清明”[②]，这可谓是当时民间社会治理的典范和理想。从王阳明的身份、地位与建立乡约的目的出发，也许和一般乡贤的主观动机有所不同，但也可以看到，阳明以心立约、以德化民、以情就势的努力在某种意义上正是对传统乡贤文化功能与作用的利用和发挥。

随着时代的发展，乡贤事业出现了与以往不同的变化。在当代新农村建设中，乡贤事业涉及面更为广泛，如振兴乡村集体经济发展、建设美丽乡村、促进乡村生态保护、发展乡村旅游，推动乡村养老医疗事业（夕阳事业）发展，推进留守儿童教育，关怀留守老人健康与安全，促进乡村年轻一代的发展，助力脱贫攻坚与乡村振兴和参与扫黑除恶等。这些现代性的乡贤事业与时代发展紧密相连，既体现了中国社会主义初级阶段以经济建设为中心的物质发展方向，也体现了中国社会主义道德的精神文明建设内涵，同时也是中国特色社会主义政治民主的体现。这些内容是传统乡贤事业所没有的，但并不是和传统乡贤文化脱离的。

乡贤文化在民间基层治理中发挥着道德培育、精神鼓励、榜样示范的功能，道德与优秀传统文化仍然是新农村建设体系的重要精神内核。但我们也看到，近年来，受社会上的一些不良风气的侵袭，乡村道德失范现象客观存在，农村思想道德建设已成为乡村振兴的重要课题。习近平总书记曾强调：“要讲清楚中华优秀传统文化的历史渊源、发展脉络、基本走向，讲清楚中华文化的独特创造、价值理念、鲜明特色，增强文化自信和价值观自信。”[③]诚然，在市场经济的强烈冲击下，日益凋敝的乡村亟待加强建设，文化自信在乡村更应该生根，以接续传统，创造未来。可以说，习近平总书记的话为当代乡贤文化的发展提供了明确的方向。党的十九大报告指出，深入挖掘中华优秀传统文化蕴含的思想观念、人文精神、道德规范，结合时代要求继承创新，让中华文化展现出永久魅力和时代风采。

---

① 王阳明：《告谕各府父老子弟》，《王阳明全集（新编本）》卷十六，吴光等编校，第563页。

② 龚文瑞：《阳明传习：王阳明与赣南及其书院》，广东旅游出版社2018年版，第51页。

③ 习近平：《把培育和弘扬社会主义核心价值观作为凝魂聚气强基固本的基础工程》，《人民日报》2014年2月26日。

新时代的乡贤文化应当承担起这一历史任务，以社会主义核心价值观为引领，依托中华传统文化，挖掘传统道德资源，重建乡村道德体系，把道德与价值在新的时代语境中统一起来，为乡村振兴打牢思想道德基础，为新时代“三农”建设提供强大精神支撑。这亦不可谓不是当代乡贤文化的“立功”伟绩。

三、立言：当代乡贤文化之根

所谓“立言”，就个体而言主要指著书立说，文章事业。曹丕在《典论·论文》中曾说：“盖文章经国之大业，不朽之盛事。”[①] 由上文的论述可知，如果说“立德”和“立功”在乡贤文化中具有内在的一致性，属于德业相济，那么由曹丕之论，可以说“立功”和“立言”具有价值上的一致性，属于以言立功。甚或可进一步讲，“立言”在某种程度上落实了“立德”和“立功”，是三者的合一。在传统文化中，“言”有“德”，是从思想义理的角度讲，体现为“言”的道德内涵和教化价值；“言”有“功”，是从“文章”反作用于社会实践的角度讲，体现为“言”对国家治理、秩序建构的作用。由此可见，“立言”虽排在“三不朽”之末，但并不意味着其价值作用低于前两者，实质上，三者是辩证统一的。正如王阳明在十五岁时就欲上书于朝，陈边事，安民变。王阳明的三代弟子邹元标更是直接提出了“奏疏救国”的主张。可见，传统士人对文章事业是十分重视的，这在乡贤文化中也自然得以继承，如乡村社会对“读书人”“耕读之家”“惟有读书高”的推崇等。

就乡贤群体而言，“立言”主要指基层文化教育。在中国传统社会中，基层教育分官办和民办两种，官办教育主要有社学、县学和府学三种形式，民办教育主要有私塾和书院两种形式。但在教育实践中，官办与民办并非泾渭分明，官办的社学和县学常常由乡贤负责日常运转，乃至亲自教学；书院亦有官办、民办之分，但多数官办书院是由乡贤敦请地方官以公帑之名建造，实际的讲授内容由乡

---

① 曹丕:《典论论文》,《曹丕集校注》，夏传才、唐绍忠校注，河北教育出版社2013年版，第238页。

贤负责，甚或由乡贤亲自主讲其间。之所以形成这样的教育层次与结构，主要与乡贤群体所属的士大夫阶层的社会地位有关。在中国传统自然经济社会中，皇权能够控制的资源实际上是非常有限的，皇权的力量不足以触及乡村社会，于是形成了“皇权不下县”的局面。在此情况下，社会基层的文化教育、秩序治理等便必须依托“绅权”来实现，这便给予了乡贤群体极大的话语空间。作为中国传统文化的一种形态，乡贤文化“立言”的目的主要体现为通过对乡民的道德教化与移风易俗达到秩序重建。从这一目的出发，我们似可不必执着于“立言”形式的多样化。

王阳明在乡贤文化“立言”的两个重要方面——著书立说和讲学化民——都有突出的贡献。这里仅以王阳明政治生涯中最为落魄的谪黔时期为例，此时的王阳明其实更符合乡贤的身份。王阳明在居黔的22个月里，写了诗112首、书9篇、记8篇、论6篇、序6篇、祭文2篇、墓志铭3篇、曲词5阕、楹联2副，可谓高产。然从乡贤文化之功能的视角看，其中有5篇文章可谓发挥了“经国之大业”的作用。第一篇是《教条示龙场诸生》，此篇文章本是阳明为其建立并主讲其间的龙冈书院写的院规，分为“立志”“勤学”“改过”“责善”四条，也是贵州目前有文献可查的最早的书院院规。王阳明于龙冈书院讲学，听学者有省内外慕名而来的士子，但多数为附近的少数民族乡民，所以，此文对于当时修文的书院教育和学风、民风都有较大影响。第二篇是《重刊〈文章轨范〉序》，此文是阳明为贵州重刻《文章轨范》一书而写的序。《文章轨范》是指导士子应试科举的书，王阳明为之作序，其对象自然是读书的士子。此文在一定的意义上对贵州的儒学教育、科举兴读和学风建设都有着积极作用，而且在客观上与明朝对贵州实行的儒化边民的文化政策和“中国化”与“内地化”等战略相吻合。第三篇为《象祠记》，此文为王阳明受贵州宣慰使安贵荣之邀为彝民建于水西灵博山的象祠而作，其中“天下无不可化之人”一句具有重要的思想启蒙意义。王阳明此时刚刚龙场悟道，对心体的确立，对人的自主与独立充满着自信，开启了中国思想史上人的自觉之理端，这在当时对少数民族的认识、超越民族身份的认同和肯定都有着重要意义。第四至六篇为《与安宣慰书》，特别是后两篇书信，一为劝宣慰使安贵荣不能撤除水西九驿，一为劝安贵荣出兵平定水东苗族土司阿扎、阿贾的叛乱，被后世誉为“一纸书札，胜十万师”[①]，为维护西南边疆的稳定做出了突出贡献。由此可见，“立言”并非“纸上言”，而是“经世言”，此可谓是以言立功的典型。在讲学化民方面，王阳明先后在修文私立书院龙冈书院和贵阳官办书院文明书院讲学，据田雯《黔书》载：“当日坐拥皋比，讲习不辍，黔之闻风来学者，卉衣鴃舌之徒，雍雍济济，周旋门庭。”[②]《贵阳府志》载：“守仁既就书院，书（席书）公余则往见，论学或至夜分，诸生环而观听者以数百。自是，贵人士始知有心性之学。”[③] 阳明高足徐爱也回忆了阳明居黔讲学的盛况：“吾师谪贵阳，君始来从学。异域乐群英，空谷振孤铎。文章自余事，道义领深约。”[④]可见，阳明讲学对于贵州教育普及、文明教化和学风、民风、文风的影响甚巨。由此，我们也可以看出，“立言”在乡贤文化中的基础性作用和价值。

由王阳明在乡贤文化“立言”方面的实践可以看出，在传统社会中，乡贤文化在基层社会发挥作用的方式是非常直接的，而发挥作用的关键在于与实践的紧密结合，直接贯通了知识、道德与价值。这对于当代新乡贤文化建设有着重要的启示意义。

在当代社会，新乡贤文化相对于传统乡贤文化发生了重要变化。第一，在现代社会政治结构中，新乡贤并不构成独立的社会阶层，因此，新乡贤文化也不再是乡村文化建构的重要主体；第二，在行政体系日益完善的今天，新乡贤参与美丽乡村建设也应具有完备的手续流程，这在某种意义上意味着新乡贤文化的社会功能的泛化以及作用的间接化（行政职能转化）；第三，在市场化、经济一体化、法制化的今天，新乡贤的“立言”“立功”既会受到保护，也会受到规范，这意味着新乡贤文化的内涵面在不断地扩大。基于以上三点，我们当然也可以说，新乡贤文化在基层社会建设中的作用不再像传

---

① 清人爱必达说：“阳明日与僚夷杂居，屈伸荣辱，略无所挠。悍如安重（应为“贵”字——笔者校改）荣，但得其片纸书，消疑式，不敢反侧，胜于十万师。”参见爱必达：《黔南识略》卷八，《黔南识略·黔南职方纪略》，杜文铎等点校，贵州人民出版社1992年版，第88页。

② 田雯：《阳明书院》，《黔书》卷下，罗书勤点校，《黔书·续黔书·黔记·黔语》，贵州人民出版社1992年版，第91页。

③ 周作楫辑，朱德璲刊：《贵阳府志》卷五十六，贵阳市地方志编纂委员会办公室校注，贵州人民出版社2004年版，第1108页。

④ 徐爱：《赠临清掌教友人李良臣》，《横山遗集》卷上，徐爱、钱德洪、董沄：《徐爱 钱德洪 董沄集》，钱明编校，凤凰出版社2007年版，第7页。李良臣为阳明于贵阳招收的弟子，见《镇远旅邸书札》。

统乡贤文化那么明显，这当然是社会发展使然。但我们仍欣喜地看到，部分新乡贤作为各级人大代表、政协委员为农民代言，为农村谋划，为农业献策，以己之心、以己之言建功于新时代。同时，更多的新乡贤积极地参与到新农村文化建设的各个方面，他们保护与弘扬传统良风善俗，提倡孝悌文化，发展教育文化事业，推进文明乡村建设，创办农村书屋和乡村文化讲堂，培养乡村文化氛围，提升乡村文化水平，开阔乡人文化视野，提升乡人文化素质，促进乡村发展等等，总之，新乡贤通过乡村精神文明建设，留住了文化之根，也留住了乡愁。

在当前乡村振兴战略背景下，新乡贤文化建设显然也是时代的迫切需要之一，推进新乡贤文化建设是乡村文化建设中固本培元的根本之路，体现了道德认同、国家意志和社会共识。无论是从乡村文化生态、经济生态还是政治生态角度来看，新乡贤的产生都是必然现象，我们应该以开放的心态对待、扶持新乡贤在乡村社会治理与发展中发挥特殊作用，推动新乡贤文化建设。

综而言之，阳明学与传统乡贤文化具有一脉相承的关系，王阳明对“立德”“立功”“立言”的重视正是当代乡贤文化的精神内核，三者的辩证统一表明王阳明的“心即理”“知行合一”“致良知”“万物一体”等命题也同样可以为当代乡贤文化建设提供有益启示：我们不但要重视当代乡贤文化的出发点，即善的、积极的德性意涵，也要重视当代乡贤文化的落脚处，即踏实践履的实践精神，更要重视当代乡贤文化的承载处，即不虚妄的实学意识，做到当代乡贤文化真正的知行合一，避免当代乡贤文化精神流于形式。

当然，我们从阳明学和传统乡贤文化里汲取养分古为今用，来为新时期乡贤文化建设提供思想与理论资源时，先需对阳明学和传统乡贤文化里的精华和糟粕进行仔细的甄别，取其精华、去其糟粕，决不能一概继承。继承不是全盘肯定，而是扬弃；扬弃也不是全盘否定，而是甄别。这是文化发展的一贯态度，当然也适用于阳明学与当代乡贤文化建设的思考。

第三节 阳明学热与消费阳明学热

国学热中的阳明学一直是宋明理学研究的热点话题。从阳明被贬入黔，在贵州顿悟出“圣人之道，吾性自足”的心学思想后，阳明心学就以一种不可抵挡的趋势盛行于贵州并遍布各地，明代的阳明学已经在贵州悄然盛行。直到十九世纪末二十世纪初，阳明学已经跨越国土，在日本的商界、政界、文化界等蔚然成风，尤其是对日本的明治维新产生了极大的影响。由此可见，近现代的阳明学热并不局限在中国本土，更是传播到了海外。直至当代，习近平总书记在各种场合对阳明学的重视都彰显着阳明心学的热度，由此，阳明学也在商界乃至民间热火朝天地传播着。但民间的阳明学热由于缺少正确的理论指导，出现了对阳明心学的误解和曲解，而商界基于追逐利益的目的，阳明学热也渐渐偏离了原本的轨道，出现了将阳明学视为“神学”“消费品”等文化现象，由此所引发的一系列问题需要我们重新审视和深思。

一、明代的阳明学热

正德元年（1506），王阳明因得罪宦官刘瑾，被明武宗贬为贵州龙场驿驿丞。王阳明初至龙场，因为身体与心理的双重折磨，感到痛苦万分，在“玩易窝”中思索“圣人处此，更有何道？”直至“忽中夜大悟格物致知之旨，寤寐中若有人语之者，不觉呼跃，从者皆惊。始知圣人之道，吾性自足，向之求理于事物者误也”。[1] 因为心学思想的顿悟，阳明的精神世界出现了翻天覆地的变化，他认为人不应该向外寻求事物之理，反而应该躬身自求，向内寻求自己的心体，发明良知。这种向内寻求良知的心学思想开始在贵州这片土地生根发芽，直至枝繁叶茂。尤其是龙冈书院的创办和讲学活动，大大地促进了阳明心学在贵州的传播，阳明的弟子众多，不仅包括贵州籍的弟子，还有很多的客籍弟子，其中有书生、平民，还有很多农夫农妇；他不仅在书院内讲学，还“随地指点”生徒。这些都是

---

① 钱德洪：《年谱一》，王阳明：《王阳明全集（新编本）》卷三十二，吴光等编校，第1234页。

明代贵州的阳明学热。根据相关文献，我们能发现，在中晚明时期，阳明的心学思想并不局限在一个地方，反而是随着阳明官职的变化、阳明弟子的传播在更大范围内产生深入影响。比如“正是在王阳明的影响下，贵州不仅出现了大规模的书院讲学活动，开辟了一种新的精神发展方向，使心学思想得以迅速传播，而且通过讲学活动也涵化培养了一批地方心学人才，扩大了儒家学者话语言说的空间，形成了全国较早的地域性心学学派——黔中王学”[①]；再如以邹守益、聂豹、罗洪先、欧阳德、邹元标等一批著名的弟子为代表的江右学派，他们在浙江、江西一带致力于传播王阳明的心学思想；以戚贤、朱得之、薛甲等为代表的南中王门促进了江南一带阳明心学的传播；而以方献夫、薛侃、杨骥、周坦等为代表的闽粤王门则在广东、福建一带推动了阳明心学的讲学和传播；北方王门的学子虽然不多，但其中的主力军——洛阳王学为阳明心学的北方传播做出了巨大的贡献；同时，在思想的阐发方面，以蒋信、冀元亨为代表的楚中王门认为，“心”是世界的主体，“心”产生“气”，即“太和”，“气一分殊”产生世界万物；以钱德洪、王畿为代表的浙中王门传承师学，却又在本体体认和功夫向度上走出不同的路径；以王艮为代表的泰州学派主张简单易行的良知思想、极具平民色彩，故对阳明心学在平民间的传承起到了极大的积极作用。文献记载：王阳明“居职之暇，训诲诸夷。士类感慕者，云集听讲，居民环聚而观如堵焉”[②]，“门生颇群集，樽斝亦时展。讲习性所乐，记问复怀靦……岂必鹿门栖，自得乃高践”[③]，与诸生“分席夜堂坐，降蜡清樽浮。……缅怀风沂兴，千载相为谋”[④]。阳明的弟子回忆道：“吾师谪贵阳，君始来从学。异域乐群英，空谷振孤铎。文章自余事，道义领深约。”[⑤]从“居民环聚”到“门生颇群集”，再到“分席夜堂坐”“异域乐群英”等，皆记述了当时学子求学的热情和对阳明心学广泛的认可度。中晚明时期，因理学的僵化、知行不一的风气和

---

① 张新民:《论王阳明龙场悟道的深远历史影响——以黔中王门为中心视域的考察》,《教育文化论坛》2010年第1期。

② 谢东山修，张道纂:《阳明书院》，嘉靖《贵州通志》卷六,《中国地方志集成·贵州府县志辑》(第1册)，巴蜀书社2006年版，第341页。

③ 王阳明:《诸生来》,《王阳明全集(新编本)》卷十九，吴光等编校，第736页。

④ 王阳明:《诸生夜坐》,《王阳明全集(新编本)》卷十九，吴光等编校，第737—738页。

⑤ 徐爱:《赠临清掌教友人李良臣》,《横山遗集》卷上，徐爱、钱德洪、董沄:《徐爱 钱德洪 董沄集》，钱明编校，第7页。

时代的需要，王阳明提出“心即理”的心学主张，为贵州及周边地区带来了新的思想洪流，明代的阳明学热已经在贵州及周边地区悄然盛行。当然，明代的阳明学热并没有随着王阳明的逝世和国界而受到局限，也不仅仅局限在学以致仕方面，而是跨越时空、超越了对仕途的单一追求，在中国的商界和日本的政治界、文化界和经济界都产生着广泛的影响。

二、近现代的阳明学热

十九世纪末二十世纪初，阳明学不仅在中国本土的商界开始流行，更是跨越国土，在日本的商界、政界、文化界等蔚然成风，尤其对日本的明治维新起到了极大的影响作用。“‘王阳明，可以说是宁波帮的精神领袖’。宁波商帮研究学者王耀成拜访过宁波几大商帮家族的祠堂，在祠堂内都能寻到阳明先生的痕迹。其中一座祠堂内的一对楹联上，直接摘录了《节庵方公墓表》中的话。”[①]之所以说王阳明是宁波商帮的精神领袖，是因为王阳明打破旧传统，提出了“古者四民异业而同道，其尽心焉，一也”[②]的“新四民观”，他首次将商贾的地位从旧四民观的最末端提升至与士农工同等的地位，“虽终日做买卖，不害其为圣为贤”[③]。在明代中后期，出现了一种“士商合流”的趋势，很多读书人无法入仕，便选择经商，但在商场的这批士人，身上却保留着士人的道德和作风，故有了“儒商”的存在，这些商人的身上既有商业的冒险精神，又有儒生的道德标准，所以形成了一股“义利并重”的商业力量。

在日本，尤其是日本的明治维新时期，王阳明的心学思想更是家喻户晓。日本最早接触阳明心学的是了庵桂悟禅师，但却是中江藤树将阳明心学发展成为一个学派，“熊泽蕃山、渊冈山等将阳明心学发展推向了高潮，特别是二宫尊德吸取阳明心学中‘良知’与‘德行’所创立的‘报德思想’，成为日本近现代国民道德养成的伦理基础”[④]。明治维新时期，王阳明的心学思想更是得到了前所未有

① 章朵：《商界掀起“阳明热”》，《廉政瞭望（上半月）》2019年第3期。
② 王阳明：《节庵方公墓表》，《王阳明全集（新编本）》卷二十五，吴光等编校，第986页。
③ 王阳明：《传习录拾遗》，《王阳明全集（新编本）》卷三十九，吴光等编校，第1550页。
④ 地山：《东亚文化圈里的“阳明热”》，《廉政瞭望（上半月）》2019年第3期。

的传播与发展，吉田松阴特别倾心于王阳明的《拔本塞源论》，他高度赞扬阳明心学中对个体意志的肯定和个体意志能够主宰客观世界的强大能力，由此出发，他认为明治维新的勇士都应该自觉自愿、勇往直前地推动日本的政治发展。“纵观中国历史上的人物，能够做到道德、学问和事功三者兼备的只有三人——三国的诸葛亮、明朝的王阳明、清朝的曾国藩。”日本汉学家浜隆一郎如此说道，“日本阳明学派成活泼之事迹，留赫奕之痕迹，佐久间象山、吉田松阴、西乡南洲（西乡隆盛）皆为‘事功可观者’。”[①]随着明治维新的胜利，阳明心学的传播更是从政治精英走向了普通百姓，阳明心学的相关书刊大量印刷出版，普通民众也开始阅读《传习录》，并对其展开思考。“至今彼军人社会中，犹以王学为一种信仰。……我辈今日求精神教育，舍此（指阳明心学）更有何物？抛却自家无尽藏，沿门托钵效贫儿，哀哉！”[②]梁启超在流亡日本后发此感慨，因为他发现，阳明心学已经渗透到日本百姓的精神中去了，而我们却对此不够重视。

阳明心学在日本不仅影响了政治界，更是涉足文化界。《作为革命哲学的阳明学》的作者三岛由纪夫、“昭和的教祖”安冈正笃等都在日本的文化界大力传播阳明学。尤其是安冈正笃，在日本创办了金鸡学院、农士学院等来传播阳明心学，“《读卖新闻》曾报道：‘当今的内阁因为青年学者安冈正笃而推动运作。安冈正笃在金鸡学院默默地为有名、无名的众人讲授阳明学。’”[③]由此可见，阳明心学对日本的政治界、经济界、文化界等都产生着重大的影响。日本的明治维新之所以深受阳明心学的重大影响，是因为近代日本的崛起，在现象上看是脱亚入欧，在思想上看，则可以说主要是以阳明心学为奠基的，从倒幕运动到明治维新，不论是前三杰中的高杉晋作，还是后三杰中的西乡隆盛、大久保利通、木户孝允，都是阳明心学的忠实信徒。日本学者高濑武次郎曾说：“我邦阳明学之特色，在其有活动的事业家，乃至维新诸豪杰震天动地之伟业，殆无一不由于王学所赐予。”章太炎也曾经说：“日本维新，亦由王学为其先导。”[④]

---

① 井上哲次郎：《日本阳明学派之哲学》，山东人民出版社2019年版，第112页。
② 梁启超：《知本》，《德育鉴》，北京大学出版社2011年版，第56页。
③ 地山：《东亚文化圈里的“阳明热”》，《廉政瞭望（上半月）》2019年第3期。
④ 章太炎：《答铁铮》，《章太炎全集》（第4册），上海人民出版社1985年版，第369页。

阳明的信徒——日本的稻盛和夫等人都喜欢讲阳明的“知行合一”和“工作即修行”等事上磨炼的功夫，他认为在处理各种事情的过程中，就是磨炼自己的意志。不仅如此，阳明学对韩国也产生了不小的影响，如韩国的阳明学者郑霞谷，在吸收了阳明心学的基础上，结合本国特色，开创性地提出了新的阳明学派——霞谷学。

“‘文革’结束后，随着我国全方位的拨乱反正，阳明学研究开始转暖，杨国荣先生的《王学通论》、陈来先生的《有无之境》等优秀学术作品，在上世纪八九十年代相继出版。上世纪九十年代初，上海古籍出版社还出版了《王阳明全集》，对王学研究的进一步深入产生了重要推动作用。”① 由此可见，阳明学热不是偶然热起来的，在学术界，阳明心学一直是一个重要的研究对象，只是向老百姓的普及度并不高，当然，董平教授在接受《长江日报》的采访中也谈道：“一种思想之所以能够得到广泛传播……是源于这种思想本身所具有的内在魅力，其思想内涵有契于时代的现实需要，人们能够从其中发现、获得有益于身心的思想智慧。”②

三、当代的阳明学热

时隔五百多年，王阳明的思想为什么在当代依然受到重视，甚至出现了全国各地开始研究王阳明的“阳明学热潮”？截至2016年，全国各地研究王阳明的活跃团体有近五百家，习近平总书记也多次在各种讲话中提到王阳明，“称他是中国伟大的哲学家、思想家、军事家、政治家，一再号召党员领导干部要以‘知’促‘行’，以‘行’促‘知’，‘知行合一’。总书记的重要讲话反映了当代中央领导核心对传统文化的高度重视，阳明学也成为社会关注的热点。”③ 阳明学之所以在当代出现热潮，是因为我们现在所处的时代也出现了知行不一、人心浮躁、道德滑坡和义利难以并重等一系列的问题，所以我们现在所处的环境和阳明先生当时所处的环境至少在道德层面是有相似性的，阳明先生当时拿来救治人心的心学思想，对现在我们面临的需要解决的问题同样有效。就如董平先生所说：“王阳明

① 耿尕卓玛、董平：《警惕阳明学在社会传播中的神秘化倾向》，《长江日报》2016年5月10日。
② 耿尕卓玛、董平：《警惕阳明学在社会传播中的神秘化倾向》，《长江日报》2016年5月10日。
③ 徐霞鸿：《五百年后“阳明热”》，《绍兴日报》2017年10月17日。

的思想具有现代性。他倡导的‘心即理’，在根本上把人的本质存在与宇宙之道联系在一起，使人的存在与天道同一，从而挺立了人的主体性，使人的现实生命获得了意义的基础。他的‘致良知’学说，要求把人的良知落实于生活当中，实现生命的完整性。他的‘知行合一’，强调了知识活动与行为活动的同一性，对现实中的我们有很大触动。”① 此言甚当。

近年来，习近平总书记在多次重要讲话中先后三十余次提到了王阳明的心学思想，充分地肯定了阳明心学在中国传统文化中的重要地位，比如：“王阳明一生真正做到了知行合一，他既是一个伟大的哲学家、思想家，又是一个伟大的政治家、军事家。他在龙场讲学时向学生提了‘立志、勤学、改过、责善’四点基本要求，首要的是立志。……对今天的学生来说，要成才，必先立志。”②“体现一个国家综合实力最核心的、最高层的，还是文化软实力，这事关一个民族精气神的凝聚。我们要坚持道路自信、理论自信、制度自信，最根本的还有一个文化自信……王阳明曾在贵州参学悟道，贵州在弘扬传统文化方面有独特优势，希望继续深入探索、深入挖掘，创造出新的经验。”③“王阳明的心学正是中国传统文化中的精华，也是增强中国人文化自信的切入点之一。”④“‘知’是基础、是前提，‘行’是重点、是关键，必须以知促行、以行促知，做到知行合一。”⑤“中国人讲‘知行合一’，法国人讲‘打铁方能成铁匠’，都强调要把思想转化成为行动。”⑥“培育和践行社会主义核心价值观，贵在坚持知行合一、坚持行胜于言。”⑦ 以上言论表明，习近平总书记对以王阳明心学为代表的儒家传统文化的精华寄予了很大的希望，

---

① 耿尕卓玛、董平：《警惕阳明学在社会传播中的神秘化倾向》，《长江日报》2016年5月10日。

② 2011年5月9日，习近平在贵州大学中国文化书院与师生交谈时的讲话。转引自吴光：《王阳明“知行合一”论的内涵及其现实意义》，《贵州大学学报（社会科学版）》2015年第1期。

③ 万群、赵国梁：《坚守发展和生态两条底线 切实做到经济效益社会效益生态效益同步提升——习近平总书记参加贵州代表团审议侧记》，《贵州日报》2014年3月10日。

④ 2014年3月，习近平总书记在参加十二届全国人大二次会议贵州代表团审议时的讲话。

⑤ 习近平：《在党的群众路线教育实践活动第一批总结暨第二批部署会议上的讲话》，《党建研究》2014年第2期。

⑥ 习近平：《特殊的朋友 共赢的伙伴——习近平在法国〈费加罗报〉发表署名文章》，《人民日报》2014年3月26日。

⑦ 黄敬文、兰红光：《当好全国改革开放排头兵 不断提高城市核心竞争力——习近平在上海考察时强调》，《人民日报》2014年5月25日。

认为优秀的传统文化是文化自信的助力之一，也是纠正现代社会中各个阶层的人所存在的不良风气的一剂良药。

四、“消费阳明学热”及其反思

阳明心学的热度为什么一直能保持经久不衰的态势呢，而且从学术圈渐渐地扩大至商圈、政圈等？这是因为：“阳明心学是一种人性的回归，但又是一种向前的推动。在个人的层面上，它可以让每个人找到内心的光明，打破生命的桎梏，奠定人生的格局，获得行动的智慧；在族群的层面上，它可以让我们反思历史，追慕先贤，获得中华民族超越时空不断进取的巨大力量。”[①] 对于当前社会存在的人心浮躁、道德沦丧、信仰缺失等问题，王阳明的“知行合一”和“致良知”的智慧刚好可以对症下药，所以，阳明心学的意义就在于它是治疗当今社会各种顽疾的一剂猛药。当物质生产发展到现在社会化、一体化的阶段，经济与军事强权使国际秩序动荡不安，国际社会陷入一种精神迷茫与困顿的状态，阳明心学智慧则成为照亮人类未来文明的一盏明灯。但王阳明的心学思想，从整个国民的普遍接受度来讲，它的范围还是比较狭窄的，阳明心学中的精粹并没有在我们的国民教育中发扬光大，也并没有在普通的民众中获得较高的认可度。究其原因，在很长的一段时间内，普通大众对心学存在着一种误读。一种精深的思想，只有让大家了解之后，才有可能被理解、深入人心。当前，阳明心学的发展也遇到了一定的困惑，如大众对阳明心学的认知，仍停留在主观唯心主义的标签上。其实，阳明的心外无物的思想并不像陆九渊所说的“宇宙便是吾心，吾心即是宇宙”[②]，也不像贝克莱所说的“存在就是被感知”。阳明“心外无物”的“物”，并不是指客观实在的物体存在，而是被心赋予了意义的物。只有人心在对物进行体认之后，物的这种价值意义才能得到体现，所以，阳明的心外无物，是说“心”是生发意义的一种源泉，而不是否定客观事物的存在。

---

① 顾学文、郦波：《五百年后，我们跟阳明学什么——专访南京师范大学教授郦波》，《解放日报》2017年11月24日。

② 陆九渊：《杂说》，《陆九渊集》卷二十二，钟哲点校，中华书局1980年版，第273页。

（一）工具化阳明学

近年来，网络上的文章出现了一种奇怪的现象，就是将王阳明与各类人物进行浮夸式的比较研究。当然，从这些文章中我们也能发现，人们对王阳明的关注度正在提高，人们希望在自己的文章中能够获得先贤的一些精神指引和力量，所以会出现不自觉地将王阳明的思想“工具化”的现象。还出现了将王阳明的心学思想神秘化的倾向，将阳明心学的功能无限扩大，给人造成一种误解。这样就使阳明的心学成为一种“伪阳明学”。笔者在本节中以电视节目中出现的阳明学热作为例子，尝试分析当下阳明学热的困境。

笔者认为，电视节目的受众面是大众，而大众的文化程度和接受程度是高低各异的，同时，电视文化还有吸引眼球、赚取利益的目的。所以，电视文化在向大众普及阳明学的时候，会不可避免地呈现出一种强烈的商业性和消费性，是为了迎合大众和市场的需求。其突出表现为将阳明心学流于形式化和娱乐化，忽视了阳明心学特有的思想属性与价值内涵，更何谈对思想的深层次挖掘和对于理论核心的突出了。当然，电视节目的传播在普及文化方面的优势是值得肯定的，电视节目以一种平民化、通俗化的方式传播阳明心学，使这种百姓“日用而不自知”的心学思想以一种显在的方式被大家所感知、所熟知，从而打破只有具有一定学术研究基础的专家学者才能接近、了解阳明学的局面。但是，由于电视节目受众面的影响，难免会使阳明心学流于庸俗、流于肤浅，最终导致出现“国学热中无国学”[①]的现象出现。当一种思想成为一种潮流，就不可避免地庸俗化了。阳明心学本具有深刻的哲理性和辩证抽象性，而用电视节目这种快速的、娱乐的传播媒体去传播阳明学，则难免要进行一定的电视化处理，这就会使阳明心学处于一种空洞的“空心”现象。电视“对成人和儿童、知识分子和劳动者、傻子和智者都没什么两样”[②]。但是，阳明心学却需要有一定学术基础的人进行一种深度挖掘，其心学工夫也需要深度的精神体验才能把握，“电视的制作是拒绝深度的，因为电视的观众要求看到的是轻松愉悦的节目”[③]。所

① 黄玉顺：《中国学术从“经学”到“国学”的时代转型》，《中国哲学史》2012年第1期。
② 尼尔·波兹曼：《童年的消逝》，吴燕莛译，广西师范大学出版社2004年版，第112页。
③ 魏鹏举：《知识娱乐化：电视传媒对于历史与知识的改造》，《文艺理论与批评》2002年第5期。

以，通过电视节目传播出来的阳明心学就会将心学的主题弱化，反而以心学最表面、最浅显的东西代替其核心思想，阳明心学的文化价值和精神内核难以得到深层次的挖掘，这就出现了一种大众娱乐化的需要和心学核心思想之间的矛盾。如果大众普遍将关注点聚焦在是否娱乐、是否放松中，就难以去挖掘心学思想背后的文化宝藏，因为阳明心学的思想内涵丰富，观众如果想对其进行一种更深层次的认知，就必须经过反复的思考、咀嚼才能真正地消化和吸收，这是快餐化的电视节目难以做到的。就比如阅读纸质版图书和网络听书之间的区别，我们在阅读纸质版图书时会用眼睛看、用脑子思考，并且在思考的时候会进行批注与理解，将不明白的地方圈出来，并且圈出重点、难点和兴趣点，但是在听书的时候，我们看似解放了眼睛，但是实际上也丧失了思考，放空了大脑，耳朵只是机械化地被动接受这些知识，并没有做出任何思考。所以我们的社会存在一种快节奏的状态，大众处于一种想安静，想花时间、花精力阅读的状态，但是当真正花时间和精力阅读的时候，内心又会生出一种惶恐不安的状态，因为会担心跟不上社会的节奏，所以难以做到深入的思考。

通过电视节目来传播阳明心学，就难免会化深奥为浅薄、化理性为感性，使传播的内容逐渐肤浅化，“而文化节目本身具有的知识性、思想性与理性色彩需要观众静下心来慢慢品味，去思考与探索。如何在文化节目的诉求、电视传播的特质，与大众的心理取向三者间找到一个平衡……将是电视节目在很长一段时间内必须去面对与解决的难题。”[①]我们若想通过电视节目传播阳明学，使其大众化，那这就是我们不得不思考的问题。而电视节目的传播形式因相关部门的要求，难免会被规范化，受到一定的限制。所以“大众传媒的逻辑，的的确确也在伤害着，一定程度上歪曲着学术，因为它的话语方式不一样，呈现形态不一样，对学术的深度、学术的纯粹性有伤害”[②]。当然，电视节目的传播还存在着对阳明心学的一种“打折”传播。传统上的阳明心学传播都是以老师讲授、高校学术讲座

① 张建、夏光富编著：《电视节目解析》，重庆大学出版社2015年版，第110页。
② 尹鸿：《文化精英与话语控制权》，王渭林总编：《交锋人文——开坛 · 非常策划与当代中国》，学林出版社2004年版，第148—149页。

和期刊论文的发表等方式进行传播，此种传播的学术性比较强，接受传播的受众知识层面比较高，易于理解。但是此种传播的缺点是它的受众面比较小，所以使用电视传播之后，它的传播形式相比较学术传播来说更加的丰富和灵活，也更加的平民化。我们应该肯定电视传播对于阳明心学的传播有一定的积极意义，它提高了阳明心学的普及程度和大众对阳明心学的兴趣。但也难以避免出现阳明心学的传播品质的下降，因为“国学的意蕴在电视媒介中经过解构、复制及组合等过程，再通过电视话语、画面、文字等形式呈现出来，最后由不同知识背景的受众所接受，这一系列的过程中的每一个环节都有可能产生理解上的偏差”[①]。我们应该理性地看待这个问题。

（二）商品化阳明学

现在阳明心学在社会上的传播，是对阳明心学的一种“消费”，因为“文化，当它朝着另一种论述滑去的时候，当它变得与其他物品同质并可相互替代时，它就变成了消费物品”[②]，而“主流文化虽然以权威的形式不断强化并向社会发出询唤，但多样化的倡导同时也为大众文化生产和消费提供了合法性的依据。……于是，一种以消费为特征的文化生产方式及市场，在改革开放的时代迅速登场和蔓延”[③]。对阳明心学的消费是21世纪无法避免的一个问题，在“消费至上”的社会中，阳明心学的市场化必然要随着消费者的需求而出现相应的改变，若需要选择电视节目来传播，则必然要呈现出浓烈的消费主义色彩。电视节目需要大量的关注度、点击率和收视率，而大众对此并不是非常“感冒”，所以很多电视节目中出现了以假借阳明心学为噱头来进行娱乐的现象。因为电视节目要尽量地满足大众的消费动机，而阳明心学偏理性的、深奥的思想，若通过电视节目展现出来，则必然要以娱乐化的方式呈现。电视节目的庸俗化和普通大众的浮躁，使接触阳明心学的大众出现了一种奇怪的现象：对于自己，以接触阳明心学而沾沾自喜、自我满足、自我拔高、自诩为文化人，但并没有将阳明心学真正地内化于心，反而使自己的

---

① 田全喜、张三夕：《文化消解与市场至上：对电视“国学热”的反思》，《海南大学学报（人文社会科学版）》2019年第4期。

② 让·波德里亚：《消费社会》，刘成富、全志钢译，南京大学出版社2000年版，第111页。

③ 孟繁华：《众神狂欢：世纪之交的中国文化现象》，人民文学出版社2010年版，第41页。

私欲无限扩大；对于他人，却用阳明心学的标准进行道德绑架和道德制约，类似将“隐形的达摩克利斯之剑”悬于他人头顶。在被电视节目培养出来的大众需求的语境中，电视节目已经呈现出一种产业化的文化市场倾向，其目标就是经济效益最大化。因此，追求阳明心学受众人数的最大化与经济效益的最大化就呈现出同向并行的趋势，二者以阳明学为消费对象，不断推动阳明学的肤浅化传播。这种现象就不得不使我们思考这样的问题：电视节目这种传播形式是否可以深层次传播阳明学的精神内核？采用电视节目等此类形式来传播阳明心学到底适不适合？

从明代阳明学热到近现代阳明学热，再到当代阳明学热，我们可以发现，阳明心学对社会经济、政治和文化各个方面都产生着一定的影响。如今，我们既要提倡学习阳明学，让阳明学继续热下去，又要提高警惕，谨防工具化阳明学和商品化阳明学情况的出现。只有这样，才能真正地传播阳明学的思想内核，才能使阳明学真正的精髓保持热度不减。“不畏浮云遮望眼”，对于阳明学，我们要有科学的精神和敬畏之情，对于阳明学热，我们要持有理性精神和辩证态度，拨开阳明学热的表象，探求阳明学之思想精髓与时代社会存在之共鸣，才能使优秀传统文化更好地服务于新时代的文化自信建设。

余 论

在今天的学术语境中，提到良知学，大家一般会想到阳明学，因为良知是阳明学的核心范畴，阳明学是中国良知学的核心部分，但良知学的内涵和外延要大于阳明学。而谈到阳明学，学界更多地用心学来指代，因为心学从本体的角度最恰切地体现了阳明学的义理特征。在中国学术思想史的流变中，心学是一个得到共识的学术形态，主要以宋代的象山心学，明代的阳明心学、甘泉心学等为内核。而良知学的内涵不仅仅包括宋明心学，而且包含整个中国儒学的心性系统，这可以上至孔孟颜曾（孔子、孟子、颜回、曾子），宋初周程（周敦颐、程颢），南宋陆杨（陆九渊、杨简），明代陈白沙、王阳明、湛甘泉及他们的后学，再到当代的新心学（贺麟等）。可以说，这个心性系统是中国传统文化特别是传统儒学重要的一翼，它与性理学系统构成了传统儒学的鸟之两翼。但与良知学相比，阳明学的外延也自有其宽广的一面，如阳明学自中晚明以后流播海外，如东亚的日本、韩国（当时的朝鲜朝）、欧美（英、法、美等）等国家和地区，并形成各自不同的特征，特别是日本阳明学与中国阳明学几乎是异质的两种学术形态。所以，从义理层面讲，良知学的内涵要大于阳明学；从传播接受史的角度言，作为学术派别的阳明学具有完整、清晰的海外传播与接受轨迹，在近现代的影响尤大。基于以上分析，我们这里使用的概念主要指中国阳明学。中国当代文化具有丰富的意涵，在当代中国语境下，当代文化具有两个重要的维度：一为“时间”维度，即各层次、各形态、各民族的文化在当代时态下共生共存所形成的文化共生态，其内容无所不包，丰富而驳杂；一为“性质”维度，即由政治、经济、文化、思想等因素决定的主流文化，也就是最能体现时代特征的文化。本书主要以后者为对象。由此可见，本书所涉及的两个研究对象之间存在着巨大的差异，如何论述二者的统一关系，为以后的深入研究做理论铺垫，就需要考察二者融合的当代语境、融合向度及主题内容。这在某种意义上也是对前人研究的理论总结和深化。

“当代”是一个时间概念，但是它的具体所指在各国都不同，因为它的划分标准是社会历史内容和特点。这就决定了“当代”是时间和内容对象的统一体，理解中国的当代文化语境需要综合考虑这两个方面。这个当代新语境至少包含以下四个层面：

第一，中西马融合的语境。这是由一百多年来“西学东渐”的历史背景决定的。所谓西学包括西方的天文、历法、科技、宗教、哲学、文学等，在宋元时期就有不少“东渐”记录，在明清时期则更多。特别是五四新文化运动以来，中国对于“西学”由被动接受变为主动接受，中国文化的存在样态也为之一变。其中也包括俄国十月革命一声炮响为中国送来的马克思主义。随着中国社会的变革与发展，中西马三种文化的比重与分层日益明显，中西马融合的语境在中国成为实然。

第二，学术话语解放的语境。我们知道，二十世纪九十年代以前，在阶级观念影响下，王阳明被视为镇压农民起义的刽子手；受唯物主义意识形态影响，阳明学被定性为主观唯心主义的代表，因此，在学术研究上，受唯物主义研究范式影响，阳明学研究是受到抑制的。九十年代以后，随着思想解放，阳明学研究才全面走进学术研究。所以，学术话语解放是伴随着思想解放的。

第三，政治话语解放的语境。在当代中国，2010年以前，王阳明和阳明学在政治话语中还是颇为忌讳的。2012年党的十八大以后，中央提出繁荣社会主义文化、建构中国特色哲学社会科学体系、文化复兴、文化自信等一系列文化政策，特别是习近平总书记2012年以来三十余次提到知行合一，并在2015年参加全国“两会”讨论再次时明确指出：“王阳明的心学正是中国传统文化中的精华，也是增强中国人文化自信的切入点之一。”这等于是在政治话语领域为阳明学“正名”，肯定了阳明学的地位和价值。自此以后，党界、政界、军界开始广泛地普及、传播阳明学。

第四，民间生活话语开放的语境。这一话语语境是最滞后的，但是最热闹的。热闹的原因在于极大的功利性：民间求机巧，商界求利益。因此，对阳明学的民间话语诠释也是最不纯粹，鱼龙混杂的。民间生活话语具有很强的跟风性，主要以“政治风气”为风向标。但值得肯定的是，民间话语具有较强的道德和信仰倾向性。

这四种语境构成了我们今天研究阳明学与当代文化建设的综合语境，我们或可统称为当代文化语境。从每一种语境出发来检视阳明学，它可提供给我们的资源是不一样的，或者说是有不同侧重的。只有我们很好地理解、把握了这种资源，才能做好阳明学与中国当代文化建设关系的研究，才能将其更好地融入当代文化建设的洪流中。

在当代文化语境中言说阳明学并不能在根本上改变其传统性，也不意味着其获得了全面的当代性，作为传统文化形态的阳明学与作为当代形态的时代文化的对话和融合也不可能是全面的无缝对接，这就需要我们在新的语境下重新检视阳明学的适用资源。关于这方面我们在前面的研究中已有具体的呈现，这里我们主要探讨阳明学与当代文化融合的向度问题，这也是不同形态的文化对话与融合的内在根本问题。

研究阳明学与当代文化的沟通与融合问题，在当代文化语境下，其实质或可说是研究中西马的“对话”问题。一般而言，不同学术形态之间的对话，大体上可以分为三个基本层次：一是“知识”层面，二是“方法”层面，三是“价值信念”层面。在哲学知识层面，阳明学的概念范畴、代表人物的思想观点、阳明学义理的演化逻辑等都可以为当代文化的发展提供重要的资源；当代文化的某些基本观点和理论原理等也可以成为阳明学诠释的基本理据。在哲学方法层面，阳明学的知行合一的工夫方法、经史辩证方法、万物一体的论证方法等可以为当代文化建设提供有益的启示，而当代文化中的语言分析方法、现象学方法等亦有益于阳明学的当代诠释。在价值信念方面，阳明学与当代文化中哲学之外的文化形态虽然有较大差异，但在根本上，他们都或显在或内在地表达着对生命价值的反思及通过这种反思所形成的信念，这种共同的价值信念是二者得以融合的根本所在。但在多元化的当代生活中，共时性的生活世界和相似的生命体验并不能保证中国人的生存状态和生存方式的单一与均质，相反，现实中人的生活及其体现的文化充满着异质性和复杂性。在此背景下，如何在纷繁的价值信念中求取“最大公约数”，找到共同的价值信念，推进文化一体化发展、对话与沟通，成为一个时代课题，也是探讨阳明学与当代文化沟通与融合的前提。

“知识”与“方法”层面的融合研究，目前学界已有不少成果产出。但“价值信念”层面的融合相对较少，但它是更深层的。从“价值信念”层面出发，如何在当代文化语境中，对阳明学资源进行合乎学理和时代诉求的诠释，是解决阳明学与中国当代文化结合的关键。以“价值信念”为视角，对阳明学进行检视，我们可以发现良知具有三重向度：道德向度、价值向度和信仰向度。这三种向度在当代文化建设中具有重要意义。

值得注意的是，作为融合向度的价值信念并不是悬空的，而是要有所依附的，这便构成融合的主题内容。无论是阳明学，还是中国当代文化，包含着两个层面——以范畴为中心的形而上层面和以生活经验为中心的形而下层面，以前者为视角，二者融合的主题可概括为真、善、美，这是古今中外亘古不变的永恒主题；以后者为视角，二者融合的主题内容可概括为人、事、物，这三种主题类型是经典文本的叙事中不可或缺的。当然，人、事、物并非仅是具体的对象，它们也同样可以具有哲学本体意义。

总之，阳明学与中国当代文化建设的研究并不仅仅是资源的发掘问题，还可以开出文化哲学和文化思想史的研究向度，这或可成为今后研究的方向。

参考文献

一、古籍类

湛若水:《湛甘泉先生文集》,清刻本1681年版。

陆九渊:《陆九渊集》,钟哲点校,中华书局1980年版。

程颢、程颐:《二程集》,王孝鱼点校,中华书局1981年版。

黄宗羲、全祖望:《宋元学案》,陈金生、梁运华点校,中华书局1986年版。

陈献章:《陈献章集》,孙通海点校,中华书局1987年版。

杨简:《慈湖先生遗书》,山东友谊出版社1991年版。

徐爱、钱德洪、董沄:《徐爱 钱德洪 董沄集》,钱明编校整理,凤凰出版社2007年版。

黄宗羲:《明儒学案》,沈芝盈点校,中华书局2008年版。

王阳明:《王阳明全集(新编本)》,吴光、钱明、董平等编校,浙江古籍出版社2010年版。

朱熹:《朱子全书》,朱杰人、严佐之、刘永翔主编,上海古籍出版社2010版。

朱熹:《四书章句集注》,中华书局2011版。

二、专著类

麦仲贵:《王门诸子致良知学之发展》,香港中文大学1973年版。

成中英:《世纪之交的抉择——论中西哲学的会通与融合》,李志林编,知识出版社1991年版。

张岱年:《中国哲学大纲》,中国社会科学出版社1982年版。

陈荣捷:《王阳明〈传习录〉详注集评》,台湾学生书局1983年版。

陈荣捷:《王阳明与禅》,台湾学生书局1984年版。

林继平:《明学探微》,(台湾)商务印书馆1984年版。

蒙培元:《理学的演变:从朱熹到王夫之戴震》,福建人民出版社1984年版。

侯外庐、邱汉生、张岂之主编:《宋明理学史》,人民出版社1984年版。

岛田虔次:《朱子学与阳明学》,蒋国保译,陕西师范大学出版社1986年版。

钟阳君:《无善无恶的道德理想主义》,台湾大学出版中心1988版。

方东美:《生生之德》,(台湾)黎明文化事业股份有限公司1989年版。

蒙培元:《理学范畴系统》,人民出版社1989年版。

古清美:《明代理学论文集》,(台湾)大安出版社1990年版。

唐君毅:《中国哲学原论·原教篇》,台湾学生书局1991年版。

李纪祥:《明末清初儒学之发展》,(台湾)文津出版社1992年版。

容肇祖:《明代思想史》,齐鲁书社1992年版。

杨儒宾主编:《中国古代思想中的气论及身体观》,(台湾)巨流图书公司1993年版。

艾尔曼:《从理学到朴学——中华帝国晚期思想与社会变化面面观》,赵刚译,江苏人民出版社1995年版。

吕思勉:《理学纲要》,东方出版社1996年版。

墨子刻:《摆脱困境——新儒学与中国政治文化的演进》,颜世安等译,江苏人民出版社1996年版。

吴宣德:《江右王学与明中后期江西教育发展》,江西教育出版社1996年版。

杨儒宾:《儒家身体观》,(台湾)"中央研究院"中国文哲研究所筹备处1996年版。

蔡方鹿:《宋明理学心性论》,巴蜀书社1997年版。

冯达文:《宋明新儒学略论》,广东人民出版社1997年版。

刘宗贤:《陆王心学研究》,山东人民出版社1997年版。

杨国荣:《心学之思:王阳明哲学的阐释》,生活·读书·新知三联书店1997年版。

韩强:《儒家心性论》,经济科学出版社1998年版。

包筠雅:《功过格:明清社会的道德秩序》,杜正贞、张林译,浙江人民出版社1999年版。

赖永海:《中国佛性论》,中国青年出版社1999年版。

牟宗三:《心体与性体》,上海古籍出版社1999年版。

王月清:《中国佛教伦理研究》,南京大学出版社1999年版。

陈来:《朱子哲学研究》,华东师范大学出版社2000年版。

冈田武彦:《王阳明与明末儒学》,吴光、钱明、屠承先译,上海古籍出版社2000年版。

吴光:《阳明学研究》,上海古籍出版社2000年版。

张学智:《明代哲学史》,北京大学出版社2000年版。

左东岭:《王学与中晚明士人心态》,人民文学出版社2000年版。

包弼德:《斯文:唐宋思想的转型》,江苏人民出版社2001年版。

冯友兰:《中国哲学史新编》,人民出版社2014年版。

葛荣晋:《中国哲学范畴通论》,首都师范大学出版社2001年版。

葛兆光:《中国思想史》,复旦大学出版社2001年版。

李振纲:《证人之境:刘宗周哲学的宗旨》,人民出版社2000年版。

牟宗三:《从陆象山到刘蕺山》,上海古籍出版社2001年版。

钱明:《阳明学的形成与发展》,江苏古籍出版社2002年版。

田浩:《朱熹的思维世界》,陕西师范大学出版社2002年版。

王国良:《明清时期儒学核心价值的转换》,安徽大学出版社2002年版。

张立文:《宋明理学研究》,人民出版社2002年版。

葛荣晋:《中国实学文化导论》,中共中央党校出版社2003年版。

姜允明:《陈白沙其人其学》,(台湾)洪叶文化2003年版。

李泽厚:《中国古代思想史论》,天津社会科学出版社2003年版。

梁漱溟:《东西文化及其哲学》,商务印书馆1999年版。

田浩:《宋代思想史论》,杨立华、吴艳红等译,中国社会科学出版社2003年版。

吴震：《明代知识界讲学活动系年：1522—1602》，学林出版社2003年版。

吴震：《阳明后学研究》，上海人民出版社2003年版。

余英时：《士与中国文化》，上海人民出版社2003年版。

郑晓江主编：《江右思想家研究》，中国社会科学出版社2003年版。

鲍世斌：《明代王学研究》，巴蜀书社2004年版。

陈宝良：《明代社会生活史》，中国社会科学出版社2004年版。

陈来：《宋明理学》，华东师范大学出版社2004年版。

邓志峰：《王学与晚明的师道复兴运动》，社会科学文献出版社2004年版。

冯达文、郭齐勇主编：《新编中国哲学史》，人民出版社2004年版。

洪修平：《中国佛教与儒道思想》，宗教文化出版社2004年版。

赖永海：《中国佛教与哲学》，宗教文化出版社2004年版。

李承贵：《德性源流：中国传统道德转型研究》，江西教育出版社2004年版。

牟宗三主编：《宋明儒学的问题与发展》，华东师范大学出版社2004年版。

钱茂伟：《国家、科举与社会：以明代为中心的考察》，北京图书馆出版社2004年版。

余英时：《宋明理学与政治文化》，（台湾）允晨文化实业股份公司2004年版。

余英时：《朱熹的历史世界：宋代士大夫政治文化的研究》，生活·读书·新知三联书店2004年版。

卜正民：《为权力祈祷：佛教与晚明中国士绅社会的形成》，张华译，江苏人民出版社2005年版。

劳思光：《新编中国哲学史》，广西师范大学出版社2005年版。

林月惠：《良知学的转折：聂双江与罗念庵思想之研究》，台大出版中心2005年版。

彭国翔:《良知学的展开:王龙溪与中晚明的阳明学》,生活·读书·新知三联书店2005年版。

蔡仁厚:《王学流衍——江右王门思想研究》,人民出版社2006年版。

陈时龙:《明代中晚期讲学运动(1522—1626)》,复旦大学出版社2006年版。

黄信二:《王阳明"致良知"方法论之研究》,(台湾)文史哲出版社2006年版。

吕妙芬:《阳明学士人社群:历史、思想与实践》,新星出版社2006年版。

罗宗强:《明代后期士人心态研究》,南开大学出版社2006年版。

张君劢:《新儒家思想史》,中国人民大学出版社2006年版。

冯沪祥:《中国政治哲学》,台湾学生书局2007年版。

姜允明:《王阳明与陈白沙》,(台湾)五南图书出版股份有限公司2007年版。

李承贵:《儒士视域中的佛教——宋代儒士佛教观研究》,宗教文化出版社2007年版。

陈立胜:《王阳明"万物一体论"——从"身—体"的立场看》,华东师范大学出版社2008年版。

黄俊杰:《东亚儒者的〈四书〉诠释》,华东师范大学出版社2008年版。

稽文甫:《晚明思想史论》,河南大学出版社2008年版。

林月惠:《诠释与功夫:宋明理学的超越倾向与内在辩证》,(台湾)"中央研究院"中国文哲研究所2008年版。

杨儒宾、祝平次编:《儒学的气论与工夫论》,华东师范大学出版社2008年版。

张显清:《明代后期社会转型研究》,中国社会科学出版社2008年版。

包弼德:《历史上的理学》,王昌伟译,浙江大学出版社2009

年版。

陈永革:《阳明学派与晚明佛教》,中国人民大学出版社2009年版。

董平:《王阳明的生活世界》,中国人民大学出版社2009年版。

高玮谦:《王龙溪哲学系统之建构:以“见在良知”说为中心》,台湾学生书局2009年版。

黄信二:《陆象山哲学研究》,(台湾)秀威咨询科技2009年版。

林美慧:《朱熹的政治礼摄系统》,(台湾)复文图书2009年版。

钱明:《王阳明及其学派论考》,人民出版社2009年版。

钱明:《浙中王学研究》,中国人民大学出版社2009年版。

吴光:《阳明学综论》,中国人民大学出版社2009年版。

吴震:《泰州学派研究》,中国人民大学出版社2009年版。

徐儒宗:《江右王学通论》,中国人民大学出版社2009年版。

邓克明:《王阳明思想观念研究》,台大出版中心2010年版。

姜广辉主编:《中国经学史》,中国社会科学出版社2010年版。

蔡方鹿:《中国经学与宋明理学研究》,人民出版社2011年版。

李承贵:《中国哲学与儒学》,凤凰出版社2011年版。

吴根友:《多元范式下的明清思想研究》,生活·读书·新知三联书店2011年版。

彭国翔:《儒家传统的诠释与思辨:从先秦儒学、宋明理学到现代新儒学》,武汉大学出版社2012年版。

唐德先:《中国古典政治哲学论略》,中国人民大学出版社2012年版。

汪学群:《明代遗民思想研究》,中国社会科学出版社2012年版。

陈来:《有无之境:王阳明哲学的精神》,北京大学出版社2006年版。

陆永胜:《心学集大成者王阳明》,西南交通大学出版社2015年版。

陆永胜:《心·学·政:明代黔中王学思想研究》,中华书局2016年版。

陆永胜:《王阳明美学思想研究》，社会科学文献出版社2016年版。

杨国荣:《王学通论：从王阳明到熊十力》，华东师范大学出版社2018年版。

后记

本书稿是2015年度孔学堂课题招标研究项目结项成果，资孔学堂书局张兄发贤编审的盛情与热情，忝列贵书局“阳明文库”出版计划。几经修改，现在终于修缮完稿了，虽然并非尽善尽美，但毕竟是自己思考的结晶，敝帚自珍吧！

王阳明是明代心学之集大成者，也是中国心学之高峰，其思想博大精深，弟子传习授受百余年，对中晚明已降的中国传统文化影响深远。然自清代始，西学东渐，白云苍狗，对阳明学之毁誉参半。至当代，更是遭遇“棒喝”，遂寂然不闻。忽一日，春风来，万物苏，阳明学研究又走进公众之视野。新时代，阳明学更是成为中国传统文化中的精华，当之无愧地以“显学”立身扬名。细思之，阳明学之曲折，其实不在阳明学本身，而在时代语境之变易造成的思想与现实之张力。在此“历史”的前提下，“阳明学与中国当代文化建设”这一主题既显得大胆，又显得宏阔，既体现时代之需，又含有时代之叹！

“文化”的内涵和外延是十分广泛的，当代文化更是具有鲜明的时代性。传统与现代的交融，在某种意义上体现为古与今、中与西的思想关系处理。阳明学作为特定的学派思想，如何与广义的中国当代文化融合，此中涉及的题域太大，内涵层面丰富，其实并不是一个容易处理的问题。故在书稿的写作中，曾咨询诸多专家学者，得到了许多宝贵的建议。最后确定的方案就是着重思想融摄、化繁为简、分门别类，以点连线、以线构面，呈现阳明学与当代文化融摄之点的多样性于文化类型之中，展示二者融摄之层面、向度于文化体系之中，遂成此拙著。如此构思，也许会存在以点带面、以偏概全之嫌，但也或可最大限度避免迂阔之弊。笔者限于学力，构思粗简，行文拙陋，尚有诸多不足之处，敬请各位专家学者批评指正！

在书稿写作的过程中，得到诸多专家学者的有价值的可行建议，在此表示感谢！

作为课题成果，在项目组织实施过程中，项目组成员都贡献了自己的智慧。另，研究生刘媛、王思丹、蒙莉橼、李家奇、汪乃兵、何柳、赵嫦、徐婷等在文献整理、文稿组织等方面也付出了努力！对各位的付出表示感谢！

书稿写作中所征引的学界同仁的成果，都尽力按照学术规范加以注释说明，在此一并表示感谢！

立项单位孔学堂的各位师友于此课题关心甚多，不厌其烦提供各种咨询解答，于书稿之最终完成助益良多，特此感谢！

另要特别感谢孔学堂书局张发贤编审专业负责的修改建议，使拙著不断得以完善。同时也要感谢孔学堂书局的各位编辑的辛苦付出，终得成此书。

陆永胜

庚子冬于南京